青年学术丛书·经济

YOUTH ACADEMIC SERIES·ECONOMY

变迁与重构：
中国农村公共产品供给体制研究

曲延春 著

人民出版社

责任编辑：张文勇　高　寅
封面设计：肖　辉

图书在版编目（CIP）数据

变迁与重构：中国农村公共产品供给体制研究／曲延春著.
　－北京：人民出版社，2012.6
ISBN 978－7－01－011350－0

I. ①变…　 II. ①曲…　 III. ①农村－公共物品－供给制－研究－中国
　IV. ① F299.241

中国版本图书馆 CIP 数据核字（2012）第 246701 号

变迁与重构：中国农村公共产品供给体制研究
BIANQIAN YU CHONGGOU: ZHONGGUO NONGCUN GONGGONG CHANPIN
GONGJI TIZHI YANJIU

曲延春　著

人民出版社 出版发行
（100706　北京市东城区隆福寺街 99 号）

北京龙之冉印务有限公司印刷　新华书店经销

2012 年 6 月第 1 版　2012 年 6 月北京第 1 次印刷
开本：710 毫米 ×1000 毫米 1/16　印张：15.25
字数：208 千字　印数：0,001－3,000 册

ISBN 978－7－01－011350－0　定价：30.00 元

邮购地址 100706　北京市东城区隆福寺街 99 号
人民东方图书销售中心　电话（010）65250042　65289539

目　录

下　篇

导　论

一

近些年来，"三农"问题逐渐成为了制约我国经济社会发展的难题。我国的改革最初是从农村开始的，从 1978 年到 1984 年，农村改革取得了很大的成绩。但从 1985 年起，我国的城乡战略有所改变，国民收入分配的格局又开始向城市倾斜，工作重心又向城市转移，农村改革的力度被削弱了，从此，农村又走上了曲折发展的道路。① 特别是 20 世纪 90 年代以后，农民负担不断加重，农民增收困难，城乡差距不断扩大。目前，"三农"问题已经成为我国全面建设小康社会的重点和难点。

为解决"三农"问题，党的十六届五中全会明确提出了建设社会主义新农村的历史任务，这为做好当前和今后一个时期的"三农"工作指明了方向。2006 年的中央一号文件即《中共中央国务院关于推进社会主义新农村建设的若干意见》进一步提出了建设社会主义新农村的具体措施，这些措施包括推进现代农业建设、促进农民持续增收、加强农村基础设施建设、加快发展农村社会事业、加强农村民主政治建设等等多方面的内容。其中，这些措施的一个重要方面就是要增加国家财政资金对于农业和农村的投入，从而

---

① 陆学艺：《中国"三农"问题的由来和发展》，《当代中国史研究》2004 年第 3 期。

增加农村公共产品供给。因此可以说，增加农村公共产品供给是建设社会主义新农村的关键。

农村公共产品是相对于农村私人产品而言的，为农村地区农业生产、农民生活共同所需的具有一定非排他性和非竞争性的物品或服务。农村义务教育、农村公共卫生、农业科技推广、农田水利工程、农村道路、自来水供应、公共文化设施等都属于农村公共产品的范畴。农村公共产品对于提高农民生活水平、改善农村生产条件、促进农村经济社会发展、实现城乡一体化和城乡基本公共服务均等化等都具有重要作用。

建国后，我国在公共产品供给中形成了城乡政策不同的二元供给结构，城市的公共产品供给主要由国家通过政府税收来负担其成本；而对于农村的公共产品供给，国家一般只承担一部分成本，主要成本则由农民承担。学者一般把通过政府财政来提供公共产品的方式称为制度内公共产品供给，把通过非财政资金提供公共产品的方式称为制度外公共产品供给①。我国农村的基本经营制度虽在建国后几经变革，但以制度外供给为特征的农村公共产品供给体制却长期没有实质性的改变。多年以来，我国的财政政策向城市倾斜，而对农村提供的财政资金却极为有限。并且，在有限的国家财政支农支出中，支农资金也并未全部用于农业、农村和农民。首先，当前预算内财政支农支出包括：支援农业生产支出、农林水气象等部门事业费支出、农业基本建设、农业科技三项费用、农村救济等项，其中的"农林水气象等部门事业费"支出占财政支农支出的比重超过三分之一，这些资金主要用于各级农口行政事业单位事业经费开支，名义上属于支农但实际上大部分却流向了城市；而可更有效地为私人产品带来边际产出增加的农业科技三项费用所占比重不到一个百分点。其次，一些财政支农项目支出，如：江海堤防、南水北调、防洪防汛等，其受益对象包括城市和农村、工业和农业，但支出全部列

---

① 叶兴庆：《论农村公共产品供给体制的改革》，《经济研究》1997 年第 6 期。

在支农资金中。再次，目前我国财政支农支出有相当一部分是通过扶持农
业科技推广、产业化、乡镇企业、农产品流通等来推动农业和农村经济的
发展，这种模式虽然有针对性强、效率高、便于管理等优点，但在实际操
作中，大量资金却因此流向了科研院所、工业企业、农业管理部门，农业、
农民直接受益的份额很少。① 不仅是国家财政的支农支出比较低，在教育、
医疗卫生、基础设施建设等方面，国家财政资金对农村的投入都是十分有
限的。

国家财政资金对农村和农业的低投入造成了农村公共产品供给总量严重
不足，如农田水利设施老化失修严重、农村基础设施建设滞后、农村各项社
会事业发展缓慢等。农村公共产品供给不足不仅影响了农民生活水平的提高
和农业生产的发展，影响了农村经济社会的进步，成为导致城乡差距不断扩
大的重要因素，而且影响了农村的消费能力，制约了国内消费需求的增长以
至整个国民经济的发展。不仅如此，以制度外供给为特征的农村公共产品供
给体制还使农民成了农村公共产品的主要成本分摊者，这造成了长期以来特
别是 20 世纪 90 年代以来农民负担的沉重。为了减轻农民负担，自 2000 年
起，安徽省开始了农村税费改革的试点工作。经过几年的试点和推广，我国
从 2006 年 1 月 1 日起在全国范围内全面取消了农业税。② 农村税费改革的
实施，特别是农业税的取消，虽使农民不再承担农村公共产品供给的主要成
本，农民负担也大大减轻，但与此同时也使基层政府和农村集体的收入大为
减少。税费改革后农村公共产品供给主要通过上级政府的转移支付、县或乡
政府的财政投入以及农村集体的"一事一议"来解决，但由于上级财政转移
支付资金不足、基层政府特别是乡镇财政收入减少以及"一事一议"制度在
实际操作中的困难等原因，农村公共产品供给中的问题更加突出。

---

① 何菊芳:《公共财政与农民增收》，上海三联书店 2005 年版，第 107 页。
② 这次取消的不仅有农业税及其附加，还有除烟叶外的农业特产税、面向农民收取的提留
　　统筹、集资、摊派以及"两工"。

二

分析当前农村公共产品供给中存在的问题及其原因并提出解决问题的对策是本论著研究的目的。在当前的研究中，学者一般认为我国农村公共产品供给中存在的供给总量严重不足等问题是由城乡二元的公共产品供给结构、农村公共产品的制度外供给以及地方政府的职责缺位所造成的。[①] 其实，这种城乡二元的供给结构和农村公共产品的制度外供给以及地方政府的职责缺位如同农村公共产品供给中存在的问题一样，都是一种结果，而不是问题的真正原因。对于问题的真正原因，我们应从以下几个方面考虑，即为什么我国会形成城乡二元的公共产品供给结构？为什么会形成农村公共产品的制度外供给？为什么政府没有能够承担起农村公共产品供给的职责？为什么农村基本经营制度的变革没有引起农村公共产品制度外供给的改变？等等。由此，本论著的研究目的就在于，通过对建国后农村公共产品供给体制变迁过程的研究，考察以制度外供给为特征的农村公共产品供给体制的形成和演变过程，分析制约农村公共产品供给体制变迁的因素和导致农村公共产品供给问题的真正原因，在此基础上，提出构建新的农村公共产品供给体制的对策思路。

20 世纪 80 年代中期以后，我国的城乡差距不断扩大，导致这种状况的一个重要原因就是，长期以来国家对农村提供的以公共财政为支撑的公共产品严重不足，特别是在基础教育、基本卫生保健、基础设施等方面，农民没有能够享受到国家提供的最基本的公共服务，这大大减少了农村经济发展的

[①] 参见陈朋：《农村公共产品的供给模式与制度设计思考》，《教学与研究》2006 年第 10 期；胡宝珠、杜晓：《农村公共产品供给不足的原因及对策》，《云南社会科学》2004 年第 4 期；秦国民：《社会转型期我国农村公共产品供给体制的构建》，《中国行政管理》2005 年第 8 期；黄志冲：《农村公共产品供给机制创新的经济学研究》，《中国农村观察》2000 年第 6 期，等等。

机会和可能，造成了农村的相对落后。

林毅夫的研究表明，国家对农村水、电、路等基础设施的建设，不仅能够提高农民生活质量、增加农民收入，而且能够缩小城乡和地区间的发展差距，启动农村的消费市场，促进国民经济健康、快速、持续地增长。如根据国家统计局农调队和北京大学中国经济研究中心在 1999 年 12 月对全国 18796 个农户所作的抽样调查和计量分析，农村电价每调低一角钱，对彩色电视机需求的刺激作用相当于农村人均纯收入提高 370 元，对电冰箱需求的刺激作用相当于农村人均纯收入提高 667 元，对洗衣机需求的刺激作用相当于农村人均纯收入提高 909 元。如果做到农村居民用电和城市居民同网同价，在农村安装卫星电视地面接收锅做到村村通电视，建水塔实现村村通自来水，农村地区将会很快出现一个家用电器的消费高潮，电视机、电冰箱、洗衣机将不再有过剩的生产能力。水、电和生活有关的基础设施问题解决后，农村地区还会自发地掀起"厨房革命"、"厕所革命"等和改善生活质量有关的建设高潮，把许多制造业现存的过剩生产能力消化掉。① 樊胜根等的研究也表明，政府在农业研发、灌溉和基础设施领域的投入，能够推动农业产出的增长，有助于缓解农村贫困，特别是在西部地区，公共投资对扶贫和缩小地区差距作用最大。② 农村公路是典型的农村公共产品，吴国宝利用陕西省贫困县的数据，分析了农村公路基础设施建设对于减缓贫困的重要作用，他的研究发现，公路建设不仅通过改善穷人空间移动和生活条件直接减缓贫困，而且公路设施建设通过增加收入来源和就业结构的多样化来提高生产率，对减缓贫困作出贡献。此外，改善公路基础设施还有助于改善教育和卫生条件、促进穷人与外部世界的交流与联系。因而，更多的公路通到自然村和农户，比仅仅通到村对减缓贫困

① 林毅夫：《发展战略与经济发展》，北京大学出版社 2004 年版，第 184—185 页。

② 樊胜根、张林秀、张晓波：《中国农村公共投资在农村经济增长和反贫困中的作用》，《华南农业大学学报》（社科版）2002 年第 1 期。

的作用大得多。① 李中生、汪垚通过理论模型和中国统计年鉴数据对农村公共产品供给与农民消费规模相关性做了实证分析。他们得出的结论是，农民消费规模同国家财政对农业生产支出、农村社会保障支出和农村事业财政支出具有长期均衡关系，国家财政对农业生产支出、农村社会保障支出和农村事业财政支出对农民消费的作用方向是一致的，是一种正相关关系。国家财政对农业生产支出每增加 1 元的投入，农村居民的消费就会增加 0.436元；国家财政对农村社会保障支出每增加 1 元，就会拉动农民消费 0.226 元；国家财政对农村事业财政支出每增加 1 元，就会拉动农民消费 0.15 元。因此，对于财政支援农业生产支出、农村社会保障支出和农村事业财政支出的增加，对农村居民消费的影响比较大，对拉动农村居民消费的作用比较明显。② 但是，由于长期以来我国对农村公共产品供给投入不足，因而导致了农村消费需求一直处于较低水平。如下表所示：

居民消费支出

（单位：亿元）

指标	2006 年	2007 年	2008 年	2009 年
居民消费支出	82103.5	95609.8	110594.5	121129.9
农村居民	21261.3	24122.0	27495.0	28833.6
城镇居民	60842.2	71487.8	83099.5	92296.3

资料来源：国家统计局编：《中国统计年鉴 2010》，中国统计出版社 2010 年版，第 57 页。

由上表可以看出，从 2006 年至 2009 年，占人口大多数的农村居民，其消费支出所占全社会居民消费支出的比重只有 25% 左右，这成为制约国内消费需求和我国经济持续、健康、稳定发展的重要因素。而按消费水平计

① 吴国宝：《农村公路基础设施对减缓贫困的影响研究》，载中国社会科学院农村发展研究所编：《聚焦"三农"》中国农村发展研究报告 NO.5，社会科学文献出版社 2006 年版，第 289—330 页。

② 李中生、汪垚：《中国农村公共产品供给与农民消费规模相关性的实证分析》，《通化师范学院》2010 年第 11 期。

算，城乡差距则达到了 3.7 倍。

居民消费水平

年份	绝对数（元）			城乡消费水平对比（农村居民＝1）
	全体居民	农村居民	城镇居民	
1978	184	138	405	2.9
1980	238	178	489	2.7
1985	446	349	765	2.2
1990	833	560	1596	2.9
1995	2355	1313	4931	3.8
2000	3632	1860	6850	3.7
2005	5573	2579	9644	3.7
2006	6263	2868	10682	3.7
2007	7255	3293	12211	3.7
2008	8349	3795	13845	3.6
2009	9098	4021	15025	3.7

注：1. 城乡消费水平对比，没有剔除城乡价格不可比的因素。

　　2. 居民消费水平指按常住人口平均计算的居民消费支出。

资料来源：国家统计局编：《中国统计年鉴 2010》，中国统计出版社 2010 年版，第 61 页。

增加农村公共产品供给对于促进城乡一体化也具有重要作用。城乡一体化是我国现代化发展的一个新阶段，城乡一体化就是要把工业与农业、城市与乡村、城镇居民与农村居民作为一个整体，统筹谋划、综合研究，通过体制改革和政策调整，促进城乡发展的一体化，改变长期形成的城乡二元经济结构，实现城乡在政策上的平等、国民待遇上的一致，使城乡经济社会全面、协调、可持续发展。随着我国工业化和城市化的发展，我国已经进入了加快形成城乡经济社会发展一体化新格局的重要历史时期。统筹城乡发展是实现城乡经济社会发展一体化的重要措施。党的十六大首次提出统筹城乡社会经济发展，2010 年中央一号文件把统筹城乡发展放在突出位置，明确提出要"把统筹城乡发展作为全面建设小康社会的根本要求"。统筹城乡发展，关键措施就是做到国家财政收入分配向农村倾斜，资源要素更多地向农村配置，为农民提供更多的公共产品，使农民享有更多的公共服务。

综合而言，农村公共产品对于提高农民生活水平、促进农村经济社会发展、扩大农村消费需求、实现城乡一体化具有重要作用。不仅如此，农村公共产品供给问题的研究还具有政治意义。因为，首先，长期以来，我国农村公共产品供给的成本主要是由农民承担的，农民负担沉重是农业税取消前导致农村社会问题的主要因素，这些社会问题严重影响了农村社会的稳定。通过对农村公共产品供给问题的研究，有助于分析农民负担问题的根源和实质。其次，增加农村公共产品供给，实质上就是要给予农民同等的国民待遇、实现城乡之间基本公共服务均等化，这有利于增强农民对于党和国家的政治认同。因而，对农村公共产品供给问题的研究不仅具有经济意义，而且具有政治意义。

当前我国农村公共产品供给中存在诸多问题，农村税费改革虽使农民负担大大减轻，但也使农村公共产品供给中的问题更加突出。虽然国家也采取了一些措施，如加大对基层政府的财政转移支付力度等，但农村公共产品供给仍面临很多困难。本论著通过对农村公共产品供给体制变迁的考察，分析造成农村公共产品供给困境的原因，在此基础上，提出重构农村公共产品供给体制的对策。通过本论著的研究，有助于解决农村公共产品供给中的问题。本论著研究的现实意义显而易见。

"三农"问题研究专家徐勇教授指出，在当前关于"三农"问题的研究中，是将"三农研究"问题化，还是学理化，关系到"三农"问题研究的走向及提升。没有学理的支撑和提升，"三农"问题研究就难以产生有价值的成果。因此，他提出，"三农"问题的研究应重新回头从基础性的学理研究做起。[①] 本论著也力图把农村公共产品供给问题的研究学理化，不单单要分析农村公共产品供给中存在的问题，更重要的是要对这些问题产生的根源进行系统的学理分析。具体来说就是，本论著不仅要分析农村公共产品供给中

---

① 徐勇、项继权：《回到原点关注变迁》，《华中师范大学学报》（人文社会科学版）2006 年第 3 期。

存在的问题，而且要分析导致这些问题的原因，不仅要分析现象，而且要解释现象，不仅要描述农村公共产品供给体制的变迁过程，而且要分析影响和制约其变迁的因素。在这样学理化研究的基础上，我们提出的对策才更有建设性。因而，本论著的研究具有重要的学术价值。

三

　　农村公共产品供给问题是近几年来学术界研究的一个热点问题。专门研究农村公共产品问题的著作主要有：（1）林万龙著：《中国农村社区公共产品供给制度变迁研究》，作者运用新制度经济学的分析框架，分析了家庭承包制的实施对于农村社区公共产品供给制度的影响。（2）徐小青主编：《中国农村公共服务》，作者主要研究了非物质形态的，以信息、技术或劳务等服务形式表现出来的农村公共服务的历史发展与当前状况。（3）陶勇著：《农村公共产品与农民负担》，作者从农村公共产品供给角度，论证了农村公共产品供给与农民负担的关系。（4）杨红著：《中国农村公共产品特殊论》，作者从中国小农经济、世俗文化特征入手，揭示了西方公共产品理论在中国农村应用的局限性，论证了中国农村公共产品的特殊性，分析了农村公共产品运行状态，提出了农村公共产品的对策选择。（5）李彬著：《乡镇公共物品制度外供给分析》，作者从公共财政管理的角度，分析了我国乡镇公共物品制度外供给的历史、现状、产生的问题、形成机理，并提出了改革的基本思路。（6）张珺著：《中国农村公共产品供给》，作者从供给资金、供给方式、供给需求与决策等角度对中国农村公共产品供给进行分析，寻找适合中国国情的有效提供农村公共产品的途径与方法。（7）孔喜梅著：《中国农村公共产品供给问题研究》，作者着重分析了农村公共产品供给的供给状况与需求状况、供需矛盾以及解决农村公共产品供需矛盾的对策。

　　除了著作外，当前还有大量研究农村公共产品问题的论文，由于数量较多，我们在此不再一一列举。

尽管很多学者对农村公共产品供给问题进行了广泛研究，但当前的研究中还存在着一定的不足，这些研究的不足为我们提供了对这一问题进行进一步探讨的空间。

关于农村公共产品供给体制的变迁。多数学者分析了人民公社时期和当前的农村公共产品供给体制，并作了比较，普遍认为，当前我国的农村公共产品供给体制是由人民公社时期的农村公共产品供给体制演变而来的。但是，人民公社时期的农村公共产品供给体制又是由何演变而来的呢？以制度外筹资方式为特征的农村公共产品供给体制是如何形成的？在公共产品供给上，我国为什么会形成城乡不同的二元供给结构？这些问题，我们可以做进一步探讨。

关于当前农村公共产品供给中存在问题的原因。研究者都认为，当前我国农村公共产品供给中存在着很多问题，部分研究者也指出了产生这些问题的原因，即城乡二元的公共产品供给结构、农村公共产品的制度外供给等，具体来说就是国家财政投资政策的城市偏向、乡镇政府财政困难等等。那么，是什么导致了国家财政投资的城市偏向？乡镇政府财政困难的制度原因是什么？

关于家庭联产承包责任制的实施对农村公共产品供给体制的影响。学者普遍认为，从人民公社时期到家庭承包制后，农村公共产品制度外供给的特征实质上没有根本改变，这形成了农村公共产品供给体制变迁中的路径依赖。那么，导致这一路径依赖的原因是什么？

关于重构农村公共产品供给体制的对策。这是当前学者研究比较集中的问题。尽管研究者已从不同角度提出了重构农村公共产品供给体制的对策，但这其中还有一些问题值得探讨，如一些学者提出进行农村公共产品供给的市场化改革，那么市场化改革是否一改就灵？改革中存在什么问题？建设社会主义新农村、增加农村公共产品供给，应该需要什么样的市场化改革等，这些问题都值得我们进一步探讨。

四

公共产品（public goods）是与私人产品（private goods）相对应的一个概念。公共产品问题的提出可以追溯到英国资产阶级思想家霍布斯那里，霍布斯在《利维坦》中提出，国家的本质"用一个定义来说，就是一大群人相互订立信约、每人都对它的行为授权，以便使它能按其认为有利于大家的和平与共同防卫的方式运用全体的力量和手段的一个人格。"①这里提到的"有利于大家的和平与共同防卫"实际上指的就是最典型的公共产品——国防，这是关于公共产品思想的较早论述。

大卫·休谟分析了公共产品供给中的"搭便车"问题。他说，"两个邻人可以同意排去他们所共有的一片草地中的积水，因为他们容易了解对方的心思，而且每个人必然看到，他不执行自己的任务的直接后果就是把整个计划抛弃了。但要使一千个人同意那样一种行为，是很困难的，而且的确是不可能的；……因为各人都在寻找借口，要使自己省却麻烦和开支，而把全部负担加在他人身上。政治社会就容易补救这些弊病。"②在此，休谟一方面分析了在公共产品供给中，人们为了自己省却麻烦和开支，而选择"搭便车"，把全部负担加在别人身上；另一方面，分析了政府（政治社会）在公共产品供给中的职责。

1954 年，萨缪尔森在 11 月号的《经济学与统计学评论》上发表了《公共支出的纯理论》一文，提出了公共产品的严格定义，按照他的定义，纯粹的公共产品是指这样的物品，即每个个人消费这种物品不会导致他人对该物

① ［英］霍布斯：《利维坦》，黎思复等译，商务印书馆 1985 年版，第 132 页。

② David Hume（1740），*A Treatise of Human Nature*, Vol. 3. 转引自马胜杰、夏杰长：《公共经济学》，中国财政经济出版社 2003 年版，第 40—41 页。

品消费的减少。① 在《经济学》一书中，萨缪尔森等认为，公共产品是指这样一类商品：将该商品的效用扩展于他人的成本为零，因而也无法排除他人共享。②

　　一般认为，公共产品具有消费上的非竞争性（non-rivalness）和消费上的非排他性（non-excludability）以及外部性（externality）。消费上的非竞争性是指增加一个人的消费并不减少其他人的消费，即产品的可得性与消费者的数量无关，同一个产品可以被很多人共同消费而不影响消费的数量和质量。消费上的非排他性是指公共产品在技术上难以把不付费的人排除在外，使之无法受益，或者，虽然可以把不付费的排除在外，但却要付出高昂的成本。外部性，也可以称为溢出效应，指的是企业或个人向市场之外的其他人所强加的成本或收益。也就是说，外部性就是经济活动主体的经济活动有助于或有损于他人的收益，而他人却无需支付成本。显然，外部性可分为正外部性和负外部性。正外部性就是对他人带来收益的情况；而负外部性就是有损于他人收益的情况。公共产品的外部性主要是指正外部性。

　　由公共产品的这三个性质所决定，消费者在使用公共产品时，只要他不被排除在公共产品的受益范围之外，一般会选择搭便车，而不会为集体利益行事。在经济学家看来，免费搭车对任何人都是一种理性选择。所以，只要有公共产品的存在，免费搭车者就不可避免。但如果所有社会成员都选择免费搭车，不承担公共产品供给的成本，最终导致的必是"公共地悲剧"。

　　关于农村公共产品的概念。徐小青认为，农村公共产品是农村地区农业、农村或农民生产、生活共同所需的具有一定的非排他性和非竞争性的产品或服务。③ 张军、何寒熙认为，农村公共产品是相对于农民或家庭自己

---

① 参见平新乔：《财政原理与比较财政制度》，上海三联书店、上海人民出版社 1995 年版，第 29—30 页。

② ［美］保罗·萨缪尔森、［美］威廉·诺德豪斯：《经济学》第十六版，萧琛等译，华夏出版社 1999 年版，第 29 页。

③ 徐小青：《中国农村公共服务》，中国发展出版社 2002 年版，第 41 页。

消费的所谓"私人产品"而言可以由当地的农村社区集体参与共享的"产品"。① 这两种定义虽然表述不同，但它们的含义基本上是一样的。结合他们的观点，本论著把农村公共产品定义为，农村公共产品是相对于农村私人产品而言的，为农村地区农业生产、农民生活共同所需的具有一定非排他性和非竞争性的物品或服务。

关于农村公共产品的分类。从对农村公共产品的定义，可以看出，农村公共产品不仅包括实物形态的"物品"，而且包括非实物形态的"服务"。实物形态的农村公共产品主要有农村道路建设、农田水利工程、农村自来水供应等。非实物形态的农村公共产品包括农村公共管理、农村公共卫生服务、农村义务教育、农业科技的研究与推广等。

根据受益范围的大小，农村公共产品可以分为全国性的农村公共产品和地区性的农村公共产品。全国性的农村公共产品包括农村义务教育、农业基础科学研究、大江大河的治理等，地区性的农村公共产品是受益范围为某一地区的公共产品，如农村道路建设、自来水建设、小流域的治理等。

根据非竞争性和非排他性程度的高低，农村公共产品可以分为农村纯公共产品和农村准公共产品。农村纯公共产品是指具有完全的非竞争性和完全的非排他性的公共产品。根据萨缪尔森的观点，公共品最好的例子是国防②，那么，与国防有关的农村民兵训练我们可以将其看作是农村纯公共产品。另外，农业基础科学研究、全国性水土保持工程等，我们也可以将其看作是纯公共产品。在农村地区大量存在的实际上是农村准公共产品，例如，农村公路建设、中小型农田水利工程、农村自来水供应、农业技术推广等，这些产品都只是具有一定的非竞争性或非排他性。

对农村公共产品还可以根据其他标准进行分类，例如，徐小青按照农

---

① 张军、何寒熙：《中国农村的公共产品供给：改革后的变迁》，《改革》1996 年第 5 期。

② ［美］保罗·萨缪尔森、［美］威廉·诺德豪斯：《经济学》第十六版，萧琛等译，华夏出版社 1999 年版，第 29 页。

村公共产品的用途或服务对象，将其分为农业生产所需的公共产品和农民生活所需的公共产品；按照农村公共产品的来源，分为农村自然公共产品和农村人工公共产品。农村自然公共产品是靠自然力形成的农村公共产品，主要是共同使用的公共资源。而农村人工公共产品是靠人力建造或靠人力提供的。[①] 需要说明的是，在本论著的研究中，我们探讨的是由一定的供给主体提供的、通过一定的筹资机制解决供给成本的农村公共产品。因而，本论著中的农村公共产品不包括徐小青所讲的农村自然公共产品即农村自然资源。

关于农村公共产品供给体制的概念，张军、蒋琳琦认为公共产品供给制度并非一个单一的制度，实际上是多种具有关联性的规则制度所构成的一个组合或者说体系。这一体系的每一组成部分都有多种不同的选择，每一种不同的选择就构成了新的一种公共产品供给制度。他们认为，公共产品供给制度主要包括公共产品供给的决策规则、成本分摊制度、生产和管理制度以及使用（分配）制度。公共产品供给制度较为本质性的变迁事实上体现在决策、成本分摊和使用制度的演进之上。同时，他们认为，成本分摊制度是公共产品供给制度的核心。[②]

借鉴他们的观点，本论著认为农村公共产品供给体制是指围绕农村公共产品的供给所形成的一系列的制度安排，主要包括农村公共产品供给的成本分摊机制、决策机制以及管理使用机制等。其中，成本分摊机制最为重要，是农村公共产品供给体制的核心和实质所在。

成本分摊机制指的是农村公共产品供给的成本如何分摊，国家财政资金、农村集体经济、农民个人资金以及其他资金承担成本的不同，就形成了不同的成本分摊机制。例如，长期以来，在城乡二元公共产品供给结构下，

---

① 徐小青：《中国农村公共服务》，中国发展出版社 2002 年版，第 47—48 页。

② 张军、蒋琳琦：《中国农村公共产品供给制度的变迁：理论视角》，《世界经济文汇》1997 年第 5 期。

我国形成了城市和农村的不同的公共产品分摊机制，城市的公共产品主要是由国家通过政府税收负担其成本的；而农村公共产品的供给，国家只承担部分成本，农民是主要的成本分摊者。

农村公共产品供给体制实际上是一种制度。一般说来，经济制度可以分为三个层次：第一个层次是生产资料所有制，它是经济制度的最根本的层次，是形成不同社会经济制度的基础和前提；第二个层次是反映社会基本经济制度，但又有相对独立性的经济体制制度；第三个层次是对各微观经济活动主体所作出的具体制度安排。第二个层次的经济体制的制度主要解决的是资源配置和经济运行问题，这一层次的制度通过对社会经济关系、资源配置和运行方式的安排，使经济能够高效率地运转，从而作用于生产力的发展和经济效率的提高。① 从制度的这三个层次上来讲，农村公共产品供给体制实际上就是第二个层次即经济体制层次的制度，是关于国家财政资金这一资源如何配置的制度。也正是在这个意义上，本论著使用了"农村公共产品供给体制"这一概念，而没有使用"农村公共产品供给制度"。

制度外供给是本论著中使用的一个重要概念。叶兴庆在《论农村公共产品供给体制的改革》一文中较早使用了这一概念，他认为，税收是政府提供公共产品的规范化渠道，属于公共收支范畴，因此，他把通过税收提供公共产品的方式称为制度内供给，而把通过税外负担，主要是提留统筹、集资摊派等提供公共产品的方式称为制度外供给。② 这种通过提留统筹、集资摊派筹集资金的方式，我们可以称之为制度外筹资。制度外供给是农村公共产品供给体制的最主要特征。

---

① 顾钰民：《马克思主义制度经济学》，复旦大学出版社 2005 年版，第 20—25 页。
② 叶兴庆：《论农村公共产品供给体制的改革》，《经济研究》1997 年第 6 期。

五

当前农村公共产品供给不足等问题严重制约了农村经济社会的发展，那么为什么农村公共产品供给中会存在这些问题？应该如何解决这些问题呢？本论著分为两大部分。第一部分，从历史变迁的角度，以历史唯物主义为基础，同时借鉴新制度经济学的相关理论，对农村公共产品供给体制的形成和发展作一纵向的系统梳理。第二部分，对重构农村公共产品供给体制的对策与思路进行横向展开，分别分析政府、市场与农民在农村公共产品供给中的作用。选择这一研究思路的原因就在于，当前农村公共产品供给中存在的问题实际上都是在历史发展中形成的，即"历史在起作用"。只有对农村公共产品供给体制的历史变迁过程认识清楚，我们才能更好地分析当前存在的问题，提出的对策也才更有针对性。

需要说明的是，如前文所述，虽然农村公共产品供给体制包括农村公共产品供给的成本分摊机制、决策机制以及管理使用机制等多方面内容，但这其中，成本分摊机制最为重要，是农村公共产品供给体制的核心和实质所在。因此，本论著对农村公共产品供给体制变迁的研究也主要围绕农村公共产品供给成本的分摊机制展开。

论文采用的主要研究方法是：

1. 历史研究。历史研究法是指运用历史资料，对已发生的历史事件进行描述、解释和分析的方法。在本论著，我们主要是通过历史资料的研究，来分析农村公共产品供给体制的形成、发展的历史变迁过程，从而解释当前农村公共产品供给中问题的成因，并在此基础上提出解决问题的对策。

2. 比较分析。比较分析，有纵向的比较，也有横向的比较。纵比是历史的比较，即比较同一事物在不同历史时期内的具体变化。横比，即不同的具体事物在同标准下的比较，确定其相同与相异之处，并探索原因何在。① 在本论著中，我们既有纵向比较，也有横向比较。纵向比较即通过对不同历史时期的比较，分析农村公共产品供给体制的发展变化。横向比较即对同一历史时期不同地区的农村公共产品供给情况的比较，如在第四章中，我们分析济南市城乡之间公共产品供给的差异就采用了横向比较，在第五章中，不同地区农村公共产品供给市场化改革情况的分析也是采用的横向分析。

3. 田野调查。在进行文献研究的同时，论文还将注重田野调查。田野调查也称实地研究，是一种深入到研究现象的生活背景中，以参与观察和非结构访谈的方式收集资料，并通过对这些资料的定性分析来理解和解释现象的社会研究方式。② 运用田野调查的研究方法，可以直接进入研究现场，获得直接的、感性的第一手资料，这是文献研究方法所不具备的。本论著采用田野调查方法主要考察了当前部分农村地区公共产品供给情况、乡镇职能转变情况以及当前农村"一事一议"的开展情况。

论文框架为：导论、上篇（第一、二、三章）、下篇（第四、五、六章）、结论。

导论：主要介绍研究背景、研究目的和意义、相关文献述评、本论著使用的概念、研究思路与方法等。

上篇：以历史发展为线索，根据农村基本经营制度的变化，将农村公共产品供给体制的变迁分为合作化、人民公社和家庭承包制三个时期，对不同历史时期的农村公共产品供给体制进行分析。包括第一、二、三章。

第一章：合作化时期农村公共产品供给体制的形成。我国农村公共产品供给体制是伴随着合作化运动的发展而逐步形成的。建国初期，农民为了发展生产不得不采取互助合作的形式，自我供给农村公共产品。经过互助组、初级社、高级社的转变，高级社最终成为农村公共产品最主要的供给主体，

① 徐志明主编：《社会科学研究方法论》，当代中国出版社1995年版，第25—26页。

② 风笑天：《社会学研究方法》，中国人民大学出版社2001年版，第238页。

农村公共产品的制度外供给也成为了国家的制度安排。建国初期农村经济的落后状况决定了农村公共产品制度外供给的形成具有客观必然性。同时，国家推行的重工业优先发展战略是城乡二元公共产品供给结构形成的主要原因，城乡二元户籍管理制度以及政策决策者对农民落后性的认识是城乡二元公共产品供给结构形成的制度环境。

第二章：人民公社时期的农村公共产品供给体制分析。在人民公社时期，农村公共产品供给基本上都坚持了社队自力更生为主、国家支援为辅的原则，农村公共产品供给仍以制度外供给为主。这一时期，农村公共产品供给在农田水利建设、农村社会事业发展等方面取得了较大成绩，在当时农村普遍贫困的情况下，保证了农民的基本生活和农村社会的稳定。而这些成绩的取得，主要原因就在于被高度组织起来的农民依靠集体经济的力量实现了农村公共产品的自我供给。

第三章：家庭承包制时期农村公共产品供给体制的发展与困境。本章讨论的是自家庭承包制实施直至当前，农村公共产品供给体制的发展情况。家庭承包制的实施使农村公共产品供给体制也发生了一些变化，但直至农业税取消前，农村公共产品制度外供给这一实质并没有改变。家庭承包制实施后，国家对农村的财政投入不断减少，制度外筹资依然是解决农村公共产品供给成本的主要渠道，这造成了农民负担不断加重。为了切实减轻农民负担，国家实施了农村税费改革，并最终全面取消了农业税。全面取消农业税虽大大减轻了农民负担，但同时也使得农村公共产品供给中的问题更加突出。

下篇：如果说上篇是以历史发展为线索进行纵向分析的话，那么下篇就是横向展开。针对当前农村公共产品供给中存在的问题，分析重构农村公共产品供给体制的对策与思路，对政府、市场、农民三者在农村公共产品供给中的作用机制进行分析。包括第四、五、六章。

第四章：农村公共产品供给中的政府责任担当。构建新的农村公共产品供给体制，政府应承担最主要责任。其中，最根本的就是在公共产品供给中真正做到统筹城乡发展。健全公共财政体制不仅是统筹城乡发展的直接体现，而且是重构农村公共产品供给体制的直接措施。乡镇政府是直接面向农民的基层政府，其职能转变情况直接关系到农村公共产品供给状况。乡镇政府要转变其职能，除了消除其财政压力外，还应改变压力型体制下上级政府对乡镇政府的考核内容和考核方式。

第五章：农村公共产品供给市场化改革中的问题与对策。农村公共产品供给的市场化既有必要性，又有可能性。改革开放之初，我国部分农村地区就已经出现了通过市场机制来提供农村公共产品。农村公共产品供给市场化改革的目的，一是为了弥补政府供给的不足，二是满足农民多元化的需求。但是，并非所有的改革都促进了农业生产的提高和农村经济的发展，相反，有的改革反而成为制约农业生产发展的主因。本章基于两个案例的比较分析，指出了农村公共产品供给市场化改革中存在的问题，并提出进一步推进市场化改革的思路。

第六章：农民组织化与农村公共产品供给。主要分析农民组织在农村公共产品供给中的作用、面临的问题及其对策。在农村公共产品供给中，农民组织化不仅是保护农民利益的重要途径，而且农民组织化能够直接促进农村公共产品供给、降低农村公共产品供给成本。因而，分析农民组织化的问题与对策对于增加农村公共产品供给也具有重要意义。同时，农民组织实际上是非政府组织的重要组成部分。因而，这一章实际上就是分析了非政府组织（社会）在农村公共产品供给中的作用。

结论：农村公共产品供给体制变迁与重构的实质是在农村公共产品供给中，城乡之间、工农之间、特别是国家与农民之间利益不断调整的过程。增加农村公共产品供给不仅是一个经济问题，而且是一个政治问题。国家应当重新整合城市与农村、国家与农民的利益，以最终实现农民以至国家的利益。

六

尽管进行了一定研究，但也存在着部分不足。首先，本论著对我国农村公共产品供给的地区差异性涉及不多。由于我国农村经济发展存在着较大的地区差异，因而农村公共产品供给状况也存在着较大差异。如在山东省招远市阜山镇九曲蒋家村，该村现有 280 户，约 800 口人，该村利用黄金矿产资源优势，办起了村办企业金都春雨集团，下辖矿业、食品等九个公司，2006年总产值达到 6 亿元，村民人均收入 2.2 万元。该村已经实行了福利全员制、食品免费供应制等，25—60 岁村民养老保险和 60 岁以上老人医疗费用全部由村集体承担。学前教育、义务教育阶段学生，学杂费由集体承担，升入大学的有奖学金。村集体还投资 700 余万元，建起了烟台市级"文化大院"、影剧院、妇女之家、党员、青年活动之家、图书室等。① 在九曲蒋家村，由于农村集体经济的强大，农村公共产品供给问题已经不突出了。九曲蒋家村的情况并非是独有的现象，实际上有很多村庄，因为集体经济发展较好，因而有足够的经济实力去解决农村公共产品供给问题。尽管如此，对于全国大多数农村地区来说，经济发展状况并不好，农村公共产品供给问题仍旧十分突出。

其次，在重构农村公共产品供给体制的论述中，本论著对农村公共产品的私人自愿供给和除农民组织之外的非政府组织的无偿供给涉及较少。对于公共产品，并非所有的人都会出于个人理性而不愿提供，如在农村举办修路、通水的公益事业中，也有的个体农民会无偿自愿提供某些公共产品或承担部分供给成本。另外，非政府组织在农村公共产品供给中也日益发挥着重要作用。在本论著中，我们只分析了农民组织在农村公共产品供给中的作

---

① 王金勇:《夯实支撑点，建设新农村》，村民自治与新农村建设暨纪念《中华人民共和国村民委员会组织法（试行）》颁布二十周年国际学术研讨会论文集，2007 年 6 月。

用，而对于其他非政府组织没有论及。实际上有很多非政府组织在农村公共产品供给中发挥着作用。如希望工程就是中国青少年发展基金会发起倡导并组织实施的一项社会公益事业，其宗旨是资助贫困地区失学儿童重返校园，建设希望小学，改善农村办学条件。希望工程的实施，改变了一大批农村儿童的命运。这些都是本研究以后需要进一步深化的地方。

上　篇

初始的制度安排会影响到以后的制度选择。目前我国农村公共产品供给中存在的问题和困境，在一定意义上说，都是在历史发展中形成的。因而，应该对我国农村公共产品供给体制的形成和发展过程进行历史分析。

建国后，随着我国农业合作化运动的发展，以制度外供给为特征的农村公共产品供给体制逐步形成。在合作化运动中，互助组开始承担农村公共产品供给的职责，到高级社阶段，合作社则成为农村公共产品供给的主要主体。农村公共产品的制度外供给成为国家的制度安排。同时，随着我国重工业优先发展战略的选择，城乡二元的公共产品供给结构建立。人民公社时期的农村公共产品供给延续了合作化时期的制度安排，仍以制度外供给为主，但其取得了一定成绩。家庭联产承包责任制实施后，农业生产虽然显著发展，但农村公共产品供给水平却不断下降。家庭联产承包责任制并没有引起农村公共产品制度外供给特征的改变。并且，这一时期乡镇制度外财政不断膨胀、农民负担不断加重，"三农"问题越来越突出。

农村税费改革在减轻农民负担的同时，也加剧了农村公共产品供给的困境。农村公共产品供给中存在的问题严重制约了农村经济以及整个国民经济的发展。

第一章　合作化时期农村公共产品
供给体制的形成

随着建国后我国农业合作化运动的发展，以制度外供给为特征的农村公共产品供给体制逐步形成。农业合作化运动是农村公共产品供给体制形成的背景，因而，在本章，我们有必要首先对农业合作化运动的发展作一简要回顾。

第一节　农业合作化运动的发展

建国后的农业合作化运动实际上是我国对农业进行的社会主义改造运动，其实质是通过互助合作的方式，领导个体农民走上社会主义道路。同时，从客观上来讲，农业合作化运动有其必然性。到 1952 年年底，土地改革运动在全国范围内基本完成。土地改革完成以后，个体经济成为我国农村的主要经济形式。这种农民个体经济虽然在发展生产上有一定积极性，但也存在着很多的局限性，主要体现为个体农民普遍受到劳动力和生产工具的限制，在增加产量和抵御自然灾害等方面，个体经济往往无能为力。由于长期战争，有些农户丧失了主要劳动力，许多农户缺乏耕畜、农具等生产资料。据国家统计局调查，土地改革结束后，农村各阶层户均拥有耕地 15.25 亩，耕畜 0.64 头，犁 0.54 部，水车 0.1 部。[①] 华北大部分老

---

① 国家统计局：《1954 年我国农家收支调查报告》，统计出版社 1957 年版。转引自郭瑞萍：《人民公社缘起的制度经济学分析》，《西北大学学报》（哲学社会科学版）2005 年第 6 期。

区，1950年平均每户不到半头耕畜。太行山区许多村子，平均三四户才有1头毛驴。东北地区每户多数有1匹马，但该地区因土地和耕作习惯，每户需要有3匹马以上才能独立生产。山东省到1951年秋天，耕畜、农具才恢复到战前的大约85%。在老区，犁、耧、耙齐全的农户只占少数，水井、水车、大车、小车都不够最低需要。① 这种情况使农业生产面临很大困难。因而，互助合作成为提高农业生产力、促进农业生产发展的客观需要。

我国的农业合作化运动发展大体上经历了三个阶段。

第一阶段，从新中国成立到1953年年底，以发展互助组为中心，同时试办初级社。互助组是仅仅带有社会主义萌芽性质的组织形式，一般由几户至多十几户组成。互助组又分为临时互助组和常年互助组两种形式。临时互助组是最简单的劳动互助形式，主要是进行劳力、牲畜以及生产工具的互助，参加人员不固定，所要求的组织水平不高，是合作化运动早期的主要形式。相比于临时互助组，常年互助组所属的成员比较固定，不但有劳力、生产工具等的互助，而且有了经济上的合作和共同的生产计划以及组织管理制度、分配制度。在农业生产管理上，常年互助组开始出现分工、有的互助组开始分业。

1950年，全国组织起来的农户只占全国总农户的10%。经过合作化运动发展，到1951年，即增至20%左右，全国有劳动互助组460余万个。1951年9月，中共中央召开了全国第一次农业互助合作会议，制定了《中共中央关于农业生产互助合作的决议（草案）》，提出在保护农民个体经济积极性的同时，必须提倡组织起来，按照经济发展稳步前进的方针和自愿互利的原则，推进农业生产互助运动。12月份，毛泽东在为印发决议草案写的通知中，指示全党要"把农业互助合作当作一件大事

---

① 叶扬兵：《中国农业合作化运动研究》，知识产权出版社2006年版，第169页。

去做"。[①]1952 年，全国土地改革基本完成，农业生产互助合作运动的发展也更加迅速。在老解放区，组织起来的农户，一般占农户总数的 65%以上；在晚解放区，一般占 25% 左右。[②] 总计起来，当时全国已有各种农业互助组 800 余万个。到 1953 年，我国参加互助合作组织的农户已占总农户的 40%。在这一阶段，在我国的一些地区，也开始试办初级农业生产合作社。1951 年，有 7 个省共试办了 129 个初级社；1952 年，增加到 3634 个，入社农户 57188 户，占总农户的比重为 0.05%；1953 年又增加到 14171 个。[③]

第二阶段，从 1954 年到 1955 年春，初级社在全国普遍建立。初级社是带有半社会主义性质的农业生产合作社，其特点为土地入股和统一经营，土地的所有权还在农民手中。1953 年 12 月 16 日，中共中央通过了《关于发展农业生产合作社的决议》，《决议》进一步阐明了农业社会主义改造的必要性和可能性，说明了农业合作化的方针、步骤和方法，肯定了农业合作化的道路，指出由社会主义萌芽性质的互助组，到半社会主义性质的初级形式的合作社、再到完全社会主义性质的高级形式的合作社，这条合作化的道路也就是对我国农业进行社会主义改造的道路。《决议》还规定了发展农业生产合作社的指标，提出了全国农业生产合作社的数量，应由 1953 年冬季的 14000 多个，发展到 1954 年秋收以前的 35800 多个。[④] 并且，《决议》对各大区都提出了明确的发展指标。在实际发展中，各地对原有的计划作了修订，提高了指标。其实，早在 1953 年 10 月，毛泽东就明确指出，

---

① 《毛泽东文集》第六卷，人民出版社 1999 年版，第 214 页。

② 黄道霞、余展、王西玉主编：《建国以来农业合作化史料汇编》，中共党史出版社 1992 年版，第 178 页。

③ 陈吉元等主编：《中国农村社会经济变迁》（1949—1989），山西经济出版社 1993 年版，第 122 页。

④ 陈吉元等主编：《中国农村社会经济变迁》（1949—1989），山西经济出版社 1993 年版，第 146 页。

办合作社"要分派数字，摊派"，"只要合乎条件"，"办得好，那是'韩信将兵，多多益善'。"①1954 年 10 月全国第四次互助合作会议以后，全国各地掀起了新的合作社发展高潮。在这个过程中，一些地区出现了违反自愿原则，对入社农户的生产资料估价过低，损害农民利益等问题。加上 1954 年粮食的超计划收购，更引起了农民的恐慌，一些农村出现了宰杀牲畜等破坏生产力的情况，农村关系全面紧张。从 1955 年 1 月起，中共中央先后发出四份紧急通知，提出合作社发展要转入控制发展、着重巩固阶段。3 月，毛泽东也提出了"停、缩、发"的三字方针。这样，合作社的冒进势头得到了逐步遏制。

第三阶段，自 1955 年下半年到 1956 年，是农业合作化高潮阶段。在这一阶段，全国普遍建立了土地集体所有的大型的完全社会主义性质的农业生产合作社，农民的土地等生产资料完全转为合作社集体所有。1955 年夏季，在农业合作化问题上，党内出现了分歧。在 1955 年 7 月《关于农业合作化问题》的报告中，毛泽东认为 1955 年春季党中央决定的农业生产合作社由六十五万个增加到一百万个"似乎少了点"，他认为需要增加到一百三十万个左右的合作社。而主持中央农村工作的邓子恢则坚持原来中央的意见。毛泽东批评邓子恢"像一个小脚女人，东摇西摆地在那里走路。"②认为邓子恢等人犯了右倾机会主义错误。毛泽东认为："农村中合作化的社会改革的高潮，有些地方已经到来，全国也即将到来。"③1955 年 10 月党中央召开了七届六中全会，毛泽东作了《农业合作化的一场辩论和当前的阶级斗争》的结论，他指出，农业合作化要大发展，农业合作社"如果不赶快上马，就有破坏工农联盟的危险。"④并且，在这个讲话中，毛泽东

① 《毛泽东文集》第六卷，人民出版社 1999 年版，第 298 页。
② 《毛泽东文集》第六卷，人民出版社 1999 年版，第 418 页。
③ 《毛泽东文集》第六卷，人民出版社 1999 年版，第 418 页。
④ 《毛泽东文集》第六卷，人民出版社 1999 年版，第 436 页。

再次指出，中央农村工作部首先是邓子恢犯了右倾错误。党的七届六中全会之后，在批判右倾机会主义的推动下，全国又掀起了农业合作化运动的高潮。从 1955 年 9 月到 12 月，毛泽东亲自编辑了《中国农村的社会主义高潮》，并写了两篇序言和 104 篇按语，认为，农业合作化整个运动完全是在一种健康的状态中进行的，并且更加尖锐地批评了所谓的右倾机会主义，这进一步推动了合作化运动的迅猛发展。在 1955 年年底，全国入社农户接近 1700 万户。到 1956 年 12 月底，全国入社农户户数已达 11780 万户，占全国农户总数的 96.3%，其中参加高级社的农户户数占全国总数的 87.8%。这种情况说明，我国农业合作化已经基本上实现了。到 1957 年年底，参加农业生产合作社的农户占全国农户总数的 98%，其中参加高级社的户数，占全国农户总数的 96%。①

表 1—1　参加互助合作组织的农户比重表

（比重%）

	参加互助合作组织的农户占全国总农户的比重	农业生产合作社			农业生产互助组
		合计	高级社	初级社	
1950 年	10.7	…	…	…	10.7
1951 年	19.2	…	…	…	19.2
1952 年	40.0	0.1	…	0.1	39.9
1953 年	39.5	0.2	…	0.2	39.3
1954 年	60.3	2.0	…	2.0	58.3
1955 年	64.9	14.2	…	14.2	50.7
1956 年	96.3	96.3	87.8	8.5	—

资料来源：国家统计局编：《伟大的十年》，人民出版社 1959 年版，第 30 页。

---

① 柳随年、吴敢群主编：《第一个五年计划时期的国民经济（1953—1957）》，黑龙江人民出版社 1984 年版，第 106 页。

第二节 农村公共产品制度外供给的形成

在导论中，我们已经提及，成本分摊机制是农村公共产品供给体制的核心和实质所在，本论著对农村公共产品供给体制变迁的考察也主要围绕农村公共产品供给的成本分摊机制展开。因而，我们分析农村公共产品供给体制的形成主要针对的就是农村公共产品供给的成本分摊机制。进一步说，因为农村公共产品供给体制是以制度外供给为特征的，因此，我们在这里主要就是要分析农村公共产品的制度外供给是如何形成的。

农村公共产品供给体制是与乡村治理结构紧密相连的。建国初期，我国实行小乡制。1950 年 12 月，中央人民政府政务院颁布了《乡（行政村）人民代表会议组织通则》和《乡（行政村）人民政府组织通则》，确认乡与行政村同为农村基层政权组织。据内务部 1952 年 9 月底统计，当时，除中国西藏、中国台湾外，共有乡级单位 284626 个（其中东北行政村 27848 个，华北行政村 84732 个），平均每乡（行政村）1770 人。在实行小乡制时，农村基础政权的重心在区，当时全国共有县辖区 18330 个。[1]

在建国初农村普遍建立乡（行政村）人民政府的同时，在农村地区还试点筹建了乡财政，但是，由于县对乡实行财政收支两条线，乡本身几乎没有什么机动财力，因而建国初期的乡级财政并不是一级完备的财政。1953 年，政务院在《关于 1953 年度各级预算草案编制办法的通知》中，首次要求将乡镇预算列入国家财政预算范畴。乡镇财政收入列入县级财政预算后，其支出费用主要通过县级财政下划和自筹两种方式解决。乡镇政府开支中的经常费用由县级财政提供，列入县级财政预算。非经常性的开支费用，则按照当年 3 月中共中央召开的全国财经会议规定自筹。这样，乡镇预算在列入国家

---

[1] 沈延生:《中国乡治的回顾与展望》,《战略与管理》2003 年第 1 期。

预算后，实行了收入全额上缴并列入县级财政预算，支出主要由上级政府下划和自筹的管理体制。[①]

在最初实行小乡制的同时，我国农村普遍建立了农民协会，在乡以下，农民协会成为了事实上的政权组织。而在职能上，农民协会作为土地改革的合法执行机关，其主要任务就是领导农民进行土地改革。而当土地改革完成后，农民协会也就完成了它的历史使命，农民协会很快便消失了。而农会组织消失后成立的村级政权实际上并没有太多的公共领域和权力。因为分散的农民被组织到合作社，合作社成为国家基层政权管理乡村公共事务的主要依托。[②] 根据于建嵘对湖南衡山县的考察，当各种生产性互助组成立后，互助组直接与乡级政权建立了联系，村级政权的影响力进一步下降。对于在村政权中担任职务者来说，一般也是互助组织的领导人。到了初级社阶段，农民互助组织就不只是一个经济组织了，它具有了许多政权组织的权利和义务。在许多场合，它代表国家，对本社范围内的政治经济事务行使管辖权，就是对那些没有加入到初级社的村民，它也具有了一定的支配权力。根据于建嵘的研究，就当时岳村初级社的情况看，已经实现了村社合一。而高级社的建立，不仅重新确定了乡村社会的行政区划，而且重建了经济关系和公共权力组织。随着高级社的建立，村级政权组织的职能被经济合作组织所取代，全国基本实现了村社合一。[③]

一、从互助组到高级社：农村公共产品制度外供给主体的转换

（一）互助组开始承担农村公共产品供给的职责

临时互助组主要是帮助农民解决劳动力和牲畜等生产资料的不足问题。在这一阶段，对于普遍缺乏的农具、牲畜等一些本来属于私人所有的物品，

---

① 陈永正、陈家泽：《论中国乡级财政》，《中国农村观察》2004 年第 5 期。

② 徐勇：《中国农村村民自治》，华中师范大学出版社 1997 年版，第 23 页。

③ 于建嵘：《岳村政治》，商务印书馆 2001 年版，第 240—247 页。

加入互助组的农民通过"私有公用"或公共购买的途径来共同使用，满足了农业生产的需要。对于劳动力的不足，则采取变工等互助形式，调剂劳动力的使用。

临时互助组由于受组织形式的限制，还难以提供农村公共产品。而常年互助组则由于有了共有财产，并且其成员和组织相对固定，在调剂劳动力方面更为方便，因而，常年互助组能够组织农民自己提供公共产品。

互助组共有财产的建立对于农村公共产品的供给具有重要意义，因为它解决了农村公共产品供给成本问题，使常年互助组提供公共产品成为可能。常年互助组不再局限于劳动力、牲畜等的互助调剂，而开始经济合作。一般常年互助组都有了一定的共有财产，如伙有农具、水车、牲畜、生活用具、公积金等。如山西长治专区 14 县统计已有 430 个互助组有公积金。互助组有了共有财产之后，对于进一步发展生产有很大作用：（1）便于扩大生产投资，举办个人力量所不能及的生产建设，如打井、买水车、买大农具、增添耕畜、肥料、整地造林等。（2）有劳动保险的作用，组员遭受意外灾害，或有急需可给以帮助，以避免破产。（3）举办公益事业，如订报、办学校及其他文化卫生公益事业等。①

常年互助组在农村公共产品供给方面的作用是显著的，主要体现在农业生产技术的提高、农业生产条件的改善以及农业病虫害的防治等方面：

互助组为农业生产技术的提高提供了条件。1951 年上半年农业互助合作运动的发展进一步证明了组织起来比之单干有极大的优越性。首先是组织起来提高耕作水平、改进生产技术、改良生产条件，增加了单位面积产量。许多互助组不仅在深耕、多锄、增施肥料上有显著成绩，而且集体研究改进耕作方法，按技术专长实行了生产分工。不少互助组设立了"小农场"进行选育良种与防治病害的实验，划出"丰产地"进行改良耕作法，增施肥料，

---

① 黄道霞、余展、王西玉主编：《建国以来农业合作化史料汇编》，中共党史出版社 1992 年版，第 46 页。

创造丰产纪录的实验。有的互助组和省、县农场结合起来（如山西榆社、平原濮县、辽东盖平等地）成为传播新的生产技术的核心。①

在兴修水利工程等方面，组织起来的农民体现了很大优势。1951年互助组普遍组织农民改良土壤、修梯田、修滩、打井、开渠，"如山西省榆社、武乡、左权三县互助组今年已改良土壤15万余亩；黑龙江镇赉县农民互助改良土壤1900垧；河北省蠡县、安国两县群众组织起来合伙打井，使2万余亩旱地变成了水地；陕西长安王蟒村20余年来未修的旧堰，今年由于组织起来修好了，增加水地130亩。"②

1952年，组织起来的农民在提供农村公共产品方面发挥了更大的作用，如在春耕防旱及防治病虫害上就获得了很大成效：（1）1952年全国兴修及整修小型渠道74300条，塘坝圩堤等166万处，打砖井40.5万眼，共扩大灌溉面积2290万亩，超过1951年扩大水田面积2倍以上，这些水利工程，绝大多数是由于农民组织起来兴建的。山西省运城、临汾、榆次、长治等4个专区组织起来开渠打井，安装水车以及合理用水即增加灌溉面积44万亩，等于1951年全省增加水田面积。（2）入春以来全国范围内麦蚜、蝗虫、棉蚜等病虫灾害为害面积很广，由于各地群众组织起来，在"打早、打小、打了"的方针下，基本上已消灭了虫害，如热河、辽东两省曾组织起来51万多群众，编成防虫队，划分防虫区进行防虫灭虫的斗争。河北省天津专区前后发生蝗蝻291788亩，发动群众80632人，广泛组织互助订立合同，互相保证完成捕蝗任务。治棉蚜工作中，河北省有些县群众普遍组织起来，集体配药，互助除治，收效很大。③

---

① 黄道霞、余展、王西玉主编：《建国以来农业合作化史料汇编》，中共党史出版社1992年版，第47页。

② 黄道霞、余展、王西玉主编：《建国以来农业合作化史料汇编》，中共党史出版社1992年版，第47页。

③ 黄道霞、余展、王西玉主编：《建国以来农业合作化史料汇编》，中共党史出版社1992年版，第55页。

（二）初级社在农村公共产品供给中的制度绩效

在经营方式上，互助组虽然已经把农民组织了起来，但农民还是个体经营，这种分散的个体经营是不利于公共产品的供给的。而初级社由于实行土地入股，统一经营，因而突破了农民个体经营的限制，在提供农村公共产品上也显示了更多的优越性。初级社之所以在农村公共产品供给上比互助组更具有优越性就在于，一方面，组织规模的扩大，本身就要求初级社必须提供受益范围更大的公共产品；另一方面，由于初级社在规模上比互助组有了很大发展，并且初级社普遍提取公积金和公益金，因而，集体经济的力量进一步壮大，而能够统一安排使用的劳动力也进一步增多，这就使初级社更好地提供农村公共产品具备了可能性。初级社的这种优越性体现在：

首先，初级社的建立对于农业技术推广具有重要作用。比如，合理密植可以增加产量，但是，我国单干农民或互助组推行这一技术往往遇到困难。广东省揭阳县梅云乡云光生产合作社在建社之前，小株密植推行不起来。农民林炎城心里想："我只有5亩多田，如果试不成功，一家9口人的生活怎么过？"建社之后，土地统一经营，这个问题解决了，大家的想法是："用几亩来试验，就算试不成功，大家平均起来，损失也不大，试验成功了社一推广，大家就能很快增加收入。"这样，该社就顺利地推行了这一技术改革。再比如，单季稻改双季稻等农业改制，可以增加产量和提高收入，但是，单干户或互助组要进行这一改革是困难的。江西九江县磻石农业生产合作社在建社之前曾想改一季稻为双季稻，可是，由于水源、肥料、劳力不足，搞了几年都没有成功。建社之后，1955年全社把11亩7分地的一季稻田改为双季稻田，每亩获得1195斤的高额产量。①

其次，为农田水利基本建设等农业生产环境的改善提供了更好的条件。如河北省饶阳县五公村，1943年就在耿长锁的带领下成立了土地合伙组，

——————————

① 叶扬兵：《中国农业合作化运动研究》，知识产权出版社2006年版，第743—744页。

1951年耿长锁土地合伙组正式改名为耿长锁农业生产合作社。其后，又发展成为以村为单位的五公村初级农业生产合作社。合作社为改变生产条件，开展防风固沙，抗旱打井活动，营造防风林十六里，上四盘钻井架，开始冬季打井，第二年清明节前打成二十一眼井。① 五公村初级农业生产合作社所进行的防风固沙、抗旱打井、营造防风林活动，如果依靠互助组是难以进行的，因为单个互助组规模较小，难以提供这种公共产品。而多个互助组之间又存在着需求偏好、受益程度的差异。而这种改变农业生产条件的防风固沙、营造防风林又必须形成一定的规模才能发挥作用。由此，我们就可以看出初级社较之互助组的优越性。

再次，公积金和公益金的提取使初级社能够更好地提供社会服务。初级社已经普遍提取公积金和公益金，这为农村社会事业的发展奠定了经济基础。如吉林省延吉县五区英成村的金时龙农业生产合作社，因为有了公积金，因此，可以照顾军属（药费）、妇女（产前后休息三个月的工资）、子弟上学（除本村小学经费外，该社社员中有十三个子弟在延吉中学读书，过去每人每月需粮五斗，现由一妇女帮助煮饭，每月三斗即可），还可以建立托儿所，增加妇女劳动时间。②

由此可以看出，初级社在农村公共产品供给中比互助组具有更多的优越性。而到了高级社阶段，高级社又比初级社体现了更多的优越性。

（三）高级社在农村公共产品供给中的优越性

首先，高级社能够更好地进行农田水利等农业基础设施建设。高级合作化后，取消了土地私有制，解决了兴修水利中赔偿挖废土地的问题，过去解决不了的水利纠纷，就可以解决了。山西省长治地区一些老社干部回忆当时本村的情况，认为当时转高级社确有必要，确实也有不转高级社影响生产发展的问题。如在开渠时，常常因未入社户的反对而难以进行。郭玉恩说：初

① 《当代中国农业合作化史》编辑室编：《中国农业合作化史资料》1998年第3期，第7—24页。
② 《当代中国农业合作化史》编辑室编：《中国农业合作化史资料》1989年第1期，第43页。

级社时，我们有 4 亩刀把地，当时想把我们社上游的水渠延伸到这里，把它变成水地。但要占用一家单干户的一分二厘地，社里提出以 2 亩地换，并由其挑地块。尽管蹲点的作家赵树理和我多次去劝说，他也不干。李龙太回忆说，1955 年大涝，为抢救我们移林社和其他户的 100 亩田，需要修一条 140 米长的排水渠，但有 10 米需要经过一家单干户的地，我们提出以几倍的产量或更多更好的土地作为补偿条件。可是这户就是不干，户主躺在地上打滚说："这是我家的地，谁也不能动。"村长去扶他，他还把村长的衣服撕烂。①

再以江苏省为例，阜宁县双营乡支部在 1955 年就提出一个计划，开河 3 条、开沟 156 条，以便把旱田改成水田。但那时为初级社，有的中农就怕多花劳动日减少土地报酬，有的怕挖了自己的土地，曾经有 2 个社员躺在田里不让挖土，花了九牛二虎之力，只开了半条河；1956 年春全乡 7 个初级社合并办了一个高级社，社里又提出开河实行旱改水的计划，立刻为社员所接受。……盱眙县十里乡三塘农业社有一个"黄家坝"已荒废了 30 多年未修。坝下几十亩水田不长水稻。1956 年办了社，修了这个坝，每亩水稻收了 295 斤。社员说："不是高级社，永远挖不了'黄家坝'。"②

其次，高级社集体经济的发展，使其能够更好地兴办农村公益事业。如高级社承担了农村社会保障职能，高级社收取集体提留（必要的生产基金、公积金、公益金），对鳏、寡、孤、独中的老小口实行吃、穿、住、教、养"五保"，高级合作社实际上承担了公共建设、社会保障等多方面功能。"应该说，自土地改革后，农村始终存在一些弱势群体，其生活非常困难，需要依靠政府的救济。在初级社时，虽然解决了少数人的问题，但是，大多数人

---

① 长治市农业合作史征编办公室整理：《长治区老合作社干部座谈会纪要》，《中国农业合作化史资料》1989 年第 3 期。转引自叶扬兵：《中国农业合作化运动研究》，知识产权出版社 2006 年版，第 760 页。

② 叶扬兵：《中国农业合作化运动研究》，知识产权出版社 2006 年版，第 760—761 页。

的问题并没有得到解决。在高级社中，虽然存在着很多困难，但还是基本上解决了这些人的基本生活保障问题，……这种救济弱势群体的责任，本来是应该由政府来承担的。现在高级社把它承担下来。"①

二、《高级农业生产合作社示范章程》：农村公共产品制度外供给的国家意志体现

农村公共产品的制度外供给作为一项国家的制度安排和国家意志，最终在《高级农业生产合作社示范章程》中被确定下来。《高级农业生产合作社示范章程》在1956年6月30日第一届全国人民代表大会第三次会议上通过，《章程》规定了高级社在农村公共产品供给中的责任以及农村公共产品供给成本的来源。作为这一制度安排的具体体现，我们有必要将其中的相关内容作一展现，这些相关内容主要包括：

第二十二条：农业生产合作社应该从每年的收入当中留出一定数量的公积金和公益金。公积金用作扩大生产所需要的生产费用、储备种子、饲料和增添合作社固定财产的费用，不能挪作他用。公益金用来发展合作社的文化、福利事业，不能挪作他用。

第二十六条：农业生产合作社应该根据本身的经济条件和当地的自然条件，积极地采取以下的各种措施，提高农业生产的水平。

（一）兴修水利，保持水土。

（二）采用新式农具，逐步地实现农业机械化。

（三）积极地利用一切可能的条件开辟肥料来源，改进使用肥料的方法。

（四）采用优良品种。

（五）适当地和有计划地发展高产作物。

（六）改良土壤，修整耕地。

---

① 叶扬兵：《中国农业合作化运动研究》，知识产权出版社2006年版，第763页。

（七）合理地使用耕地，扩大复种面积。

（八）改进耕作方法，实行精耕细作。

（九）防治和消灭虫害、病害和其他灾害。

（十）保护和繁殖牲畜，改良牲畜品种。

（十一）在不妨碍水土保持的条件下，有计划地开垦荒地，扩大耕地面积。

第三十五条：农业生产合作社的管理人员，经常不能直接参加生产劳动的，合作社应该根据各人所担负的任务的多少和工作的繁简，由社员大会或者社员代表大会议定一定数量的劳动日，作为报酬。用一部分时间参加社务工作的管理人员和参加临时性社务工作的社员，合作社应该按照他所参加的工作的多少和占去生产劳动时间的多少，给以适当数量的劳动日，作为补贴。

合作社主任全年所得的劳动日，一般地应该高于一个中等劳动力一年所得的劳动日。

合作社的管理人员不能过多。全部管理人员参加社务工作所得的劳动日的数量，加上补贴给参加临时性社务工作的社员的劳动日的数量，至多不能超过全社劳动日总数的 2%。

第四十三条：从扣除消耗以后所留下的收入当中，留出一定比例的公积金和公益金。公积金一般不超过 8%，包括归还到期的基本建设的贷款和投资在内。公益金不超过 2%。经营经济作物的合作社，公积金可以增加到12%。

如果合作社的生产增加不很多，为了增加社员的个人收入，公积金可以少留。遇到荒年，公积金可以少留或者不留。遇到丰年，在保证社员个人收入增加的条件下，公积金也可以酌量多留。收入分配的方案应该由社员大会或者社员代表大会讨论通过。

第五十二条：农业生产合作社应该在生产发展的基础上，随着合作社收入和社员个人收入的增加，根据社员的需要，逐步地举办以下各种文化、福利事业：

（一）组织社员在业余时间学习文化和科学知识，在若干年内分批扫除文盲。

（二）利用业余时间和农闲季节，开展文化、娱乐和体育活动。

（三）开展公共卫生工作和社员家庭卫生保健工作。

（四）提倡家庭分工、邻里互助、成立托儿组织，来解决女社员参加劳动的困难，保护儿童的安全。

（五）女社员生孩子的时候，酌量给以物质的帮助。

（六）在可能的条件下，帮助社员改善居住条件。

第五十三条：农业生产合作社对于缺乏劳动力或者完全丧失劳动力、生活没有依靠的老、弱、孤、寡、残疾的社员，在生产上和生活上给以适当的安排和照顾，保证他们的吃、穿和柴火的供应，保证年幼的受到教育和年老的死后安葬，使他们生养死葬都有依靠。

对于遭到不幸事故、生活发生严重困难的社员，合作社要酌量给以补助。

从《章程》的这些相关内容我们可以看出，高级社承担了大量农村公共产品供给的职责，包括农田水利工程建设、保持水土、提高农业生产技术、农业病虫害防治、农村公共管理、举办文化、福利事业、开展公共卫生、社会保障工作等等，因而，高级社成为农村公共产品的主要供给主体。并且，《章程》规定了农村公共产品供给的成本来源，即从集体收入中提取一定比例的公积金和公益金以及通过劳动日补贴的方式解决。而无论是提取公积金、公益金还是劳动日补贴，最终都是由农民分摊农村公共产品供给的成本。由此，我们可以得出，农民成为了农村公共产品供给成本的主要分摊者。

三、制度内供给：国家在农村公共产品供给中的作用

虽然高级社成为了农村公共产品的主要供给主体，农民成为了农村公共产品供给成本的主要分摊者，但并不能据此认为，农村公共产品完全是由农民自己提供的。在农民自我供给公共产品的同时，国家也承担了部分农村公共产品供给的职能。只是在农村的公共产品供给中，相比于制度外供给，国家的这种制度内供给是有限的。

在这一时期，国家对农村公共产品的供给主要体现在对大型水利工程的投资上，如大型水库的建设、大江大河的治理等。这一类的农村公共产品由于其投资和受益范围较大，因而，必须依靠国家投资建设。从1949年到1952年，国家在财政经济十分困难的情况下，拿出大批经费进行农田水利建设。1950年人民政府用在水利建设上的经费相当于国民党统治时期水利经费最多的一年的18倍，1951年增加到42倍，1952年上升为52倍。[1] 在一五期间，国家对农林、水利、气象的投资总额为41.9亿元，仅对水利的投资就达到25.5亿元[2]，占到了总投资的约60%，由此可见国家对水利工作的重视。但是，国家对水利的投资主要用于大型水利工程建设，而大量的小型农田水利工程主要依靠组织起来的广大农民自己建设。除了水利投资以外，国家真正用于农业的投资很少，如一五期间的投资，除去水利投资外，16亿多的资金要用于农业、林业、气象三个方面，这样用到农业的就很少了。再如1957年，农业基建投资合计11.87亿元，其中水利7.30亿元，林业0.25亿元，气象0.06亿元，直接用于农业的仅为4.26亿元。[3]

---

① 范守信：《中华人民共和国国民经济恢复史（1949—1952）》，求实出版社1988年版，第54—55页。

② 国家统计局编：《伟大的十年》，人民出版社1959年版，第48页。

③ 《中国农业年鉴1980》，农业出版社1981年版，第41页。

在农业技术推广方面也体现了国家对农村公共产品的供给。在这一时期，党和政府帮助农民建立了大批的农业技术推广站，培训了大量的农业技术人员。"到1956年年底，全国农业技术推广站增加到14499个，比1955年底增加6502个。据不完全统计，仅1956年上半年国家就为各地农业社训练了各种技术人员640多万人，还帮助农民技术员建立了乡的技术推广委员会、农业社的技术研究小组、生产队的技术员等系统的农业技术推广网。"①

综合以上分析，我们可以得出，以制度外供给为特征的农村公共产品供给体制是随着合作化运动的发展而形成的。随着合作化运动的发展，农民互助合作组织成为了农村公共产品的主要供给主体，其形式从互助组，到初级社，再到高级社。高级社全面承担起了提供农村公共产品的责任，这一制度设计作为国家的制度安排体现在《高级农业生产合作社示范章程》中，成为了国家意志。而这一时期的农村公共产品供给的成本，主要是由农民承担的。因此，农村公共产品的供给实际上就是制度外供给为主，国家财政渠道对农村公共产品的制度内供给是有限的。

第三节　城乡二元公共产品供给结构的建立

根据上文的分析，我们可以得出，对农村公共产品供给，国家只负担一部分成本，主要成本是由农民负担的。那么为什么会形成这种以制度外供给为特征的农村公共产品供给体制呢？

农村公共产品供给体制从实质上来说是一种制度。马克思主义认为，制度的形成是生产力发展的客观结果。从客观方面来讲，我国农村公共产品供给体制的形成也是生产力发展的必然。如前文所述，建国之初，农村生产力水平相对落后，农民不但缺少基本的生产工具，而且缺少劳动力。

---

① 高化民：《农业合作化运动始末》，中国青年出版社1999年版，第293页。

在当时的情况下，农民首先需要的就是生存，而人们为了满足生存的需要，首先就要恢复农业生产。在当时农村生产资料普遍匮乏的形势下，农业生产活动依靠孤立的个体农民无法进行，而必须依靠诸多个体农民的共同劳动。农民对于本来属于私人所有的耕畜、农具等非公共产品，也不得不共同使用。对于农民生产、生活所需的公共产品，个体农民是无力提供的，这就要求农民必须进行互助合作，以解决生产资料和公共产品短缺的困难，从而发展生产。

农村公共产品供给体制形成的原因除了客观的物质生产条件之外，我们还应该分析主观因素。因为，农村公共产品供给体制作为一项制度安排，毕竟与国家的主观选择有很大关系，因而，我们应该考察国家在农村公共产品供给体制形成中的作用。国家在这一体制形成中的作用，除了体现在《高级农业生产合作社示范章程》这一制度安排中之外，还体现在城乡二元的公共产品供给结构的形成中。因而，我们应当分析城乡二元公共产品供给结构是如何形成的。同时，应当考察农民在这一体制形成中的作用，分析农民为什么会接受这样的制度安排。这就是我们在本节所要讨论的主要问题。

一、发展战略、制度环境与城乡二元公共产品供给结构的建立

（一）经济发展战略与城乡二元公共产品供给结构的建立

建国后，我国选择了以优先发展重工业为目标的发展战略。"这种战略选择不仅决定于当时国际、国内的政治、经济环境，也十分直观地反映了政治领导人的经济理想。"[①] 可以说，实现国家的工业化一直是近代以来中国人民的梦想与追求。早在 1943 年，毛泽东就提出："我们的目的，是要把中国

---

① 林毅夫等著：《中国的奇迹：发展战略与经济改革》（增订版），上海三联书店、上海人民出版社 1999 年版，第 29 页。

变成工业国家，从工业基础上发展经济、文化、新的教育。"①国民经济恢复以后，我国逐步确立了优先发展重工业的经济发展战略。重工业优先发展的战略目标集中反映在国民经济发展的第一个五年计划中。1955 年 3 月 21 日，陈云在向中国共产党全国代表会议作的《关于发展国民经济的第一个五年计划的报告》中，明确提出："发展重工业是我国社会主义建设和社会主义改造的基本环节，因此重工业应该是我们经济建设的重点，我们必须优先发展重工业。"这是因为，发展重工业不仅"是改变我国农业、铁路交通以及其他方面落后状态的关键"，而且，"没有重工业就不可能扩大轻工业，因而也就不可能有系统地改善人民生活。"②1956 年 4 月，毛泽东在《论十大关系》中也明确地指出："重工业是我国建设的重点。必须优先发展生产资料的生产，这是已经定了的。"③

为了保证重工业的优先发展，就必须有大量的资金积累。在当时的国际环境下，我国的建设资金主要靠内部积累。而内部积累的一个重要来源就是农业。在中国经济建设的初期，我国不仅资本稀缺，而且经济剩余少，并且这些有限的经济剩余主要分布在广大农村，这就使得国家不得不采取"工占农利"的政策，从农村吸取资金。对此，薄一波后来也指出："应当承认，在我们这样经济落后的农业大国，进行大规模的工业化建设，在开始一个时期内，要求农民多提供一些积累是必要的、不可避免的。……如果不在相当一个时期内，要求农民多提供一点积累，工业化资金哪里来？"④农民除了缴纳农业税外，国家还通过工农产品交换价格的剪刀差，从农民那里吸收一部分资金，这成为"一五"时期及以后筹措建设资金的重要来

---

① 顾龙生：《毛泽东经济年谱》，中共中央党校出版社 1993 年版，第 174 页。
② 《陈云文集》第二卷，中央文献出版社 2005 年版，第 592—593 页。
③ 《毛泽东文集》第七卷，人民出版社 1999 年版，第 24 页。
④ 薄一波：《若干重大决策与事件的回顾》（上），中共中央党校出版社 1991 年版，第 280—281 页。

源之一。①

　　在"一五"期间，国家的财政收入来自于农业的比重虽然只有14.9%，但实际上农业负担不止于此，如轻工业表面上提供那么多积累（占25.3%），但它所用原料的80%以上来自于农业，它的利润主要也是在农村实现的。可见，国家实际上是将农业所创造的一部分国民收入，通过价格杠杆，"流入"工业，支援了工业化。②

　　国家不仅对农业"多取"，而且"少予"，也就是减少对农村和农业的投入，从而增加对城市和工业的投入，确保城市居民和工业建设的需要，以此来保证重工业优先发展战略。如第一个五年计划期间国家的投资分配额为：工业为二百七十五万亿元，农业、林业、水利、气象为四十五万亿元，交通为六十八万亿元，第二办公厅（指政务院财政经济委员会下设的第二办公厅，负责指导财政方面的工作。）为十八万亿元，社会文教为一百八十万亿元。③农业投资占五年全部投资百分之九点五，而苏联第一个五年计划农业投资占百分之十九点二。一五计划的实际执行情况是，一五期间，国家对工业部门的投资总额达250.3亿元，占投资总额的45.5%。对农林水利气象的投资为41.9亿元（其中水利基建投资25.5亿元），占7.6%。在工业建设投资额中，重工业的投资为212.79亿元，占85%，轻工业的投资为37.47亿元，占15%。④

---

① 据统计，农民通过工农业产品"剪刀差"向国家提供的积累，从1952年到1986年是5823.74亿元，加上收缴的农业税1044.38亿元，两项合计6868.12亿元，约占农民所创造价值的18.5%。以后每年继续增加，到1994年，工农业产品"剪刀差"为670亿元，加上农业和乡镇企业上交的税收，每年直接或间接为国家提供1000亿元的积累资金。参见郭书田：《再论当今中国农民问题》，《农业经济问题》1995年第10期。
② 柳随年、吴敢群主编：《第一个五年计划时期的国民经济（1953—1957）》，黑龙江人民出版社1984年版，第27页。
③ 《陈云文集》第二卷，中央文献出版社2005年版，第497页。
④ 国家统计局编：《伟大的十年》，人民出版社1959年版，第48页。

表 1—2　1952 年及一五期间工业和农林、水利、气象的投资情况

（单位：亿元）

	国家对各部门投资总额	工业	农林、水利、气象	
			农林、水利、气象合计	其中：水利
1952 年	43.6	16.9	6.0	4.1
第一个五年计划时期合计	550.0	250.3	41.9	25.5
1953 年	80.0	28.4	7.7	4.8
1954 年	90.7	38.3	4.2	2.2
1955 年	93.0	43.0	6.2	4.1
1956 年	148.0	68.2	11.9	7.1
1957 年	138.3	72.4	11.9	7.3

资料来源：国家统计局编：《伟大的十年》，人民出版社 1959 年版，第 48 页。

在这样的投资结构下，国家为城市提供了明显多于农村的公共产品。如 1951 年 2 月，国家颁布了《中华人民共和国劳动保险条例》，以解决产业工人的医疗保健问题。《条例》规定：从 1951 年开始，凡铁路、邮电、航运及工矿企业等单位的工人、职员均享有集体劳动保险的权利，职工的医疗费用全部由企业负担。1952 年 6 月，政务院发出《关于全国各级人民政府、党派、团体及所属事业单位的国家工作人员实行公费医疗预防的指示》，在国家机关、人民团体和学校等部门的公教人员中实行了公费医疗制度。另外，一五计划规定，至一五计划完成，城市每千人口有病床由 1952 年的 1.92 张增加到 1957 年的 2.98 张，增幅为 55%；而农村每千人口有病床则由 1952 年的 0.11 张增加到 1957 年的 0.14 张，增幅为 27%。[1]

根据中央五个工业部门的统计，1953 年货币工资比 1950 年增加 84%，支付的劳动保险费、医药费、文教费、福利费平均相当于工资的

---

[1]　崔义田：《第一个五年计划中的卫生保健工作》，中华全国科学技术普及协会出版 1956 年版，第 4—5 页。

17%。① 在第一个五年计划期间，国家为职工支付的劳动保险金、医药费、福利费共达 103 亿元。享受公费医疗的人数由 1952 年的 400 万人，增加到 1957 年的 657.2 万人。② 这些都体现了国家对城市公共产品的投入，而农民是难以享受的。

并且，建国之后，在基本建设投资中，国家还专门安排资金用于城市公用事业建设。如在 1952 年，国家对城市公用事业的投资为 1.7 亿元，在第一个五年计划期间，国家对城市公用事业的投资达到了 14.4 亿元③，这个数字几乎接近同时期除去水利外的农林、水利、气象的总额。这些投资用于城市自来水、公共交通、公路、下水管道等的建设。并且，国家在城市还建立了大量的文化馆和公共图书馆。全国文化馆的数量由 1949 年的 896 个，增加到 1957 年的 2748 个，公共图书馆由 1949 年的 55 个，增加到 1957 年的 400 个④，这些也都主要分布在城市。

（二）制度环境的影响

除了国家的经济发展战略这一主要因素外，城乡二元公共产品供给结构的建立也必然受到国家相关制度安排的影响，这种国家的相关制度安排就构成了城乡二元公共产品供给结构形成的制度环境。制度环境既包括国家正式的法律、制度等正式规范，也包括风俗习惯、意识形态等非正式规范。制度环境对一个组织和一项制度的形成和存在往往会起到支持或制约作用。而一个组织或一项制度的存在也必然受到制度环境的影响，或得到其支持，或受其约束。在制度环境中，我国城乡二元户籍管理制度的实施和政策决策者对农民落后性的认识对城乡二元供给结构的建立起到重要的支持作用。

---

① 杨培新：《第一个五年计划的资金积累问题》，新知识出版社 1956 年版，第 28—29 页。
② 孙健：《中华人民共和国经济史（1949—90 年代初）》，中国人民大学出版社 1992 年版，第 198—199 页。
③ 国家统计局编：《伟大的十年》，人民出版社 1959 年版，第 49 页。
④ 国家统计局编：《伟大的十年》，人民出版社 1959 年版，第 181 页。

1. 城乡二元户籍管理制度的实施。建国之初，我国居民的流动是相对自由的，1954 年宪法也赋予了公民自由迁徙的权利。在当时较为宽松的管理政策下，每年都有很多农村剩余劳动力不断涌入城市。到了 1956 年，这种情况已非常突出。在这一年，城市人口剧增，这主要是因为：第一，1956 年秋，过激的农业合作化运动与自然灾害结合在一起，使得粮食歉收，农民吃饭成了严重问题。部分地区的农民大量进入城市以寻找生存、发展的机会。如在四川，据 1956 年 1—3 月对九个县的调查，大约有 31 万农村壮劳动力流入了城市，有的乡甚至连合作社的委员、会计也进了城。在河南，据内务部的一个报告，1957 年某些乡村只剩下队长和副队长坚持在农村劳动。[①] 第二，随着我国重工业优先发展战略的实施和大规模工业化建设的开展，在这一时期，我国还从农民中大量地录用职工，城镇职工队伍日益扩大，也导致城镇人口大量增加。如下表显示：

表 1—3　1949 年—1957 年职工队伍增长情况

（单位：万人）

年份	年末人数	较上年增加人数	较 1949 年增加人数	增长 %（以 1949 年为 100）
1949 年	800.4	—	—	—
1950 年	1023.9	223.5	223.5	127.9
1951 年	1281.5	257.6	481.1	160.1
1952 年	1580.4	298.9	780.0	197.5
1953 年	1825.6	245.2	1025.2	228.1
1954 年	1880.9	55.3	1080.5	235.0
1955 年	1907.6	26.7	1107.2	238.3
1956 年	2423.0	515.4	1622.6	302.7
1957 年	2450.6	27.6	1650.2	306.2

数据来源：根据国家统计局编：《伟大的十年》，人民出版社 1959 年版，第 159—160 页整理而成。

---

① 白莎、万振凡：《当代中国户籍制度的成因考》，《江西教育学院学报》2004 年第 5 期。

　　农民向城市的转移、城镇人口的增加必然会对城市原有的生活秩序造成冲击，带来粮食、住房、交通、就学、就业、医疗等一系列的问题。并且，从农村流入城市的农民以青壮年为主，农村主要劳动力的外流引起了农村劳动力的紧张，增加了农业生产的困难。在这种情况下，如何控制全国人口的自由迁徙特别是农村人口向城市的流动就成为国家面临的一个重要问题。实际上，早在 1953 年，当时的政务院就发布过关于劝阻农民盲目流入城市的指示。至 1957 年，国务院又多次发出指示，要求各级政府加强对农村劳动力的管理，禁止农民盲目外流。但问题并没有得到根本制止。

　　为了使农村有足够的劳动力进行农业生产，防止农民的盲目流动，更重要的是为了保障城市居民的利益，我国实行了城乡二元的户籍管理制度。1958 年 1 月，全国人大常委会第 91 次会议通过了《中华人民共和国户口登记条例》。条例对农村人口向城市的流动作出了限制，《条例》规定："公民由农村迁往城市，必须持有城市劳动部门的录用证明，学校的录取证明，或者城市户口登记机关的准予迁入的证明。"才能向迁往地户口登记机关申请办理迁移手续。该条例是我国城乡二元的户籍管理制度形成的标志，它以法律的形式将城乡有别的户口管理和限制迁移制度固定下来。通过户籍制度，国家能够完全控制人口的流动，农民在农村居住，从事农业生产；而城市则成为城里人的居所。农村人口、农业人口不经政府批准，绝不能变成城市人口、非农业人口。国家通过在全国普遍实行的按户籍定量用票证供应生活资料的制度以及计划性极强的劳动人事制度和档案制度，严格控制农村人口向城市流动，从而使城乡社会成为相互封闭的二元结构。统计资料表明，直到20世纪70年代末，我国农业人口的比重保持了惊人的稳定：农村人口占总人口的比例 1952 年为 87.5%，1978 年为 82.1%，年平均下降仅为 0.25%。同一时期，农业劳动力占总人口之比反而由 30.1% 上升为 31.4%。① 城乡

---

① 孔令栋：《权威与依附——传统社会主义模式下的国家与社会关系》，《文史哲》2001年第 6 期。

二元的户籍管理制度保障了重工业优先发展战略的实施和城市的优先发展，国家对城市和工业的投资更为便捷和高效，城市居民也就能够更为方便地享受到国家提供的更多的公共产品。

最为重要的是，我国城乡二元的户籍管理制度把城市居民和农村居民分成了不同的利益主体，城市居民和农村居民有了不同的身份等级。在严格的户籍制度下，只有城市居民才能获得良好的医疗服务、社会保障以及国家投资的义务教育和基础设施，这些实际上都体现了国家对城市的公共产品供给。因而，我国的户籍制度不仅具有人口登记和管理功能，而且还附着了太多不平等的社会福利和其他社会功能。户籍制度成为城市居民和农民社会权利的"分水岭"，农民享受不到作为公民的平等的国民待遇。这也正是我国城乡二元户籍管理制度存在问题的实质所在。

2. 政策决策者对农民落后性的认识。意识形态对于制度安排的形成具有重要作用。政策决策者对农民落后性的认识实际上是城乡二元公共产品供给结构形成的思想认识根源。

在马克思主义者看来，农民阶级既具有革命性，又具有落后性，是具有二重性的阶级。马克思主义创始人认为，农民虽然由于受到大土地所有者和资本主义的剥削，具有革命的一面，但他们又具有落后性和保守性，是具有二重性的阶级。由他们的生产方式和生活方式所决定，农民具有分散性、落后性、保守性等特点。

马克思和恩格斯认为，农民是介于无产阶级和资产阶级之间的中间等级的一部分，在《共产党宣言》中，马克思、恩格斯就指出："他们同资产阶级作斗争，都是为了维护他们这种中间等级的生存，以免于灭亡。所以，他们不是革命的，而是保守的。不仅如此，他们甚至是反动的，因为他们力图使历史的车轮倒转。如果说他们是革命的，那是鉴于他们行将转入无产阶级的队伍，这样，他们就不是维护他们目前的利益，而是维护他们将来的利益，他们就离开自己原来的立场，而站到无产阶级的立场上来。"①在《路易·波拿八的雾月十八日》一文中，马克思针对法国的小农指出："小农人数众多，他们的生活条件相同，但是彼此间并没有发生多种多样的关系，他们的生产方式不是使他们互相交往，而是使他们互相隔离……法国国民的广大群众，便是由一些同名数简单相加形成的，好像一袋马铃薯是由袋中的一个个马铃薯所集成的那样。"②在马克思看来，小农有三个重要特征：一是生产效率不高，二是政治保守，三是思想狭隘。小农经济因此必须加以改造。恩格斯通过对法国和德国农民的考察，得出了和马克思相同的看法。③

列宁基于对农民二重性的认识，认为农民在无产阶级和资产阶级之间动摇不定、犹豫不决，是资本主义和资产阶级的产生者，现在世界上"还有很多很多小生产，而小生产是经常地、每日每时地、自发地和大批地产生着资本主义和资产阶级的。"④因此，列宁认为农民是无产阶级专政和改造的对象，剥夺农民是必要的，当苏维埃政权建立后，无产阶级专政的主要任务之一，就是要对付不断产生资本主义的小生产者。

相比于马克思、恩格斯以及列宁，毛泽东更为看重农民对于革命的作用。毛泽东认为，在中国，农民的主要组成部分是贫农和中农，他们占到了农村人口的大约90%，中农是重要的革命动力的一部分，贫农是中国革命的最广大的动力。农民是革命的动力，这一理论突破了以前马克思主义经典作家的论述。尽管如此，毛泽东也认为农民阶级不是先进的阶级，"贫农和

① 《马克思恩格斯选集》第一卷，人民出版社1995年版，第282—283页。
② 《马克思恩格斯选集》第一卷，人民出版社1995年版，第677页。
③ 徐勇：《"再识农户"与社会化小农的建构》，《华中师范大学学报》（人文社会科学版）2006年第3期。
④ 《列宁选集》第四卷，人民出版社1995年版，第135页。

中农只有在无产阶级的领导下，才能得到解放。"①因而，他指出："严重的问题是教育农民。"②对农民这种落后性和阶级局限性的认识也成为我国对农民进行社会主义改造的思想根源。当革命夺权的任务完成后，毛泽东在农民问题上所坚持的理论也由"主体——对象"双重性理论，转向了单一的"对象"论③，农民成为了改造和教育的对象。

在我国的政治制度设计上，也体现了对农民的意识形态偏见。1953年2月，中央政府通过的《中华人民共和国全国人民代表大会及地方各级人民代表大会选举法》第20条规定："各省应选全国人民代表大会代表的名额，按人口每80万人选代表一人……中央直辖市和人口在50万以上的省辖工业市应选全国人民代表大会代表的名额，按人口每10万人选代表一人。"对省、市、县人民代表大会代表也都做了同样性质的规定。邓小平对该条款的解释是："城市是政治、经济、文化的中心，是工人阶级所在，是工业所在，这种城市与乡村应选代表的不同人口比例的规定，正是反映着工人阶级对于国家的领导作用，同时标志着我们国家工业化的发展方向。因此，这样规定是完全符合于我们国家的政治制度和实际情况的，是完全必要的和完全正确的。"④邓小平的这一解释，一方面，体现了农民阶级的落后性，即与工人阶级比较而言，农民阶级不是先进的阶级；另一方面，也体现了国家的工业化战略对政治制度的影响。在这样的政策指导下，在第一届全国人民代表大会的代表构成中，农民只有63人，仅占全部代表总数1226人的5.14%。⑤

实际上，这种政治制度设计不仅体现了政策决策者对农民的意识形态偏

①　《毛泽东选集》第二卷，人民出版社1991年版，第643页。
②　《毛泽东选集》第四卷，人民出版社1991年版，第1477页。
③　楚成亚：《当代中国城市偏向政策的政治根源》，《当代世界社会主义问题》2002年第4期。
④　全国人大常委会办公厅研究室编：《中华人民共和国人民代表大会文献资料汇编1949—1990》，中国民主法制出版社1991年版，第133页。
⑤　全国人大常委会办公厅研究室编：《中华人民共和国人民代表大会文献资料汇编1949—1990》，中国民主法制出版社1991年版，第857页。

见，而且体现了我国的重工业优先发展战略的地位。如果说对农民的意识形态偏见在政治上导致了一种在提高国家对乡村控制能力的同时阻止农民对国家政治影响的制度安排①的话，那么，在经济上导致城乡二元的公共产品供给结构的结果也就是可以理解的了。

二、农民为什么能够接受这样的制度设计：农民的社会心理分析

按照公共产品理论，提供公共产品应该是政府的主要职责。但我国却形成了主要由农民自己提供公共产品的体制。那么，农民为什么能够接受这样的制度设计呢？除了我们前文论述的当时生产力落后的客观因素和国家的制度选择外，我们还需要对当时农民的社会心理作一分析，因为人们的社会行为都是由心理直接支配的。

首先，对党的政策的认同和对领袖的崇拜。随着新中国的成立，中国共产党和新政权在人们心目中的威信越来越高，群众对党和政府高度信任。在共产党成功地开展土地改革，为农民解决了土地问题之后，农民的经济地位得到了提高，生活条件得到了改善，广大农民对共产党更是感恩戴德，农民对共产党执政的合法性与政策的合理性高度认同，并且，形成了对领袖的崇拜。就如习仲勋在一篇报告中谈到的："农村互助合作运动这个大发展，又是农民群众对党和人民政府高度信任的结果。农民听到说是毛主席号召他们组织起来，都积极响应，'毛主席的话没错。'"②此外，共产党通过舆论宣传工具，广泛宣传党所推行政策的合理性，国家的主流意识形态不断向农村渗透，"意识形态是一种特殊的有组织的理论信念体系，这种理论信念体系以逻辑的方式，通过一系列价值符号的特定结合，来论证某种政治运动、政治

---

① 楚成亚：《当代中国城市偏向政策的政治根源》，《当代世界社会主义问题》2002 年第 4 期。

② 习仲勋：《关于西北地区农业互助合作运动》，1952 年 6 月。《中国农业合作化运动史料》（下册），第 340 页。转引自李立志：《土地改革与农民社会心理变迁》，《中共党史研究》2002 年第 4 期。

体制或现存秩序的合法性，并规定了一个国家、民族与社会成员所应承担的义务，以此作为广大民众的政治共识的基础。"①社会主义意识形态在农村占据了统治地位，大多数农民能够自觉接受共产党的政策和主张。

另外，从农民自身来讲，农民的政治权利意识是很淡薄的。在中国传统社会，由于在经济和政治上的弱小，以及对于皇权颂扬、崇拜，农民形成了对于国家政权的服从和依附的政治心理，"顺从统治者是古代农民基本的政治态度。"②这样，在常态的情况下，农民是政治的莫名其妙的观众和国家权力的俯首贴耳的受众，表现出的是低调的集体意识和政治意识。即使到了今天，这种历史铸造的政治淡漠意识，对权力的驯服和崇拜，在中国农民中间，仍然是普遍存在的，成为一种显著的文化形态，并从根源上制约着他们的利益表达和对政治生活的参与。③在一五计划开始时，我国文盲仍占人口中很大的比重。据估计，全国15—45周岁青壮年中的文盲约有2亿人左右，其中农民青壮年文盲约1亿8千万人。④农民的受教育程度也难以使他们意识到国家对社会应承担怎样的责任。1949年新中国的成立标志着我国现代国家的建立，现代国家的重要特点就是主权在民，政府向全体国民负责，无歧视地为全体国民提供均等化的公共产品。也就是说，在现代国家，全体公民在享有国家提供的公共产品方面应该是平等的。但是由于农民政治权利意识的淡薄，他们很难意识到国家应为农民和农村承担怎样的责任，更不会去要求国家为农村和农民承担怎样的责任。

其次，历史传统的影响。在传统的农业社会，我国实行的是自给自足的

---

① 萧功秦：《意识形态创新与政治稳定》，《上海理论内刊》1995年第2期，转引自吴毅：《人民公社时期政治稳定形态及其效应》，《天津社会科学》1997年第5期。

② 徐勇：《中国农民传统政治文化的双重性分析》，《天津社会科学》1994年第3期。

③ 李成贵：《国家、利益集团与"三农"困境》，载中国社会科学院农村发展研究所编：《聚焦"三农"》中国农村发展研究报告NO.5，社会科学文献出版社2006年版，第30页。

④ 高云屏：《第一个五年计划中的文教工作》，中华全国科学技术普及协会出版1956年版，第14页。

自然经济，农民与国家的联系主要是税负关系。就如孙中山所指出的："中国人民的政治思想就很薄弱，人民不管谁来做皇帝，只有纳粮，便算尽了人民的责任。政府只要人民纳粮，便不去理会他们别的事，其余都是听人民自生自灭。"① 王朝的行政统治并没有深入到乡村田野，即"王权止于县政"，传统国家除了治理大江大河外，乡村几乎很难享受到减免税役的"公共福利"，国家的社会公共职能极其弱小，也无所谓农村公共产品的供给。乡村主要依靠血亲和地方性的传统习俗、权威进行自我整合，自我满足共同体的需要。② 也就是说，在中国传统社会，农村的公益事业基本上是靠乡绅来组织、由农民自己来解决的。受历史习惯的影响，建国初期，农民对于依靠自己的力量通过互助合作组织提供农村公共产品并不会感到有什么不当之处，对于这样的制度安排，农民在心理上是能够接受的，因为在历史上一直都是这样的。

最后，国家的积极引导是农民接受这一体制的重要因素。新中国成立后，面临农业生产的困难，国家在没有足够的财政资金满足农业发展需要的情况下，就只有发动和引导农民，让其自己提供部分农村公共产品，包括农田水利建设、基本福利和农村社会保障等。如陈云在《探索农业增产的有效途径》（一九五七年九月十一日）一文中提出在 1957 年冬季搞一个像 1955 年那样大规模的水利运动，"这个运动不是由国家出多少钱，而主要是依靠群众"。③ 并且，由农民自己提供公共产品，节省国家财政支出，也成为当时国家引以为豪的事情，被认为是"我们党的一个伟大创造"。④ 如刘少奇在一九五八年五月五日《中国共产党中央委员会向第八届全国代表大会第二次会议的工作报告》中所说的："在农业方面，最突出的跃进是合作

---

① 孙中山：《三民主义》，岳麓书社 2000 年版，第 89 页。
② 徐勇：《国家整合与社会主义新农村建设》，《社会主义研究》2006 年第 1 期。
③ 《陈云文集》第三卷，中央文献出版社 2005 年版，第 201 页。
④ 朱佳木主编：《陈云年谱》（中），中央文献出版社 2000 年版，第 418 页。

社农民的兴修水利运动。从去年十月到今年四月，全国扩大了灌溉面积三亿五千万亩，比解放以后八年内增加的灌溉面积总和还多八千万亩，比解放以前几千年间所达到的灌溉总面积还多一亿一千万亩。同时，又改造了低洼易涝耕地二亿多亩，改善了灌溉面积一亿四千万亩，控制了水土流失面积十六万平方公里。"①"只要我们善于依靠五亿多农民这个伟大的力量，即使国家不增加对农业的投资，也可以使农业建设的规模大大地扩大。八年来国家为根治淮河，共投资十四亿五千万元，完成的工程总量为十六亿多土石方；而在一九五七年冬至一九五八年春这半年的时间内，仅河南安徽两省，主要依靠农民自己的劳动力和财力物力，就完成了一百二十亿土石方的工作量。"②

本　章　小　结

从本章的分析来看，以制度外供给为特征的农村公共产品供给体制是伴随着我国农业合作化运动的发展而形成的。这一体制的形成的客观原因就在于，建国之初，在当时生产力落后的情况下，农民必须通过互助合作的方式，才能解决农村公共产品的供给问题，以满足生产和生活的需要。从主观方面来讲，农村公共产品供给体制形成的主要原因在于我国选择的重工业优先发展战略。此外，城乡分割的户籍管理制度和政策决策者对农民落后性的认识是城乡二元供给结构形成的制度环境。

农村公共产品供给体制的形成体现了社会历史条件对于这一制度设计的制约。就如马克思所说："人们自己创造自己的历史，但是他们并不是随心所欲地创造，并不是在他们自己选定的条件下创造，而是在直接碰到的、既

---

① 《建国以来重要文献选编》第十一册，中央文献出版社 1995 年版，第 294—295 页。
② 《建国以来重要文献选编》第十一册，中央文献出版社 1995 年版，第 309 页。

定的、从过去承继下来的条件下创造。"① 而在这些条件当中，"经济的前提
和条件归根到底是决定性的。"② 而在经济条件当中，生产力最具有决定的意
义。从农村公共产品供给体制的形成来讲，建国之初的生产力状况使得农民
必须选择互助合作的方式，以解决农业生产问题。而国家的经济发展水平和
发展战略选择也制约了其对农村公共产品的供给，而设计了主要依靠农民自
我供给公共产品的制度。因此，以制度外供给为特征的农村公共产品供给体
制的形成，一方面是人们选择的结果，但另一方面又不完全是主观选择的结
果，而是有其历史必然性。

---

① 《马克思恩格斯选集》第一卷，人民出版社 1995 年版，第 603 页。
② 《马克思恩格斯选集》第四卷，人民出版社 1995 年版，第 478 页。

第二章 人民公社时期的农村公共产品供给体制分析

随着 1958 年人民公社化运动的兴起，我国农村进入了人民公社时期。以 1962 年 9 月"三级所有，队为基础"这一体制的确立为界，人民公社经历了两个大的发展阶段或者说是两个大的时期，从人民公社兴起到这一体制的确立为第一阶段，从这一体制的确立到人民公社的解体为第二阶段。[①] 第一阶段是人民公社的基本核算单位由公社到生产大队再到生产队的不断调整的时期。第二阶段是"三级所有，队为基础"的管理体制确立后，人民公社的平稳发展时期。

在兴起之初，人民公社普遍设立了公共食堂、幼儿园、托儿所、缝衣组、理发室、公共浴堂、幸福院、农业中学、红专学校等，人民公社不仅负责兴修水利、修建道路，而且实行普遍的义务教育、实行全民武装、负责对"五保户"的供养等。在这一时期，人民公社不仅提供农村公共产品，而且负责提供农民的私人产品。这种制度安排显然超越了当时我国农村的经济发展水平，最终导致了国民经济的困难。因而，在第一阶段，人民公社的基本

---

① 1962 年 2 月中央下发了《关于改变农村人民公社基本核算单位问题的指示》，正式肯定以生产队为基本核算单位。辛逸以此为时间界限将人民公社分为两个时期。参见辛逸：《关于农村人民公社的分期》，《山东师大学报》（社会科学版）2000 年第 1 期。笔者更倾向于以 1962 年 9 月的中共八届十中全会为界，因为，"三级所有，队为基础"的体制是在这次会议上通过的《农村人民公社工作条例（修正草案）》中得到确认，上升到了国家制度层面。

核算单位不断下放，最终确立了"三级所有，队为基础"的管理体制。由于这一阶段历时较短，并且这一阶段的农村公共产品供给情况也并不能代表人民公社时期的农村公共产品供给状况，因而，我们在本文中主要考察"三级所有，队为基础"这一体制确立下来之后人民公社时期的农村公共产品供给状况。

需要说明的是，虽然人民公社"三级所有、队为基础"的体制到1983年才解体，但在1978年农村家庭联产承包责任制实施后，这一体制在农村公共产品供给中的作用就非常有限了。因而，在本文中，我们对人民公社时期农村公共产品供给状况的分析以1978年为时间下限，1978年之后为家庭承包制时期。

第一节　人民公社制度的建立

一、人民公社制度建立的直接诱因：农村公共产品的供给

人民公社制度建立的直接诱因实际上就是为了解决农村公共产品供给问题。公共产品的一个重要特性就是其收益的外溢性，正是由于外溢性的存在，因而，在公共产品的供给中就需要根据公共产品受益范围的大小来决定其供给主体。具体到人民公社而言，其建立就是因为在1957年冬到1958年春的农田水利建设这一农村公共产品的供给中，由于需要大规模的协作，因而出现了供给主体与受益主体不一致的矛盾。人民公社就是为了解决这一矛盾而建立的。

1957年9月，中共中央、国务院发出了《关于今冬明春大规模地开展兴修农田水利和积肥运动的决定》，《决定》指出，为了更好地迎接第二个五年计划的到来，实现进一步发展农业生产的需要，我们一定要在今年冬季，集中大力开展一个大规模的农田水利建设运动。但在这次大规模的农田

水利基本建设中，一些较大工程的建设需要大批的劳动力和资金，建成后的使用又要求做到大体与受益单位的投入（劳动力、土地、资金等）相适应，这就不仅涉及农业生产合作社之间的经济关系问题，而且还涉及村与村、乡与乡、区与区、甚至县与县之间的经济关系问题。在当时的条件下，不可能也不允许根据商品经济的原则，按照各农业社投入的大小，与受益挂钩进行结算，只能从调整农业生产合作社的规模和调整行政区划方面寻求解决问题的办法。①

这样，一些地方就开始打破社乡的界限。在1958年3月的成都会议上，毛泽东提出了小社并大社的问题。在这次会议上，中央制定了《中共中央关于把小型的农业合作社适当地合并为大社的意见》，《意见》指出："我国农业正在迅速地实现农田水利化，并将在几年内逐步实现耕作机械化，在这种情况下，农业生产合作社如果规模过小，在生产的组织和发展方面势将发生许多不便。为了适应农业生产和文化革命的需要，在有条件的地方，把小型的农业合作社有计划地适当地合并为大型的合作社是必要的。"②这一意见在4月8日得到中央政治局的批准。在这之后，各地迅速掀起了小社并大社的高潮。辽宁、广东、河南、河北、江苏、浙江等省先后完成了并社工作。

我国的第一个人民公社——河南遂平县嵖岈山人民公社就是在这种情况下于1958年4月20日建立的。嵖岈山人民公社开始的名称是"卫星集体农庄"，后改为"嵖岈山卫星公社"，虽然那时名称还不是人民公社，但实际上在组织机构等方面，和人民公社没有任何两样。陈丙寅曾经担任嵖岈山人民公社第一任党委书记，根据他的回忆，嵖岈山人民公社建立的时候，那时他担任县委农工部副部长，在村里蹲点，"正赶上几个乡为水库利益争夺不休，干啥事要讲实事求是，当时遂平就这个现状，不合大社，几个村争一个水库，利益不能共享。这正好也迎合中央精神，中央成都会议1958年3月

---

① 薄一波：《若干重大决策与事件的回顾》（下），中共中央党校出版社1993年版，第728页。
② 《建国以来重要文献选编》第十一册，中央文献出版社1995年版，第209页。

召开后，就是让小社并大社，遂平正好走在了全国前头。"① 由此，我们可以看出，作为人民公社的典型，嵖岈山人民公社就是为了解决农村公共产品供给中的矛盾而建立的。

1958 年 7 月 1 日，《红旗》杂志第 3 期发表了陈伯达写的《全新的社会，全新的人》一文，在其中，第一次提出了"人民公社"的名称。7 月 16 日的《红旗》杂志又发表了陈伯达写的《在毛泽东同志的旗帜下》的文章，文中引用了毛泽东关于未来社会基层单位的构想，即："毛泽东同志说，我们的方向，应该逐步地有次序地把工（工业）、农（农业）、商（交换）、学（文化教育）、兵（民兵，即全民武装）组织成为一个大公社，从而构成我国社会的基本单位。"② 8 月初，毛泽东先后视察河北、河南、山东农村。8 月 9 日，毛泽东到达山东。在历城县的北园乡视察农业合作社时说："还是办人民公社好，它的好处是可以把工、农、商、学、兵结合在一起，便于领导。"③ 毛泽东这一"人民公社好"的讲话于 8 月 13 日在《人民日报》发表后，很快便传遍全国。8 月 29 日，在北戴河召开的中央政治局扩大会议上通过了《关于在农村建立人民公社问题的决议》，把人民公社化运动推向了高潮。到 9 月底，全国农村便基本实现了人民公社化。到 10 月底，农村共有人民公社 26576 个，参加的农户占全国农户总数的 99.1%。④

二、全面控制农民的剩余：动机还是结果？

上面我们分析的仅仅是人民公社建立的直接诱因，其实人民公社建立的原因是多方面的，关于这一点学者多有论述，如辛逸认为，人民公社的建立

---

① 秦闻韬：《走进难以忘却的时代——中国第一个人民公社诞生纪实》，《中州古今》2004 年第 1 期。

② 薄一波：《若干重大决策与事件的回顾》（下），中共中央党校出版社 1993 年版，第 738—739 页。

③ 山东省档案馆编：《毛泽东与山东》，中央文献出版社 2003 年版，第 93 页。

④ 薄一波：《若干重大决策与事件的回顾》（下），中共中央党校出版社 1993 年版，第 749 页。

是中国共产党的领导集团为尽快改变我国的落后面貌，发动和领导的一场农村社会经济的体制改革。[①] 罗平汉指出，人民公社化的迅速实现，离不开毛泽东的巨大威望，但也不完全是领导人一时的头脑发热，而是有一定的社会基础的。[②] 王玉贵、朱蓉蓉认为，毛泽东对"理想社会"的执著追求是人民公社运动兴起的重要原因，人民公社是他所设计的理想社会方案的现实载体。[③] 但也有学者认为，人民公社是国家为推行优先发展重工业战略而全面控制农民剩余的一种制度安排。[④] 对此观点，笔者认为值得商榷。笔者认为这样的认识混淆了动机与结果之间的区别，把客观结果当作了主观动机。

首先，对农民剩余的全面控制是人民公社制度建立而形成的一种客观结果，这并不是人民公社建立的动机。诚然，毛泽东确实说过，还是人民公社好，它的好处是工、农、商、学、兵组织在一起，便于管理。但这只是从人民公社这一社会组织在管理上所具有的优越性上来说的。从人民公社建立所形成的结果来看，国家通过建立人民公社确实是把全国上亿户农民组织在了几万个人民公社之中了，并且，通过人民公社控制了农民的剩余，保证了重工业优先发展战略的实施。但这是人民公社建立所形成的结果，而并非人民公社建立的动机。把对农民剩余的全面控制看作建立人民公社的动机，这是与共产党人的社会理想相矛盾的。"共产主义是天堂，人民公社是桥梁"，在中央建立公社的决议中就指出："建立人民公社首先是为了加快社会主义的建设速度，而建设社会主义是为了过渡到共产主义积极地做好准备。看来，共产主义在我国的实现，已经不是什么将来遥远的事情了，我们应该积

---

① 辛逸：《农村人民公社分配制度研究》，中共党史出版社 2005 年版，第 3 页。
② 罗平汉：《农村人民公社史》，福建人民出版社 2003 年版，第 52—56 页。
③ 王玉贵、朱蓉蓉：《毛泽东对理想社会的追求与人民公社化运动的发动》，《苏州丝绸工学院学报》1999 年第 4 期。
④ 郭瑞萍：《人民公社缘起的制度经济学分析》，《西北大学学报》（哲学社会科学版）2005年第 6 期。

极地运用人民公社的形式，摸索出一条过渡到共产主义的具体途径。"① 人民公社的建立最终是为了实现共产主义，让农民以至全国人民过上共产主义生活，这是共产党人的社会理想和奋斗目标。而如果把实现对农民的控制看作建立人民公社的目的，显然是欠妥当的。

其次，如果认为建立人民公社的目的就是全面控制农民剩余，那么，全国农民在不到一个月的时间就基本上全部加入人民公社是难以解释的。从中央政治局扩大会议通过《关于在农村建立人民公社问题的决议》到全国农村基本实现人民公社化，用了不到一个月的时间。在建立人民公社的过程中，虽然部分地区存在着农民不愿入社的情况，但在总体上来说，农民是自愿的，且热情高涨，因而全国农村迅速实现了人民公社化。农民之所以热情高涨，这是与党的政策宣传以及农民对共产党政策的认识分不开的。如果认为人民公社建立的目的就是全面控制农民剩余，那么，对于农民来讲，他们肯定不愿被动地接受这种控制，因而，农民不可能热情高涨地加入人民公社。而事实上，农民加入人民公社基本上是热情主动的，这是人民公社化迅速完成的重要原因。如在当时河南省委给中共中央的报告中就说，在人民公社运动中，"不论城市和乡村都在风起云涌，争先恐后，汹涌蓬勃地开展，到处是敲锣打鼓，欢天喜地，纷纷写决心书，出大字报，开庆祝会，向领导报喜的群众情绪高涨。"这并非完全是夸大之词。② 由此，如果把全面控制农民的剩余看作建立人民公社的目的，那么农民加入人民公社的热情和人民公社化运动迅速完成就难以理解。

再次，如果把对农民的控制看作建立人民公社的原因，那么人民公社建立的必要性则难以解释。这是因为，在高级社建立后，高级社实际上已经实现了对农村领域实施大规模控制的可能。因为，一方面农民已经不再拥有对生产资料的支配权，农村家庭对农产品支配的经济基础已经消失，从而大大

---

① 《建国以来重要文献选编》第十一册，中央文献出版社 1995 年版，第 450 页。
② 罗平汉：《农村人民公社史》，福建人民出版社 2003 年版，第 52 页。

降低了国家与农民进行交易的成本；另一方面高级社权力结构的变化，在农村形成了一个对国家负责，并优先保证国家需要的权力体制。所以，从这两个方面而言，高级社"已经可以不再升级到人民公社"。① 所以，把人民公社的建立看作是全面控制农民剩余的一种制度安排显然是难以解释人民公社的建立的。

从客观效果上来讲，人民公社的建立确实实现了对农民剩余的全面控制，但这是随着人民公社的建立而形成的客观结果，而并非是其主观动机。社会的发展有时就是在动机与结果相悖的逻辑中演进的，就如大跃进、人民公社化运动本来是为了加速向共产主义过渡，但直接的结果却是三年经济困难。

三、"三级所有，队为基础"体制的确立

人民公社的基本特征就是"政社合一"、"一大二公"。"政社合一"就是人民公社不仅是政治组织，而且是经济组织。"一大二公"就是人民公社的规模大，公有化程度高。人民公社建立之初，是以公社为基本核算单位的。当时，由于全国没有统一的人民公社章程或规定，因而，作为全国第一个人民公社的河南嵖岈山人民公社，其管理模式也成为了全国人民公社的标准模式。嵖岈山人民公社虽然规定生产大队或管理区是"管理生产、进行经济核算的单位"，但却同时规定"盈亏由公社负责"。因此，最初的人民公社实际上就以公社为基本核算单位。

"政社合一"和"一大二公"的体制导致了"一平二调"和"共产风"。人民公社在建立之初带有浓厚的平均主义和军事共产主义的色彩，人民公社化运动开始不久，以高指标、瞎指挥、浮夸风和"共产风"为主要标志的"左"倾错误，便在全国范围内严重泛滥开来。并且，由于以公社为基本核算单位，因而人民公社可以在整个公社范围内平调物资、劳动力等，搞平均

---

① 陆学艺等：《中国农村现代化道路研究》，广西人民出版社2001年版，第70—71页。

分配。"一平二调"、平均分配等政策，极大挫伤了农民生产积极性。

自 1958 年 11 月开始，毛泽东和党中央开始纠正人民公社化运动中的"左"的错误，纠"左"的一个重要措施就是缩小基本核算单位。党中央先后召开了第一次郑州会议、政治局武昌扩大会议、八届六中全会，第二次郑州会议、八届七中全会等会议，这些会议对于纠正"左"的错误起到了一定作用。1959 年 2 月 27 日至 3 月 5 日，在毛泽东主持召开的第二次郑州会议上，形成了整顿和建设人民公社的方针："统一领导，队为基础；分级管理，权力下放；三级核算，各计盈亏；分配计划，由社决定；适当积累，合理调剂；物资劳动，等价交换；按劳分配，承认差别。"①3 月 15 日，毛泽东又专门指出，"队为基础"，指的是生产队，即原来高级社，而不是生产大队。②

但庐山会议以后的"反右倾"，打断了纠"左"的进程，掀起了继续"跃进"的高潮，"左"的错误进一步加剧，"一平二调"等"共产风"重新刮了起来。1960 年上半年在农业生产上的"更大跃进"，造成了比 1959 年更大的经济困难。在农村，出现了全国性的大饥荒。在这种情况下，1960 年 11 月 3 日，中共中央发出了《关于农村人民公社当前政策问题的紧急指示信》，强调三级所有，队为基础，是现阶段人民公社的根本制度。重申生产（大）队为基本核算单位，同时提出要坚持生产小队的小部分所有制。③

1961 年 3 月，中共中央在广州举行工作会议，毛泽东主持制定了《农村人民公社工作条例（草案）》，即《农业六十条》。6 月 15 日，中央将该条例的修正草案发给全国讨论、试行。1962 年 2 月，中央下发了《关于改变农村人民公社基本核算单位问题的指示》，正式肯定以生产队为基本核算单位。1962 年 9 月 27 日，中国共产党第八届中央委员会第十次全体会议通过了《农村人民公社工作条例（修正草案）》，规定："生产队是人民公社中的

---

① 薄一波：《若干重大决策与事件的回顾》(下)，中共中央党校出版社 1993 年版，第 824 页。
② 薄一波：《若干重大决策与事件的回顾》(下)，中共中央党校出版社 1993 年版，第 826 页。
③ 《建国以来重要文献选编》第十三册，中央文献出版社 1996 年版，第 661—664 页。

基本核算单位，它实行独立核算，自负盈亏，直接组织生产，组织收益的分配。"①这样，基本核算单位由公社退回到生产队。至此，人民公社"三级所有，队为基础"的体制确立下来，一直到1983年人民公社制度的解体。

第二节　人民公社时期农村公共产品的供给方式与成本分摊

人民公社时期，我国的经济发展延续了重工业优先发展的战略，国家的投资重点依然是工业和城市。如在基本建设投资总额中，重工业所占比重，在强调发展重工业的"一五"时期只占36.1%，而在"三五"、"四五"时期却分别达到51.1%和49.6%。②而对农业的投资依然是极为有限的，人民公社时期，在每年国家基本建设投资中，用于农业的仅占每年投资总额的6%—7%左右。我们以1965年和1977—1979年国家对农业的基本建设投资为例对此加以说明，如下表所示：

表2—1　人民公社时期的国家基本建设投资按部门分配

（单位：亿元）

	1965年	1977—1979年平均
总计	159.93	344.98
农业	11.67	21.05
工业	99.63	226.65
其他	48.62	97.28

资料来源：世界银行经济考察团：《中国：社会主义经济的发展》，中国财政经济出版社1983年版，第201页。

除了发展战略的因素外，全民所有制和集体所有制这两种所有制形式之

---

① 《建国以来重要文献选编》第十五册，中央文献出版社1997年版，第625页。

② 柳随年、吴敢群主编：《"文化大革命"时期的国民经济（1966—1976）》，黑龙江人民出版社1986年版，第99页。

间的不平等也日益凸显，这成为国家对农村"少予"的重要原因。社会主义
全民所有制和集体所有制是不同的所有制形式。在农村集体中建立公积金、
公益金等，不仅是社会主义发展生产的客观需要所决定的，同时，也是集体
所有制的经济性质所决定的。集体所有制的经济组织和国家之间的关系，与
全民所有制的经济组织和国家之间的关系不同。对于集体所有制，一方面，
国家要对集体经济进行财力支援，帮助它们巩固和发展；另一方面，集体经
济中的生产资料和产品都是属于集体所有的，因此，它们发展生产所需要的
资金，也必须首先由内部积累来解决。① 在这种思想指导下，农村和农民生
产、生活所需要的公共产品也必须首先依靠农民自己，而国家对农村的责任
只是要尽可能地从各方面支援人民公社集体经济。很明显，我们国家全民所
有制经济组织中的"全民"概念实际上并不包括农民，而只是针对城市居民
而言的。在全民所有制经济组织中，城市居民能够享受到国家提供的各种劳
保福利待遇，包括住房、教育、公费医疗、退休金和其他各种社会保障，而
作为集体所有制下的农民则没有这种待遇。全民所有制与集体所有制之间的
不平等体现了城市与农村、城市居民与农民的不平等。全民所有制和集体所
有制之间的差别所导致的国家对城乡公共产品投入的不平等，并非是人民公
社时期所独有的，自新中国成立至今，实际上这一问题一直存在。

再进一步分析，在集体所有制中，农民的生产资料虽然在形式上看来是
集体所有的，但事实上仍然是国家直接控制的。集体经济，就其实质来说，
它是国家控制农村经济权力的一种形式。集体在合法的范围内，仅仅是国家
意志的贯彻者和计划的执行者，它至多只是占有着生产资源，并且常常无力
抵制国家对这种集体占有权的侵入。因而，集体所有制并不意味着一种较为
宽松的国家控制形式。集体所有制与全民所有制的真正区别，在于国家支配
和控制前者却并不对其控制后果负直接的责任，但是国家控制全民经济时，

---

① 向萱培:《农村人民公社财务》，中国人民大学出版社 1964 年版，第 94 页。

却以财政担保其就业、工资和其他福利。这种制度安排，加之城乡二元的户籍管理制度，使得农民虽然连续不断地为工业化提供积累，但却享受不到由自己的牺牲而带来的工业化的果实。长期以来，稳定地占据人口绝大多数的农民只是同社会总产值和国民收入的一小部分份额联系在一起，他们基本上被排除在现代物质文明之外。[①] 从公共产品的角度讲，就是农民基本上被国家排除在了公共产品供给的范围之外，而只能主要依靠自己的力量来提供公共产品。

一、人民公社的事权、财权与农村公共产品供给方式

《农村人民公社工作条例修正草案》规定了公社、生产大队以及生产队的职责。公社的管理委员会，在行政上，就是乡人民委员会（即乡人民政府），社长就是乡长，因而，公社在管理生产建设、财政、粮食、贸易、民政、文教卫生、治安、民兵和调解民事纠纷等工作方面，行使乡人民委员会的职权。公社管理委员会要负责兴办全公社范围的、或者几个生产大队、几个生产队共同的水利建设和植树造林，水土保持、土壤改良等基本建设，兴办几个公社共同的水利建设和其他的基本建设。关于生产大队，要领导兴办和管理全大队范围的或者几个生产队共同的水利建设和其他农田基本建设；要管理全大队的民政、民兵、治安、文教卫生等项工作。生产队则要负责生产队范围内的基本建设，渠道维修、塘堰等小型水利工程，还要负责照顾生活没有依靠的老、弱、孤、寡、残疾的社员等。

随着人民公社制度的建立，公社财政也随之建立。1958 年 12 月，中共中央和国务院发布了"关于改进农村财贸管理体制的决定"，规定对公社实行以"财政包干"为中心内容的农村财政管理办法。在人民公社"三级所有，队为基础"的管理体制确定之后，公社财政体制也做了调整，由"财政

---

① 孔令栋:《权威与依附——传统社会主义模式下国家与社会的关系》,《文史哲》2001 年第 6 期。

包干"改为"统收统支"，明确划清了国家财政收支与公社财政收支的界限。"统收统支"也就是公社要把除农业税附加分成外的全部收入都要上交上级财政，其所有经费也都从上级财政支出。"统收统支"办法的实行，实际上取消了公社财政作为一级独立政府财政的地位。其后，由于公社集体经济的发展、国家财政来自农村的收入和拨付公社资金项目的增加，需要进一步加强公社的财政和财务管理，在1970年后，在江苏一些地方又恢复了公社财政。但却没有建立起真正的一级财政。①

在公社财政中，公社的财政收入主要包括三部分：（1）国家预算收入，包括企业收入、农业税、工商税、工商所得税、屠宰税等，以及罚没收入等其他收入。（2）地方预算外收入，是指上级财政部门确定下放的地方预算外项目的公社分成收入。如农业税附加、工商税附加、工商所得税附加等项目的分成收入。（3）公社社有收入，指集体经济的内部积累，如社办企业收入、社办事业收入、公积金等。

公社的财政支出主要包括：（1）公社财政的国家预算支出，指国家财政分配给公社各项行政事业的开支费用，包括支援农业支出、文教科学卫生事业费、抚恤和社会救济费、城镇人口下乡经费、行政管理费等。（2）公社财政的地方预算外支出，是指按规定由公社财政预算外收入中开支的各项费用。如有的地方规定用于农村广播、道路维修补助和其他公益福利事业等。（3）公社社有资金支出，指公社集体经济的内部积累中所开支的各项费用，包括用于农业生产建设、社办企业扩大再生产、文教科学卫生、社会福利事业补助以及公社行政管理费支出等。

人民公社时期，农村公共产品供给基本上都坚持了社队自力更生为主，国家支援为辅的原则，大多采取"社办公助"的方式。

---

① 《人民公社财政与财务管理》编写组编：《人民公社财政与财务管理》，浙江人民出版社1981年版，第1—2页。

表 2—2 人民公社时期主要农村公共产品的供给方式

项 目	供 给 方 式
农田水利建设	属于公社范围内的，由公社自行安排。凡是社队兴办小型农田水利工程自己有力量全部负担的，应自筹解决，国家不予补助；对于抗旱能力弱，收入低、集体经济基础薄弱，社有资金困难的，由国家给予必要的补助，困难大的多补，困难小的少补。
卫生院	对公社办的卫生院，实行"社办公助"，主要依靠公社集体经济力量来办。国家对卫生院的补助标准和数额要根据各公社卫生院的不同经济情况，区别对待。
农村合作医疗	国家财政的合作医疗补助费主要用于培训医务人员的经费开支和支持穷队办合作医疗的补助费。
教育部门举办的中小学	主要部分是国家预算拨款，其次是杂费、勤工俭学收益及地方财政安排的自筹资金。
农村社队集体办学	由国家补助、集体负担、杂费收入和勤工俭学收入等方面解决。
文化和通讯广播支出	公社文化站、广播站、电影放映队等事业单位的人员经费、图书资料、设备购置费和业务费等，所需经费除国家补助外，其余部分由公社社有资金安排支出。
社会救济福利事业	除国家预算安排的抚恤和社会救济费外，公社应自行安排一部分社会救济和社办敬老院等福利事业的经费支出。
公社行政管理	国家根据公社规模的大小确定公社人员编制，并由国家预算拨付行政管理经费。公社机关为了适应工作需要，在编制以外，暂时录用部分人员所需费用，由公社社有资金安排支出。

资料来源：根据《人民公社财政与财务管理》编写组：《人民公社财政与财务管理》第63—78 页整理而成，浙江人民出版社 1981 年版。

二、农村公共产品制度外供给的成本分摊

人民公社制度的基本特征是政社合一，无论是生产队、生产大队还是公社本级，都既是一个政权实体，又是一个经济组织。因为人民公社通过税收手段筹集的公共资源非常有限[①]，并且，国家财政对农村投入不足，因而，人民公社时期的农村公共产品主要靠制度外供给。而制度外供给又是与人民公社的分配政策紧密相连的。

人民公社的分配政策，以兼顾国家利益、集体利益和个人利益为原则，

---

① 叶兴庆：《论农村公共产品供给体制的改革》，《经济研究》1997 年第 6 期。

在首先保证完成国家税收任务的基础上，再正确处理集体积累和社员分配的关系。具体来说就是，一个生产队的全年总收入，在扣除总费用后，即为纯收入。在纯收入中，首先要扣除上缴的国家税金，保证完成国家任务。其次要扣除集体提留（包括公积金、生产费基金和公益金），最后剩余部分才是社员分配部分。

人民公社时期的农村公共产品的制度外供给成本的分摊有两种形式：一是在生产队收益中直接提取公积金、公益金和管理费（主要是公积金和公益金）；二是如农田水利建设用工、民兵训练、生产队干部从事的管理工作等，通过工分补贴的方式参与生产队的收益分配。

（一）直接提取公积金和公益金

公积金是生产队为了实现扩大再生产的需要而建立的一项专用基金。公积金的来源主要有：（1）公积金提成，这是公积金的基本来源。（2）劳动积累，社员按照规定数目，为生产队所出的生产性基本建设义务工。这些义务工所创造的价值，成为劳动积累。（3）其他，如外界捐赠、国家征用土地所支付的补偿等。公积金的来源主要是公积金提成。公积金的用途主要是：增加生产用种子等储备资金和其他生产资金，购置固定资产和进行基本建设，支付基本建设用工的劳动报酬等。①

公益金是指在发展生产的基础上，从每年的生产收入中，提留的社会保险和集体福利资金。是用以不断提高社员的物质和文化生活需要的资金，主要用于五保户的供给、困难户的补助，优待有困难的烈属、军属和残废军人，给因公负伤社员的补助，因公死亡社员家属的抚恤，对社员公费医疗基金的补贴，实行计划生育补贴，以及其他集体的文化教育福利事业等支出。②

对于公积金和公益金的提取比例，《农村人民公社条例修正草案》规定，公积金一般应该控制在可分配的总收入的百分之三到五以内，公益金不能超

① 向萱培：《农村人民公社财务》，中国人民大学出版社1964年版，第93—95页。
② 包维和、傅占忠：《农村人民公社生产队财务管理》，黑龙江人民出版社1981年版，第15页。

过可分配总收入的百分之二到三。

我们以湖南省桃源县何家生产队 1978 年、1979 年的收益分配情况对公积金和公益金的提取进行分析。

表 2—3　湖南省桃源县何家生产队 1978 年、1979 年收益分配表

（单位：元）

项目	1978 年		1979 年	
	金额	占总收入的 %	金额	占总收入的 %
一、总收入	39,580	100	48,235	100
二、总费用	12,057	30.5	10,252	21.3
其中：生产费	11,436	28.9	9,828	20.4
三、纯收入	27,523	69.5	37,983	78.7
（一）国家税金	1,096	2.8	1,397	2.9
（二）集体提留	4,107	10.4	8,864	18.4
1. 公积金	1,980	5.1	3,370	7.0
2. 生产费基金	1,279	3.2	4,554	9.4
3. 公益金	850	2.1	940	2.0
（三）社员分配	22,320	56.4	27,720	57.4
人均收入	180	—	220	—

资料来源：杨秋林、许树恩编著：《人民公社经济活动分析》，农业出版社 1982 年版，第 131 页。

从何家生产队 1978 年和 1979 年的收益分配表，我们可以看出，这两年该队提取的公积金分别为 1980 元和 3370 元，公益金分别为 850 元和 940 元。公益金的提取比例在《人民公社条例修正草案》规定的提取范围内，而公积金则有所超出。

（二）工分：农村公共产品供给成本分摊的另一种方式

如果把提取公积金和公益金看作是农村公共产品制度外供给成本的直接分摊方式，那么工分则是农村公共产品制度外供给成本的间接分摊方式。

严格地说，工分制既不是人民公社所独有，也不是一种单纯的分配制度。工分制是农村集体经济组织计量社员参加集体劳动的数量和质量并分配相应劳动报酬的一种形式，从劳动管理的角度，它是以工分为标准来保证和

衡量社员参加集体劳动的数量与质量；若从分配的角度看，它是以工分为依据来决定社员从集体所得收入的数量。所以，工分制既是一种分配制度，同时也可以理解为是一种农村集体经济组织集体劳动的管理制度。①

工分是人民公社时期社员劳动价值的直接体现，不同劳动力一天所得工分标准各地不尽相同，一般为每个劳动日的劳动为几个工分，如整劳力每天10分（男女同工同酬），半劳力5—8分不等。社员分配的时候，要首先计算出全年所有社员劳动所得的工分总数，根据社员可分配收益总数与工分总数之比算出每个工分的分值，然后乘以个人的工分总数，即为全年个人劳动所得金额。所以，人民公社时期，社员平时劳动所得仅仅是工分，而不是现金收入。只有当年终分配时，才能得到现金收入。这样，社员平时劳动实际上就是"挣工分"，挣的工分越多，则意味着最终分配所得越多。

通过工分分摊供给成本的农村公共产品项目主要包括农田水利基本建设用工、民兵训练、社队干部的管理、赤脚医生的补助等。也就是说，除了农民的农业生产劳动可以挣到工分以外，还有一些工作虽然不是直接的农业生产劳动，但也能得到工分补贴。公社时期的农村基层干部，可以说，他们的每一项活动都可以得到工分补贴，而且他们所得工分往往是生产队中最高的。另外，赤脚医生、广播员、电工、保管、妇联主任、团支部书记、民兵连长等都有工分补助。再者，上级从生产队"平调"的劳力，也回生产队拿工分。这样下来，各种工分补贴在全年工分总额中占了一个不小的比重，工分总数的增加意味着单位工分值的减小，也就意味着农民收入的减少。据杜润生领导的一个调查组概算，"农民工分的25%支付了各种形式的补贴工。有个形象的说法，农民锄地，到第八锄头才是自己的。前边几锄头都是为别人劳动。"②

下面，我们以某生产队1978年的实际用工构成情况为例，对此加以理解。

————————————

① 辛逸：《农村人民公社分配制度研究》，中共党史出版社2005年版，第127页。

② 辛逸：《农村人民公社分配制度研究》，中共党史出版社2005年版，第166页。

表 2—4　1978 年某生产队实际用工构成情况分析表

（单位：个）

项目	全年实际用数	当年生产用工					基本建设用工	非生产用工					
		小计	农业	林业	畜牧业	工副业		小计	公差	会议	民兵训练	管理	其他
总工日数	18,130	14,867	11,784	363	816	1,904	1,541	1,722	121	854	212	420	115
占总工日的 %	100	82	65	2	4.5	10.5	8.5	9.5	0.7	4.7	1.2	2.3	0.6
占本项用工的 %	—	100	79.3	2.4	5.5	12.8	100	100	7	49.6	12.3	24.4	6.7

资料来源：杨秋林、许树恩编著：《人民公社经济活动分析》，农业出版社 1982 年版，第 52 页。

　　从上表可以看出，该队的基本建设用工和非生产性用工比例占到了总工日数的 18%，基本建设用工和包括会议、民兵训练、管理等在内的非生产用工主要是用于农村公共产品供给的，因而，工分成为农村公共产品制度外供给成本的一种重要分摊方式。

　　总之，人民公社时期的农村公共产品制度外供给成本主要就是通过两种方式分摊的，一种是提取公积金、公益金和管理费，另一种是工分补贴。虽然这两种分摊方式在形式上有所不同，但实质上是一样的，即最终都是由农民承担农村公共产品供给的成本，只不过第一种方式是直接提取资金，而第二种方式是通过工分间接参与收益分配。

三、几点商榷

（一）如何看待物质成本与人力成本

叶兴庆认为，在工分制下，制度外公共产品的供给成本按两种方式分摊，物质成本由公积金和公益金支付，人力成本以增加总工分数、从而降低工分值的方式加以弥补。因此，对公社时期的制度外公共产品供给的分析可分为两部分进行：第一是制度外公共产品物质成本的分摊。用于制度外公共产品物质费用的，包括管理费、公益金和公积金的一部分。第二是制度外公共产品人力成本的分摊。制度外公共产品的人力成本，以增加工分总数、从而降低工分值的方式得到分摊。①

笔者认为，物质成本通过公积金、公益金和管理费分摊，人力成本通过工分分摊，这种划分并不确切。实际上，人民公社时期农村公共产品供给的物质成本并非都是通过公积金、公益金和管理费分摊的，而人力成本也并非都是由工分分摊的。例如，人民公社时期，生产队对某些特殊农户的照顾，一方面要通过公益金来实现，另一方面，还要给这些农户提供一定数量的补贴工分。这样的补贴工分分为两类，一是集体劳动保障，如对出工伤事故社员的工分补助等；二是生产队替政府承担的社会责任，如计划生育补贴、军烈属补贴等。如辛逸对山东省昌邑县柳疃人民公社后宫村的考察：

表2—5　山东省昌邑县柳疃人民公社后宫村几个主要年份优待劳动日情况统计表

年份	优待对象户数	优待户数	优待人数	优待劳动日总数
1957	2	2	10	1000
1961	8	6	30	1800
1966	19	19	86	3631
1970	19	17	76	3655
1982	18	15	75	5688

资料来源：山东省昌邑市后宫村志编纂委员会：《后宫志》，内蒙古文化出版社1999年版，第134页。转引自辛逸：《人民公社分配制度研究》，中共党史出版社2005年版，第156页。

---

① 叶兴庆：《论农村公共产品供给体制的改革》，《经济研究》1997年第6期。

在这里，我们可以明显看出，工分实际上是物质成本的分摊方式。如果把民兵训练、社队干部管理、农田水利建设用工等的工分补贴看作人力成本的分摊方式，这是很好理解的。但如果把对计划生育补贴、军烈属补贴的工分也看作人力成本的分摊就难以理解了。实际上，这些工分是在公益金之外，采取的另一种资金补贴方式，这是物质成本的分摊，而不是人力成本的分摊。只不过这种物质成本的分摊采用了工分的形式，要通过分配才能实现。

另外，也并非所有的人力成本都是通过工分来分摊的。《人民公社条例修正草案》就规定："生产队兴办基本建设和扩大再生产的投资，应该从公积金内开支。基本建设用工和生产用工，要分开计算。对于每一个有劳动能力的社员，经过生产队社员大会通过，可以规定他每年做一定数目的生产性的基本建设工，作为集体经济的劳动积累。这种基本建设工，一般地应该控制在每个社员全年基本劳动日数的百分之三左右，超过这个规定的基本建设用工，必须从公积金内发给应得的工资。"[1]这个规定表明，有劳动能力的社员首先需要负担一定的基本建设工，这属于义务工，没有任何劳动报酬。而超过义务工之外的基本建设用工才可以得到报酬，而得到报酬的方式是从公积金内得到工资。

因而，综合这两个方面，我们可以得出，在工分制下，农村公共产品的成本确实是通过两种方式分摊的，一种是通过公积金、公益金和管理费分摊，另一种是通过工分的方式分摊。但是，如果认为物质成本由公积金和公益金支付，人力成本通过工分方式弥补则过于绝对。

（二）如何看待工分总量的膨胀

叶兴庆认为工分总量的膨胀是不受约束的。[2]笔者认为这一看法也值得商榷。从理论上讲，这个论断是成立的，工分总量可以无限膨胀，不受约

---

[1] 《建国以来重要文献选编》第十五册，中央文献出版社1997年版，第633—634页。

[2] 叶兴庆：《论农村公共产品供给体制的改革》，《经济研究》1997年第6期。

束，因为，工分总量的增加带来的只是单位工分值的相应减少和农户收入的减少，因而，任何一个生产队的工分总量都可以无限制地膨胀。但实际上，工分总量的膨胀是受约束的，最主要的约束就是要受到来自群众即社员的约束。因为，工分总数的增加则意味着社员分配的减少，对此，虽然社员不知道增加的工分会导致自己的分配具体减少多少，但会导致分配减少这个道理是谁都明白的。这样，社员必然对工分总量的增加不满，社员群众的意见和不满对工分的增加本身就是一种约束，这也是制约工分总量膨胀的最主要因素。以辽宁本溪县东营坊公社为例，东营坊公社共八个生产大队，三十四个生产队，一千七百六十一户，一万口人。到 1971 年年末统计，全社大队以下的非生产人员已达到一百四十余人，占劳动力总数的百分之七点六。这些非生产人员所占用的补助工，以及其他非生产性用工，全年总计达到十万零七百六十个。每个农户平均负担五十二元，每个社员平均负担十元。加重群众经济负担的结果，使不少生产队增产不增收，社员群众迫切要求落实政策，减轻负担。在这种情况下，公社采取了大力压缩非生产人员、一身兼多职等措施，1972 年全社共减少非生产用工三万一千二百个，核款二万七千一百元，每个社员的经济负担由 1971 年的十元下降到六元五角。①

同时，工分总量的增加实际上就意味着误工的增加，而误工的增加会加大其他社员劳动强度。误工的基本含义就是不参加生产队的劳动却在生产队拿工分，这既包括生产队干部、赤脚医生的误工，也包括公社、生产大队和生产队之间上级对下级的劳动力摊派，而这种对劳动力的摊派往往使生产队不堪重负。如泰安县徂徕公社许家大队，共有男女整半劳力 1465 个，常年离开生产队的就有 381 人，占全队劳力的 25%。南上庄第六生产队，共有 40 多个整半劳力，1971 年秋收后，大队公社以上单位抽走了 30 多个，队

---

① 辽宁省农业局编：《艰苦奋斗勤俭办社　农村人民公社经营管理经验选编之二》，辽宁人民出版社 1973 年版，第 24—27 页。

里只剩下 6 个男劳力。徂徕大队第八生产队，这年冬天除了队长和会计外，男劳力全部被调走了，上级来人检查，批评队干部只拿"穆桂英"搞小型水利建设，弄得队干部哭笑不得。① 再比如，1959 年 12 月，钱塘江人民公社刚成立不久，L 大队就有不少男劳动力被公社抽调，他们不参加队里的劳动，却继续由队里负担。该年公社抽调大队的劳动力参加炼钢小高炉建设，到吴兴开矿，去盐肥厂做工人，在三里港修渠道，当农业大学教师。L 大队一年中白白为他们提供 949.22 元的生活费用和口粮。据 L 大队的干部回忆，1960 年，全大队有一百多人被公社调走。陈家场总共只有十多个男劳动力，竟有八人被抽调到公社各单位劳动。大量劳动力的无偿抽调不仅极大地影响了在村农民的生产情绪，降低了在村劳动日的分配水平，而且直接影响了农业生产，这一年，L 大队有不少络麻因来不及收获而烂在田里，许多老农民为此深感惋惜。②

通过以上分析，我们可以得出，虽然在理论上工分总量可以无限膨胀，但在实际中，工分总量的膨胀是受约束的，这种约束主要是因为社员收入的减少和劳动强度的增加。所以，人民公社时期，很多社队都强调勤俭办社，减少非生产用工，一方面，减少工分总量，增加社员收入；另一方面，增加生产用工。总之，工分总量的膨胀并不是不受约束的。

（三）如何看待人民公社时期农民对农村公共产品的需求

林万龙的研究认为，由于农户没有任何权利且有高度同质性，因而对农户而言，既无所谓公共品的需求，更无所谓需求的差异性。需求方的这一特征使得公共品的集中统一供给更为顺畅。③ 张兵、楚永生也认为，人民公社时期乡村公共物品的独立需求主体或者直接受益主体是人民公社或生产大

---

① 辛逸：《农村人民公社分配制度研究》，中共党史出版社 2005 年版，第 153 页。

② 张乐天：《告别理想——人民公社制度研究》，上海人民出版社 2005 年版，第 59 页。

③ 林万龙：《中国农村社区公共产品供给制度变迁研究》，中国财政经济出版社 2003 年版，第 55 页。

队。① 综合而言，他们的观点具有相似性，即人民公社时期的农户对农村公共产品是没有需求的或者说农户不是独立需求主体。

笔者认为这样的观点是不成立的。首先，这样的认识从公共产品理论本身来说就是不成立的。因为，如前文所述，农村公共产品是相对于私人产品而言的、农村地区农业、农村或农民生产、生活共同所需的产品或服务。农村公共产品本身就是农民所需的，如果认为农民不需要，那就无所谓公共产品了。

更为重要的是，在人民公社时期，虽然农户没有独立经营的权利，并且，在当时"自上而下"的决策体制下，农户也极少有机会能够参与公共产品的决策，但是，我们不能以农户没有独立经营的权利就认为农户没有对公共产品的需求。农户对于公共产品仍然是有需求的，而且农户与人民公社、生产大队以及生产队一样都是独立需求主体。农户对公共产品的需求情况，需要根据公共产品的类别具体分析。对于农村教育、农村合作医疗、社会保障等，这些公共产品是与每个农民或者说是多数农民利益直接相关的，因而，农民都是有需求的。而对于农田水利基本建设等生产性的公共产品，由于农民被剥夺了独立经营的权利，且农民的劳动所得与劳动付出并不直接相关，因而，农民确实关心较少，或者说对于这类公共产品的供给而言，农民并非是完全独立的需求主体。因而，关于人民公社时期农民对于公共产品的需求，需要具体问题具体分析，不能一概而论。由此，人民公社时期的公共产品供给顺畅，也并非是因为农户对公共产品没有需求，而是因为人民公社高度政社合一的体制和公社时期农村公共产品供给的"自上而下"的决策机制。

---

① 张兵、楚永生：《农村公共物品供给制度探析》，《江海学刊》2006 年第 5 期。

第三节　人民公社时期的农村公共产品
供给状况评价

人民公社体制的弊端和优势都根源于它的高度行政化和组织化。高度政社合一的人民公社体制虽然在农业生产发展方面由于缺乏激励机制抑制了农民的生产积极性，使我国的农业生产在这一时期几乎没有很大的增长。[①] 但是，人民公社体制在农村公共产品供给方面却显示出了优越性。人民公社时期农村公共产品供给取得了较大成绩。

一、人民公社时期农村公共产品供给的成绩及其原因

（一）人民公社时期农村公共产品供给的成绩

第一，农田水利建设成就显著。人民公社时期的农村公共产品供给的成绩首先体现在农田水利基本建设上，人民公社时期的农田水利基本建设为我国的农业生产发展打下了良好的基础，许多水利工程直至今天还起着重要的作用。这一点也是很多学者在研究中多次提到的。如黄宗智就曾提到，位于北京以东的大型密云水库，是一个在国家投资和领导下建造的水库，它对沙井村的影响重大。今日在村庄的居民点和农田之间，有一条混凝土渠道，供水给田地里的分支水渠，形成一个严密的灌溉系统。解放前没有人工灌溉的冬小麦，今日可灌水三次。国家在水利上的投资，又为化肥的使用创造了条

[①] 进入公社化时期，农业生产的增长率呈下降趋势，而且出现了几次大的波动。其中，国家下大力发展的粮食生产的增长率20年内只有2%，比"一五"时期下降了近一半。如果按目前"台阶"的说法，1958年至1978年20年起点台阶是2亿吨，这期间低于这个产量的有7年，达到这个产量的又有7年，超过这个产量的只有6年，总产量增长8770万吨，平均每年增加439吨，只相当于维持这段时间里新增人口生活用粮，单产增加年均不足3公斤。参见肖冬连：《崛起与徘徊》，河南人民出版社1994年版，第2页。

件（土壤无水，不能吸收化肥）。①

　　加强农田水利基本建设在当时被认为是增加农业生产最有效的办法之一。而农田水利基本建设之所以能够取得显著成绩，一方面是国家的投入。国家对农业的投入，水利占了相当大的一部分，如从 1957 年开始，全国掀起了兴修水利的高潮，8 年内水利投资 137.9 亿元，平均每年 17.2 亿元，相当于"一五"时期每年投资的 3.2 倍。建成大中型项目 150 多个。除继续根治淮河外，开始治理黄河、海河、长江部分支流及珠江、辽河等。②

　　而更为重要的一方面就是在这一时期，农民对农田水利基本建设的大规模投入。这一时期，国家通过政社合一的公社体制，掌握了对劳动力的支配权力，因而使大规模的劳动投入成为可能。如自 1971 年至 1975 年是学大寨、大搞农田水利基本建设的高峰时期，每年冬春出动的人数都有 1 亿人左右，灌溉面积每年增加 2400 万亩，平均每年改造易涝田 2000 多万亩，是新中国成立以来农田水利发展最快的一个时期。③包括新中国成立后的前 7 年，人民公社时期全国共修筑 8.4 万余座大中型水库，灌溉面积由解放初期的 2 亿亩增加到近 7 亿亩，占耕地总面积的 45%。④而农民的义务劳动，大大节约了国家对农村公共产品供给的成本，例如，农民仅在"二五"时期义务进行水利工程建设、开荒、改造耕地、造林等等，用工资计算，劳动折价约在 500 亿元左右。⑤

　　第二，部分社会公益事业至今让人怀念。和我国同时期政治运动接连不断、城市社会生活动荡不安相对照，人民公社时期的中国农村，经济虽然停滞落后但农村社会生活却相对保持平稳，这与公社分配制度中的公益金、公

---

① ［美］黄宗智：《华北的小农经济与社会变迁》，中华书局 2000 年版，第 189 页。

② 柳随年：《中国社会主义经济简史（1949—1983）》，黑龙江人民出版社 1985 年版，第 328 页。

③ 丛树海等主编：《新中国经济发展史》（上），上海财经大学出版社 1999 年版，第 252—253 页。

④ 《中国经济年鉴 1981》，第 VI10—13 页。转引自肖冬连：《崛起与徘徊》，河南人民出版社 1994 年版，第 5 页。

⑤ 朱佳木主编：《陈云年谱》（中），中央文献出版社 2000 年版，第 418 页。

积金的提留及其合理使用是有一定关联的。"两金"的数额虽然有限，但依托政社合一的公社体制，广大农村普遍建立了针对"五保户"、弱势群体的社会保障制度，以赤脚医生为基干的农村三级（大队赤脚医生、公社卫生院、县级人民医院）医疗保障制度，以及比之今日更为低廉与普及的农村基础教育制度等等。直到今日，许多过来人还在怀念公社的这些制度安排。①在这其中，农村合作医疗事业和农村基础教育事业的发展最为突出，这一时期，农村建立了虽然是低层次的，但却是相当普及的合作医疗和基础教育体系。

新中国成立后，我国为城市职工建立了公费医疗制度，而农村的医疗资源十分匮乏。随着农业合作化运动的兴起，农村医疗事业也发展起来，河南、山西、陕西、广东等省掀起了农民集资办医的热潮，开始建立农业生产合作社的保健站，把农村医疗事业变成了农业生产合作社的福利事业。虽然农村医疗卫生事业有所发展，但城乡之间在医疗资源的占有上仍极不平衡。据 1964 年统计，在卫生技术人员分布上，高级卫生技术人员 69% 在城市，31% 在农村（县和县以下），其中在县以下的仅占 10%。中级卫生技术人员城市占 57%，农村占 43%，其中在县以下的仅占 27%。中医则大多在农村。在经费使用上，全年卫生事业费用于公费医疗的占 30%，用于农村的占 27%，其中用于县以下的仅占 16%。这就是说，用于享受公费医疗的830 万人员的经费，比用于 5 亿多农民的还要多。②针对这种情况，1965 年6 月 26 日，毛泽东提出："把医疗卫生工作的重点放到农村去。"③毛泽东的这一指示推动了农村卫生事业的发展。到 1965 年年底，全国已有山西、湖北等十多个省、自治区、市的部分农村实行了合作医疗制度。1968 年 12 月5 日，《人民日报》发表了《深受贫下中农欢迎的合作医疗制度》，报道了湖

---

①　辛逸：《农村人民公社分配制度研究》，中共党史出版社 2005 年版，第 72 页。

②　卫生部基层卫生与妇幼保健司编：《农村卫生文件汇编（1951—2000）》2001 年版，第 27 页。

③　《建国以来毛泽东文稿》第十一册，中央文献出版社 1997 年版，第 387 页。

北省长阳县乐园公社贫下中农创办合作医疗的经验和体会。办法是：每人每年交 1 元钱的合作医疗费，生产队按照参加人数，由公益金中再交 0.1 元。除个别需要常年吃药的以外，社员每次看病只交 0.05 元钱的挂号费，吃药就不要钱了。公社卫生所 12 名医务人员，除 2 人暂时拿固定工资外，其余 10 人都和大队主要干部一样记工分。再按不同情况，每月补助 3—5 元。全公社 99% 的人参加了合作医疗，解决了群众看不起病、吃不起药的困难。在这之后，全国农村普遍建立了县、公社、村三级预防医疗保健网。到人民公社后期，全国农村约有 90% 的行政村（生产大队）实行了合作医疗，医疗保障覆盖了 85% 的农村人口。[①] 在人民公社时期，农村以低廉的成本维持了整个乡村公共保健制度的有效运行，为农民的健康提供了重要保障。这一时期，很多农村流行性、多发性顽疾正是凭借这一卫生保健制度，在很短时间内减少甚至根除的。像血吸虫病、疟疾、结核病、黑死病、霍乱等的发病率大为降低，麻疹的死亡率由 1950 年的 6.5% 降为 1979 年的 0.66%。[②] 当时，在中国，约 2500 人中就有一个医生（合格的西医），其他低收入国家的比数是 9900，中等收入国家的比数大约为 4300。中国人口对其他医疗人员（包括护士和中医）的比率甚至更为优越：不包括赤脚医生为 900，包括赤脚医生在内为 400；其他低收入国家的比数为 8800，中等收入国家的比数是 1900。在其他低收入国家中，许多人，特别是农村贫民，很难获得保健的照顾；相反，在中国，通过赤脚医生等农村基本医疗服务，几乎每一个人都能得到某种保健的护理，花费仅有几美元。通常这是在按人计算要花费数百美元于保健事务的国家才能做到的情况。[③]

人民公社时期，农村的教育不仅有国家举办的中小学，而且有社队集体

---

① 夏杏珍：《农村合作医疗制度的历史考察》，《当代中国史研究》2003 年第 5 期。

② 辛逸：《实事求是地评价人民公社》，《当代世界与社会主义》2001 年第 3 期。

③ 世界银行经济考察团：《中国：社会主义经济的发展》，中国财政经济出版社 1983 年版，第 65 页。

办学，加之低廉的学费，因而人民公社时期我国农村基本普及了基础教育。就小学入学率而言，中国远超出其他发展中国家，特别是低收入国家，仅稍逊于先进工业国家。中国农村小学学龄儿童入学人数的比率虽较城市比率（100%）为低，仍然接近92%。按照发展中国家的标准，这是一个极高的数字。同样地，中国的小学学龄女童入学率为84%，而印度的数字为50%，所有发展中国家的平均数字为56%。[①]

表2—6　二十世纪七十年代的基本教育

	小学净入学率
中国	93
印度	64
印度尼西亚	66
斯里兰卡	62
低收入国家	56
中等收入国家	75
所有发展中国家	62
工业化国家	94

注：[1] 中国的数字是 1979 年的数字，其他国家的数字是 1975 年或 1977 年的数字。
　　[2] 小学净入学率是指小学学龄儿童入学人数的比率。
资料来源：世界银行经济考察团：《中国：社会主义经济的发展》，中国财政经济出版社
　　　　　1983 年版，第 64 页。

　　正因为如此，至今很多人还怀念人民公社时期的生活。"尽管人民公社时生活艰辛，有两样现在是不能比的：一是小孩的入学率，一是医疗保障。在集体时期，多数家长都能送小孩上学，原因有二：一是小孩子除了照顾弟妹外，无事可做；二是当时学费很低，这是最主要的原因。人们至今还念念不忘，当时小学一年级只收五角钱，初中也仅收 10 元钱，而且，无钱时也可以暂时欠着，如有一家共有九个孩子，大的毕业了小的又进校了，可学费

---

① 世界银行经济考察团：《中国：社会主义经济的发展》，中国财政经济出版社 1983 年版，第 64 页。

还没交。所以，那时队里的孩子基本上都是小学毕业，初中文化程度的也不在少数，这与目前村里高失学率、小文盲遍地的现象形成鲜明的反差。当时实行集体医疗，……患者基本上都能得到医治，不像现在这样，相当一部分人有病看不起医生，吃不上药，只能顺其自然，结果是小病拖成大病。人民公社时的疾病预防也比现在强，每隔一段时间，医生都要拎着药箱走队串户给每个小孩打预防针，至今人们还记得怕打针的孩子见医生来了往山上跑或大哭大闹的情景。"①张德元在《我的农民父亲——纪念"分田"三十周年》一文中也写到，"父亲回忆说，解放前，我们家乡的农村地区见不到西医，只有中医土郎中，即使像我家这样较富裕家庭也请不到西医，因为只有县城里那一个西医诊所；农村没有现代医学知识的概念，你母亲生了6个孩子，只剩下两个，那些都在婴儿时期得了白喉等病死了；解放后，共产党着手普及西医，现代医学开始下乡，到你出生时，虽然生活苦，由于依托人民公社集体经济，农村医疗网建立起来了，乡里有了卫生院，看病很便宜；你是7个多月的早产儿，很难想象在解放前的话你能活下来。……父亲接着说，等你长大点后，人民公社就建起合作医疗了；那年你得了重疟疾，是合作医疗免费把你救回来了；解放前，疟疾死人是很正常的事情；共产党有本事，大搞防疫，后来把疟疾消灭了。解放前，只有像我们这样富裕家庭的孩子才可能上学，知识是富人的特权，虽然共产党建立政权后，也大讲平等，但直到文化大革命前，知识和知识分子还主要在城里；是文化大革命彻底扭转了这种局面，知识和知识分子下乡了，我们家门口建起了小学校，我去给学校交了2角钱，你就上学了，多么不容易啊！你知道父亲解放前上西式学堂的代价吗？一个学期3担米，可度贫苦农民一家一年的命了。父亲还能说出人民公社的许多好来，比如，人民公社搞水利建设，道路建设，农田基本建

---

① 吴淼：《大故事中的小逻辑——一个生产队干部对人民公社的记述》，载华中师范大学中国农村问题研究中心：《中国农村研究》2002年卷，中国社会科学出版社2003年版，第383—384页。

设，推广科学种田……等等，等等。"①

第三，农业科技推广工作进步明显。人民公社时期的农业科技推广充分发挥了人民公社体制的组织优势，取得了很大的进步。

1958 年以后，公社对农业品种的管理表现在鼓励群众自育、自选并对推广品种的调拨分发和留种繁殖方面。1964 年，农业部又推广三级良种繁育体系。其组织体系是以县良种场为核心，公社、大队良种场为桥梁，生产队种子田为基地的三级良种繁育体系。这一体系的建立，大大加快了具有绿色革命性质品种的大规模推广。② 人民公社后期，农业部又推广公社、大队集中繁种、供种的办法。直到 20 世纪 80 年代公社体制改变后，全国的种子建设才开始走向商品化、市场化。③

这一时期，依托人民公社的体制优势，我国建立起了比较完整的农业技术推广体系。70 年代以前的农技推广工作，主要由政府部门的基层农技推广站负责，"文革"以后，公社体制开始演化出一种叫作"四级农业科学实验田"的组织。这种"新生事物"来自于湖南省华容县，即县办农业科学研究所，公社办农业科学实验站、生产大队办农业科学实验队、生产队办农业科学实验小组。1974 年，华容县的实验作为典型向全国推广，1975 年年底，全国有 1140 个县建起了这种网络，四级农业科技队伍共有 1100 多万人，当然这其中绝大多数是农民。到 80 年代以后，尽管县、乡农技站仍由国家负责，但大队、生产队这两级农业科技推广组织基本上消失了。④

20 世纪 70 年代，水稻良种的培育与推广体现了这一时期的农业技术进步。由于群众性选育良种活动的持续，南方稻作区选出了许多优良的水稻

---

① 张德元:《我的农民父亲——纪念"分田"三十周年》，2008 年 1 月 14 日，见 http://www.snzg.cn/article/2008/0114/article_8841.html。

② 丛树海等主编:《新中国经济发展史》(上)，上海财经大学出版社 1999 年版，第 233—234 页。

③ 丛树海等主编:《新中国经济发展史》(上)，上海财经大学出版社 1999 年版，第 248 页。

④ 丛树海等主编:《新中国经济发展史》(上)，上海财经大学出版社 1999 年版，第 251 页。

品种，推广面积在 10 万亩以上的新品种在 1973 年已达 90 多个，水稻单产在 1973 年已达到 463 斤 / 亩，比 1965 年增长 100 斤。这一时期，双季稻面积不断扩大，亩产量增长更快。到 1973 年，双季稻的推广已跨过了北纬 32 度。① 被誉为"杂交水稻之父"的袁隆平，从 20 世纪 60 年代就致力于杂交水稻的研究，历经 12 年的努力，成功培育出了"三系杂交稻"。1976 年开始，在生产上大规模推广。1976 年到 1979 年，仅用了三年时间，水稻亩产提高了 100 斤。②

（二）原因分析

在当时国家经济发展整体相对落后，农村经济发展缓慢、农村普遍贫困的情况下，农村公共产品供给取得了较为明显的成绩。那么为什么人民公社时期的农村公共产品供给会取得如此成绩呢？笔者认为，原因有以下几点：

第一，农民的自我供给。从国家与公民的关系来讲，在公民向国家纳税之后，则国家应当向公民提供公共产品。而具体到人民公社时期的国家与农民的关系来说，农民向国家完成了自己应该完成的赋税任务，但是国家却并没有向农民提供基本的公共产品。在国家职能缺位的情况下，农民依靠自己的力量在一定程度上实现了农村公共产品的自我供给，弥补了国家供给的不足。如农田水利建设，国家的投资主要用于大中型水利工程，而与农业生产更为密切相关的小型水利建设基本上都是靠农民的义务劳动投入建设的。再如农村合作医疗，则几乎完全是靠农民的力量，为农民自己提供了基本的生活保障。因而，农民对农村公共产品的自我供给是人民公社时期农村公共产品供给取得显著成绩的首要原因。而农民自我供给之所以能够实现，又是与农民的组织化和农民负担的隐性化紧密相连的。实际上，新中国成立以来农村公共产品的供给一直主要依靠的都是农民的自

① 丛树海等主编：《新中国经济发展史》（上），上海财经大学出版社 1999 年版，第 248 页。
② 丛树海等主编：《新中国经济发展史》（上），上海财经大学出版社 1999 年版，第 249 页。

我供给，但是，家庭承包制时期与人民公社时期相比，家庭承包制时期的农村公共产品供给状况却并不让人满意，虽然农民的生活水平在农村改革后显著提高，但在农村公共产品供给方面，人们更怀念公社时期的生活。显然公社时期的农村公共产品供给更为成功，究其原因，人民公社时期农民的高度组织化和农村公共产品供给中农民负担的隐性化都是家庭承包制时期所不能比的。

第二，农民的组织化。人民公社时期的农村公共产品供给之所以能够取得较大的成绩，农民的自我供给之所以能够实现，很大程度上应该归功于当时农民的高度组织化。在国家为农村提供的公共产品有限，而个体农民不愿也无力提供公共产品的情况下，正是依靠农民的高度组织化、通过农村集体组织，才保证了当时农村基本公共产品的供给。

奥尔森认为："除非一个集团中人数很少，或者除非存在强制或其他特殊手段以使个人按照他们的共同利益行事，有理性的、寻求自我利益的个人不会采取行动以实现他们共同的或集团的利益。"[①]人民公社时期农村公共产品供给之所以取得较大成绩，就在于"强制或其他特殊手段"，这种"强制或其他特殊手段"就是依托人民公社体制实现的农民组织化。具体来说，在人民公社时期，全国的几亿农民都被组织在人民公社中，成为集体组织的一员，完全实现了毛泽东 1943 年所提出的"组织起来"的目标，由马克思所批评过的袋中的马铃薯那样互不联系的分散状态，被整合到国家的政治、经济、社会生活体系中。这种整合的作用不仅体现在对农民的整合上，而且体现在对有限的农村资源的整合上。通过这种整合，农村有限的经济资源都被集中在了人民公社的各级组织中。人民公社时期的各个人民公社、生产大队、生产队不仅是经济组织，而且是政治组织，不仅负责生产，而且负责农民的生活。因而，在人民公社中，农民必须为了集体利益而努力，虽然这种

---

① ［美］曼瑟尔·奥尔森：《集体行动的逻辑》，陈郁等译，上海三联书店、上海人民出版社 1995 年版，第 2 页。

努力往往是被迫的。正是依靠集体组织的力量，农民才实现了农村公共产品的自我供给。对此，李约瑟曾经提到："在公共卫生，社会服务，工业建设，以及各种福利事业方面取得的伟大成就是我们亲眼目睹的；而这一切成就，如果没有不同年龄，不同种类的体力和脑力工作者真诚自愿的合作与团结，是绝对不可能实现的。"①实际上，这种合作和团结实际上就意味着农民的组织化，虽然当时农民的团结和合作更多的是被动的，而并非如李约瑟所说是"真诚自愿"的，但这种团结和合作也能达到组织起来自我提供公共产品的目的。

第三，农民负担的隐性化。人民公社时期，农民虽然不直接缴纳税费、摊派等，但并非没有负担，只是这一时期农民的负担是隐性的，这种隐性体现在两个方面，一是单个农民并不知道自己的具体负担数额是多少，二是并不直接向农民进行收费。

在前文我们已经分析了人民公社时期农村公共产品制度外供给成本的分摊机制，主要是通过提取公积金、公益金和通过工分补贴的方式来分摊。公积金和公益金是在社员分配之前就已经由集体提取了。而工分补贴又是与农民直接从事农业生产的劳动工分一起计算的，社员看到的是工分总量的增加和工分值的减少，但是具体到每个农民从自己的收入中拿出了多少作为公共产品供给的成本，谁都不清楚。因此，这两种分摊方式对于农民来说，虽然都是负担，但是又都是隐性的，因为单个农民并不知道自己具体负担了多少成本。

这种隐性化的农民负担是在集体收益分配之前或分配之中直接扣除的，而不是把集体收益分配到农民手中之后再向农民收费。这个过程的差别对于公社时期的农村公共产品供给非常重要。因为，先扣除成本再把收益分配给农民，"给农民钱"，和先把收益分配给农民再向农民收

---

① ［英］李约瑟：《四海之内：东方和西方的对话》，劳陇译，三联书店1987年版，第47页。

费，"向农民要钱"，这两种方式给予农民的心理感受是完全不同的，"给农民钱"，农民非常高兴，而"向农民要钱"，农民则极不情愿，这也是公社时期农民负担虽然较重，但一直没有如家庭承包制时期因为农民负担问题而产生严重农村社会问题的一个重要原因。并且，在人民公社体制下，由于人民公社的基本核算单位是生产队，国家与生产队直接打交道，而不与分散的个体农民打交道，因而，农村公共产品供给成本的分摊单位和环节大大减少了，相应地就减轻了整个农村公共产品供给的成本。

二、人民公社时期农村公共产品供给中的不足

尽管人民公社时期的农村公共产品供给成绩较为明显，但我们也应该看到，这一时期的农村公共产品供给中也存在着不足。首先，农村公共产品的制度外供给使农民负担较为沉重，这一点我们在前文已经提到。如多年的大规模的农田水利基本建设以及对生产队劳动力和财产的"一平二调"，就使农民不胜其负担，特别是1975年第一次农业学大寨会议以后，"每年冬春，全国都有百万干部上阵，亿万群众大战山河，平均每年要平整土地8000万亩，改造坡耕地1000万亩，扩大灌溉面积2400万亩。"大会战与"平调"相伴随。如湖南省湘乡县4年内全县连续修建了4座大型水利工程。"全县各社队用于这几项工程的伙食和工具费达到621万元，粮食3877万斤，平均每个生产队负担钱1040元，粮6500斤。"[1]这成为社队和农民的重要负担。

其次，某些农村公共产品供给的质量是不高的。如农村合作医疗解决的主要是公共卫生、防疫以及农民普通疾病的医疗问题，对于大病重病则难以解决。再如义务教育，虽然儿童入学率较高，但教育水平并不高，在教育基

---

[1] 肖冬连：《崛起与徘徊》，河南人民出版社1994年版，第28—29页。

础设施上，差距则更大，"即使在寒冷的北方，许多农村学校的窗户没有玻璃，桌椅往往破旧不堪或供应不全，仅有的教育用具往往是几幅张贴画。"[①] 农村的文化生活则更加匮乏。但由于当时的农村公共产品供给体制确实解决了农民生产、生活中一些具体问题，同时农村公共产品的供给比较平均，在"不患寡，而患不均"的传统思想影响下，人们对人民公社时期的部分社会生活至今怀念也就是可以理解的了。

另外，当时农村公共产品供给中也存在着失误。人民公社时期的农村公共产品供给决策是典型的"自上而下"的决策机制，即农村公共产品的供给决策是由上级政府作出的，而非农村公共产品的真正需求主体——农民作出的。这种决策机制产生的根源在于人民公社高度"政社合一"体制，"同政府和企业职能不分是传统的国营经济管理体制的一个根本弊端一样，政社不分，也是人民公社体制存在各种弊端的渊薮。因为它可以此为理由排斥一切以经济办法管理经济的可能性，为单纯用行政办法管理经济提供了制度根源。"[②] 在人民公社体制下，公社不仅控制了农民的生产，而且控制了农民的生活，农民只能服从公社的命令。并且，从权力产生的机制来看，公社一级的管理人员是国家干部和职工，他们是由上级任命的，而不是像合作化时期一样是由社员选举产生的，他们代表的是国家的利益，执行国家的政策和命令，这种权力产生机制使社员的意见无法影响公社干部的决策。当然，我们并不能说，在这样的决策机制下，农村公共产品的供给都是不符合农民们需求的，但这样的决策机制往往会偏离农民的需求，使农民的意愿得不到尊重，并且，这一机制不可避免地会导致农村公共产品供给中的失误，如柯庆施在 1962 年 6 月谈到华东地区水利建设的教训时，他就承认，1958 年以来，国家投资 22.8 亿元，修大型水

---

① 世界银行经济考察团：《中国：社会主义经济的发展》，中国财政经济出版社 1983 年版，第 65 页。
② 薄一波：《若干重大决策与事件的回顾》（下），中共中央党校出版社 1993 年版，第 948 页。

库 20 多座，中型水库 300 多座，小型水库 2000 多座，占用耕地 2600 多万亩，移民近 2400 多万人，已迁 237 万人，但不少工程不配套，现在还不能发挥经济效益。有些工程打乱了原来的排水体系，加重了内涝和盐碱化。我们花的钱不少，而事情却没有办好，有些甚至办坏了，许多钱被浪费了。[①] 再如 1958 年 10 月，湖南省衡山县委对水利建设提出"一月建百座、一冬建千座、三个月任务一个月完成"的口号，有 200 余处大、中、小型水库一齐动工，但真正建成受益的不足三分之一。作为大型水库兴建的东湖水库及其附属工程，纯属盲目施工，未成即毁，使县财政损失 49 万元，农民浪费劳动日 42 万个，2000 亩良田荒芜两载。11 月，继续动员大批劳力修筑公路之后，县委又从全县抽调 5 万农村劳力参加修筑京广复线路基。由于大批农业劳动力被抽走，秋、冬作物陷入无人管理状态，甚至大量已经成熟的粮食、油茶子也因无人收获而霉烂在地里。[②] 张厚安先生在反思新中国成立后的农村社会改革时也指出，虽然公社时期的水利工程"有很大一部分直至今天还起着非常重要的作用，但是也有很多工程属于瞎指挥，劳民伤财，是没有效益的。"[③]

本 章 小 结

人民公社时期的农村公共产品供给基本上都坚持了社队自力更生为主、国家支援为辅的原则，大多采取了社办公助的方式。这一时期的农村公共产

---

① 薄一波:《若干重大决策与事件的回顾》(下)，中共中央党校出版社 1993 年版，第 711—712 页。

② 于建嵘:《民主制度与中国乡土社会》，载华中师范大学中国农村问题研究中心:《中国农村研究》2001 年卷，中国社会科学出版社 2002 年版，第 325 页。

③ 张厚安:《社会主义中国农村走向何方？——建国后农村社会改革的实践与反思》，载华中师范大学中国农村问题研究中心:《中国农村研究》2004 年卷，中国社会科学出版社 2006 年版，第 31 页。

品供给体制延续了合作化时期刚刚形成的制度安排，即仍以制度外供给为主，农民是农村公共产品供给成本的主要分摊者。农民对农村公共产品制度外供给成本的分摊与人民公社的分配制度紧密相连，是通过提取公积金、公益金、管理费和通过工分补贴这两种方式实现的。

人民公社时期的农村公共产品供给取得了一定成绩，主要体现在农田水利基本建设、农村社会事业的发展和农业科技推广等方面，其中尤以前两个方面突出。在当时农村普遍贫困的情况下，农村公共产品的有效供给是实现农村社会稳定的重要因素。而人民公社时期的农村公共产品供给之所以能够取得这些成绩，原因就在于，在当时国家没有为农村提供基本公共产品的情况下，农民实现了农村公共产品的自我供给。而农民的自我供给之所以能够实现，关键是这一时期高度组织化的农民依靠集体经济的力量解决了个体农民不愿也无力解决的公共产品供给问题。同时，这一时期农民对农村公共产品供给成本的负担是相对隐性化的，这是农村公共产品制度外供给顺利实现的重要因素。

第三章 家庭承包制时期农村公共产品供给体制的发展与困境

第一节 家庭承包制的实施及其对农村公共产品供给的影响

一、家庭承包制的实施

在人民公社制度下，农业生产采取的是高度集中统一的管理方式，而分配上又存在严重的平均主义倾向，加上国家对集体经济的无偿调拨和摊派，这些都严重挫伤了农民的生产积极性。由于农户不能选择"退出"①，因而"偷懒"便成为农民"理性"的选择。所以，人民公社时期，农民在劳动生产中的"偷懒"行为普遍存在，从而导致劳动效率低下，农业生产发展缓慢，农民长期处于贫困状态。1957年农民家庭平均每人纯收入73

---

① 人民公社是一个封闭的组织，只准农民自愿加入，但不能自由退出。林毅夫认为，农业集体制的失败在于社员"退出权"的丧失。他认为，在集体生产中，成员的劳动积极性同劳动监督的准确程度和监督的难易程度密切相关，监督越准确、越密切，则成员的劳动积极性越高。而农业生产存在监督困难、监督的准确程度低、成本高的问题，因而在生产队中农民生产积极性的维持有赖于农民的自我监督，而自我监督的机制只有在入社自愿、退社自由时才有效。从1958年的人民公社化运动开始，农民的"退出权"丧失，集体中勤勉的劳动成员无法通过行使退出权遏制其他成员的偷懒行为，结果必然是农民劳动积极性下降。参见林毅夫:《制度、技术与中国农业发展》，三联书店上海分店1992年版，第16—38页。

元，1978 年才增加到 133.6 元，其中从集体分得的只有 88.5 元。21 年间每年平均增加 2.9 元，年递增率为 2.5%，扣除物价因素外，年均递增仅 1.4%。1976 年，全国农村人均口粮比 1957 年减少 4 斤。全国约有 1.4 亿农村人口处于半饥饿状态。①

表 3—1　1957 年至 1976 年部分年份粮食产量情况

（单位：亿斤）

年份	1957	1958	1959	1960	1961	1965	1966	1970	1971	1976
产量	3901	4000	3400	2870	2950	3891	4280	4799	5003	5726

数据来源：根据柳随年、吴群敢主编《"大跃进"和调整时期的国民经济》（1958—1965），黑龙江人民出版社 1984 年版，第 170 页和柳随年、吴群敢主编《"文化大革命"时期的国民经济》（1966—1976），黑龙江人民出版社 1986 年版，第 130 页整理而成。

1978 年，安徽、四川两省的部分农民群众开始试行包产到组、包产到户的农业生产责任制。其中，安徽省凤阳县梨园公社小岗村的分田到户，影响最大。在合作化前，小岗村有 34 户，175 人。1956 年，小岗村没有经过初级社便一步进入了高级社。从这以后，小岗村便一直走下坡路。到 1960 年，小岗村只剩下 10 户，39 人。在这期间，小岗村饿死 60 人，背井离乡 76 人。"文革"开始后，小岗村大搞阶级斗争，人与人之间关系紧张。从 1966 年到 1976 年，县、区、社、大队有 38 人次到小岗村搞过工作队、宣传队。全队 17 个男劳力，有 15 人先后当过队长、副队长；20 户人家户户都当过干部。阶级斗争的结果是人心斗散了，社员斗穷了，集体斗空了。1979 年，凤阳县推行大包干到组的生产责任制。开始，这个 20 户、115 人的生产队，划为 4 个作业组，搞不好，又划成 8 个组，还是搞不好。在这种情况下，社员不得不搞了"包产到户"。②

---

① 肖冬连：《崛起与徘徊》，河南人民出版社 1994 年版，第 22 页。

② 安徽凤阳县委政研室：《令人深思的小岗生产队——穷队实行大包干到户的变化》，载中国农村发展问题研究组编：《包产到户资料选》（二），内部资料 1981 年版，第 99—101 页。

这种因为包产到组无法推行而被迫采取的包产到户却意外使小岗村成为了全国包产到户制度的发源地。

1980 年 9 月，中央下发了 75 号文件，即《关于进一步加强和完善农业生产责任制的几个问题》，开始接受用包产到户的办法解决农业生产问题。1982 年 1 月 1 日，中共中央发出了中央一号文件，即《全国农村工作会议纪要》，正式肯定了土地的农民家庭承包经营制度。随着家庭联产承包责任制（简称家庭承包制）的实施，乡村治理模式也发生了相应的转变。1983 年 10 月，中共中央、国务院发出《关于实行政社分开建立乡政府的通知》，规定设立乡（镇）政府作为基层政权，同时普遍设立村民委员会作为群众性自治组织。到 1984 年底，全国基本上完成了撤社建乡工作。

农村改革后，农业生产得到迅速发展。这是因为，在家庭承包制下，土地的所有权虽归集体所有，但经营权归农户，一定程度上满足了农民"耕者有其田"的愿望。更重要的是，在这种制度下，农民的劳动与收益直接挂钩，农民获得了农业生产剩余的控制权，打破了原来分配上的平均主义，因而极大地调动了农民的劳动积极性。1978 年，中国粮食产量约为 3000 亿公斤。到 1984 年，粮食就增加到 4000 亿公斤。同时，农业总产值增长 68%，农民人均收入增长 166%。[①] 根据林毅夫的研究，1978—1984 年间，农作物总产值以不变价格计算，增加了 42.23%，其中大约有近一半（46.89%）来自家庭承包制所带来的劳动生产率的提高。[②]

二、农村公共产品供给水平下降：家庭承包制的影响

虽然家庭承包制的实施促进了农业生产的迅速发展，但在农村公共产品的供给方面，家庭承包制却没有体现出制度优势。家庭承包制实施后，农村

---

① 杜润生：《中国农村制度变迁》，四川人民出版社 2003 年版，第 274 页。

② 林毅夫：《制度、技术与中国农业发展》，三联书店上海分店 1992 年版，第 94 页。

公共产品的供给水平下降[①]，如农田水利基本建设，在本论著中，我们已多次提到直到现在使用的水利工程很多都是人民公社时期修建的，而家庭承包制实施后，很多水利设施由于无人管理而无法使用。再如人民公社时期基本普及的农村合作医疗制度也由于人民公社制度的解体而瓦解，农村合作医疗的覆盖率也由人民公社时期一度达到的90%下降到1989年的4.8%。[②] 原来依托人民公社制度建立起来的县、公社、生产大队、生产队四级农业技术推广体系也只保留下了县、乡两级。

其实，早在实行家庭联产承包责任制的初期，这一制度可能对农业生产和乡村社会治理带来的负面影响就已经初现端倪。1979年万里在安徽省肥西县山南公社考察时明确支持包产到户，但也对包产到户后有可能出现争水争肥、争耕牛和农具、吵闹打架、破坏公房、损害集体利益和集体经济的现象表示过担忧。并且，万里的担忧很快为迅速蔓延的包产到户的浪潮所证实。自春耕大忙季节开始后，随着农业生产日趋紧张，包产到户所带来的新矛盾、新问题在最早大范围兴起包产到户的肥西县日益突出，首先是"种田使死牛"现象屡屡出现。大忙季节，各家都想尽快完成所承包农田的活，使得仍属集体所有或几家共有的耕牛过度劳累，又得不到相应的草料照顾。6

---

① 对这一问题，林万龙有不同的认识，他认为在家庭承包制的初期，由于原有公共品供给制度的不适用，农村公共品供给水平有所下降；但是由于制度不均衡所造成的压力，随着时间的推移，公共品供给制度有可能发生了变迁，从而使得其供给水平有所上升。他通过对有效灌溉面积、发电能力、机耕面积、小学升学率、农村专业卫生技术人员、村医疗点这六个项目在1978年至1998年的数据变化分析，得出对大多数可以收集到系统统计数据的农村公共品项目而言，其供给水平在改革后并不是一直呈下降趋势的，有一部分项目的供给水平一直没有下降，而大部分则是有一个先降后升的趋势。他认为，并不是家庭承包制的实施带来了农村公共品供给方面的问题，问题的实质在于，由于家庭承包制的实施，原有的公共品供给制度不再适用了，问题的关键在于公共品供给制度而不在于家庭承包制。参见林万龙：《中国农村社区公共产品供给制度变迁研究》，中国财政经济出版社2003年版，第2页、第86—88页。

② 张元红：《农村公共卫生服务的供给与筹资》，载中国社会科学院农村发展研究所编：《聚焦"三农"》中国农村发展研究报告NO.5，社会科学文献出版社2006年版，第332页。

月份，山南公社插秧，使役过度累死 3 头牛。1979 年是肥西县包产到户大发展的一年，也是耕牛死后牛肉上市最多的一年。再就是社队集体经济受到威胁。山南公社的晒场旁大都有两三间窝棚，用来堆放粮食和农具，分队时却拆掉了。集体派工找不到人，甚至开会都成了问题。更为严重的是出现了因水闹事、大动干戈的民事纠纷。一位妇女因争水发生口角，眼看水田得不到灌溉而心急火燎，竟服剧毒农药抱恨身亡。①

肥西县出现的"种田使死牛"等现象实际上是家庭承包制后农村公共产品供给中"公地悲剧"的典型表现，即在一个信奉公地自由使用的社会里，每个人追求他自己的最佳利益，毁灭是所有的人趋之若鹜的目的地。②

那么导致家庭承包制后农村公共产品供给水平下降的原因是什么呢？主要原因有以下两个方面：

第一，国家财政对农业总投资的不足。国家用于农业农村基础设施建设的投资占国家基本建设总投资的比重一直明显偏低，2000 年国家农业基建投资占同期国民经济各行业基建投资的比重仅为 2.7%，2009 年中央财政在农业生产建设和农村社会事业建设方面共支出 5335.4 亿元，仅占中央财政总支出的 10.69%，远远滞后于农业农村发展的需要。③ 实际上，在 1978 年末开始改革的时候，政府本来决定以后各年将预算中用于农业的财政支出从当时的 13% 增长到 18%。但是，农业支出份额只增长了一年，1980 年以后由于农村改革成功地带动农业显著增长而急剧下降。④ 这一点，我们可以从 1978 年后国家用于农业的财政支出占国家财政总支出的份额清楚地看出，如下表所示：

---

① 徐勇：《包产到户沉浮录》，珠海出版社 1998 年版，第 266—267 页。

② ［美］埃莉诺·奥斯特罗姆：《公共事物的治理之道》，余逊达等译，上海三联书店 2000 年版，第 11 页。

③ 马晓河、刘振中：《"十二五"时期农业农村基础设施建设战略研究》，《农业经济问题》2011 年第 7 期。

④ 林毅夫：《再论制度、技术与中国农业发展》，北京大学出版社 2000 年版，第 316—317 页。

表 3—2　1978 年以来国家用于农业的支出占国家财政总支出比重表

年份	国家用于农业的财政支出（亿元）	用于农业的财政支出占国家财政总支出的比重（%）
1978	150.66	13.43
1980	149.95	12.20
1985	153.62	7.66
1989	265.94	9.42
1990	307.84	9.98
1991	347.57	10.26
1992	376.02	10.05
1993	440.45	9.49
1994	532.98	9.20
1995	574.93	8.43
1996	700.43	8.82
1997	766.39	8.30
1998	1154.76	10.69
1999	1085.76	8.23
2000	1231.54	7.75
2001	1456.73	7.71
2002	1580.76	7.17
2003	1754.45	7.12
2004	2357.89	8.28

注：1. 资料来源：国家统计局编：《中国统计年鉴 2005》，第 274 页。

2. 用于农业的支出包括：支农支出、农业基本建设支出、农业科技三项费用、农村救济费。

3. 从 1998 年起，"农业基本建设支出"包含增发国债安排的支出。

由上表可以得出，家庭承包制后，国家财政对农业的总投资比重不断下降，这是改革后农村公共产品供给水平下降的一个重要原因。再以社会固定资产投资比重来看，农村固定资产投资比重也处于不断下降的趋势，城乡之间的差距也是非常明显的。

表3—3　按城乡分全社会固定资产投资

（单位：亿元）

年份	全社会投资	城镇	农村	农村所占比重（%）
1995	20019.3	15643.7	4375.6	21.86
1996	22913.5	17567.2	5346.3	23.33
1997	24941.1	19194.2	5746.9	23.04
1998	28406.2	22491.4	5914.8	20.82
1999	29854.7	23732.0	6122.7	20.51
2000	32917.7	26221.8	6695.9	20.34
2001	37213.5	30001.2	7212.3	19.38
2002	43499.9	35488.8	8011.1	18.42
2003	55566.6	45811.7	9754.9	17.56
2004	70477.4	59028.2	11449.3	16.25
2005	88773.6	75095.1	13678.5	15.41
2006	109998.2	93368.7	16629.5	15.12
2007	137323.9	117464.5	19859.5	14.46
2008	172828.4	148738.3	24090.1	13.94
2009	224598.8	193920.4	30678.4	13.66

资料来源：国家统计局编：《中国统计年鉴2010》，中国统计出版社2010年版，第154页。其中农村所占比重为作者计算得出。

　　第二，农村集体经济的解体。导致家庭承包制实施后农村公共产品供给下降的原因除了国家财政资金用于农业的支出比重不断下降外，另一个重要原因就是实施家庭承包制后农村集体经济的解体。在这里，我们所讨论的家庭承包制后农村公共产品供给的"不足"，是与人民公社时期农村公共产品供给的"足"相比较而言的。那么人民公社时期农村公共产品供给为什么"足"呢？虽然人民公社时期国家用于农业支出的财政资金比例较高，但其绝对数额是很低的。由此我们可以说，国家财政资金用于农业支出的比例较高只是人民公社时期农村公共产品供给"足"的部分原因。而更重要的原因在于，依托于人民公社高度政社合一的组织体系建立起来的农村公共产品供给体制，在这一体制下，人民公社把农村有限的资源统一使用。正是这一体制保证了在当时国家财政资金投入有限、农村普遍贫困的情况下，农村公共产品供给能够满足农业生产和农民生活的基本需要。换句话说，人民公社时期农村公共产品供给之所以"足"，其中的主要原因就是依靠了集体经济的力量。

实际上，亚里士多德早就注意到，"凡是属于最多数人的公共事物常常是最少受人照顾的事物，人们关心自己的东西，而忽视公共的事物。"① 在人民公社中，公社通过土地的集体经营把分散的个体农民组织在公社——生产大队——生产队——农户这一体系当中。公社、生产大队和生产队不仅是政权组织，而且是经济组织。在这样的组织体系中，农民必须为了集体利益行事。而在 1978 年农村改革之后，国家权力在农村不断退出，国家政权保留在乡（镇）一级，而村民委员会成为了群众性自治组织，原来高度组织化的农民重归分散状态。由于集体经济瓦解，因而乡村集体对农民生产、生活的控制能力大大削弱，农民不再依靠集体生活，奥尔森所讲的"强制的或某些特殊手段"已不复存在，因而，也就无法使个人为了集体利益行事，农村的公共事业基本上处于无人管理的状态，水利失修、公共卫生状况退化等成为普遍现象。如徐勇考察的四川省的 A 村，经济改革前便十分贫穷，经济改革时又将为数不多的集体资产全部分到农户，成为没有集体经济收入的"空壳村"。由于农民尚未完全摆脱贫困，村集体更无经济收入，使村组织无法组织修建水利工程。村里的沟渠都是人民公社时期遗留下来的，年久失修，已难以发挥作用。农业生产只能完全依靠天气，一遇天旱，村民便束手无策，因而长期无法走出贫困。② 改革后的乡政府和村集体在提取农村资金、调动劳动力方面的能力和效率都大不如人民公社时期。由于家庭成为基本生产单位和分配单位，因而与集体分配制度紧密相连的人民公社时期的农村公共产品供给体制就不再适用，最终使原来较为有效的农村公共产品供给体制瓦解。

---

① ［美］埃莉诺·奥斯特罗姆：《公共事物的治理之道》，余逊达等译，上海三联书店 2000 年版，第 11 页。

② 徐勇：《中国农村村民自治》，华中师范大学出版社 1997 年版，第 262 页。

总之，人民公社时期，虽然国家对农村公共产品的供给有限，但组织起来的农民依靠自己的力量实现了公共产品的自我供给。家庭承包制后，国家对农村公共产品的供给依然有限，但由于集体经济瓦解，分散经营的个体农民无力承担公共产品供给的重担。这样，家庭承包制后农村公共产品供给水平下降就是必然的了。

第二节 乡镇制度外财政、农民负担与制度外供给的持续

家庭承包制时期，农村公共产品供给仍以制度外供给为主。与人民公社时期相比，家庭承包制时期农村公共产品的制度外供给在具体筹资方式上发生了一些变化，即由原来的通过集体经济提取公积金、公益金和管理费变为直接向农民收取"三提五统"、集资、摊派等，原来的工分制也被废除。因而，与人民公社时期相比，家庭承包制时期农民对农村公共产品供给成本的分摊显性化，农民能够确切知道自己对公共产品供给成本的分摊数额，在成本分摊的方式上也更为直接。这一时期，农村公共产品的制度外筹资的具体体现就是乡镇制度外财政的膨胀与农民负担的加重。

一、乡镇制度外财政的膨胀

经济改革后，面对较大的财政压力，中央政府不断减轻自己的支出责任，甩公共支出的包袱，让地方政府负担更大的支出责任。以教育体制为例，1980年以后，教育财政体制进行改革，改革主要有两个方面：一是把发展基础教育的责任交给地方，有步骤地实行九年制义务教育；二是多渠道、多方面筹集教育经费，出现了新的筹资机制。农村基础教育基本上由县、乡完成，采取"两级管理、三级办学"的教育管理模式；省、市级教育财政把大部分经费花在中等或高等教育上；中央财政的拨款主要负担由中央各部门

兴办的教育机构的预算内拨款，同时对落后地区教育给予一定的资助，以平衡教育发展的地区间差别。[①] 中央政府减轻自身支出责任的结果，就是地方政府支出责任的增加和财政压力的增大。

1983 年中共中央、国务院发出的《关于实行政社分开建立乡政府的通知》提出了建立乡一级财政的要求。到 20 世纪 90 年代，尤其是分税制改革前，全国各地一般都形成了"核定基础、定收定支、收支挂钩、定额上交或定额补贴、超收分成、一定三年"的乡镇财政管理体制。这一管理体制虽然在制度设计上想调动乡镇抓经济建设、增加财政收入的积极性，但从执行结果看，存在很多弊端，总的来说，恰恰就是在实践中难以调动乡镇政府增加财政收入的积极性。[②]

随着经济的发展，我国财政体制所积存的各种矛盾不断加深，从而产生了应付这些矛盾的新的财政形式——制度外财政。"制度外财政"一词是由孙潭镇、朱钢较早提出来的。根据他们的观点，制度内财政是指在现行管理体制下的预算内财政和预算外财政。制度外财政是指乡镇制度以各种形式筹集的自筹资金以及由此发生的政府支出。[③] 乡镇制度外财政收入的来源主要包括：（1）乡镇企业上缴利润、管理费。（2）乡镇统筹资金。（3）各种集资、捐款收入。（4）各种罚没收入。[④] 除了乡镇企业上缴利润、管理费外，乡镇制度外财政主要来自于农民，其主要项目包括：

（1）"三提五统"。"三提五统"是三项村提留和五项乡统筹的简称。根据 1991 年 12 月国务院发布的《农民承担费用和劳务管理条例》，三项提留是指村级组织向农民收取的公积金、公益金和管理费。其中，公积

---

① 刘云龙：《民主机制与民主财政》，中国城市出版社 2001 年版，第 280 页。

② 参见陈锡文主编：《中国农村公共财政制度》，中国发展出版社 2005 年版，第 58—60 页。

③ 预算外财政收入与制度外财政收入不同，乡镇政府的预算外来源，主要以各种附加税为主。参见陈锡文：《中国农村公共财政制度》，中国发展出版社 2005 年版，第 65 页。

④ 孙潭镇、朱钢：《我国乡镇制度外财政分析》，《经济研究》1993 年第 9 期。

金用于农田水利基本建设、植树造林、购置生产性固定资产和兴办集体企业；公益金用于五保户的供养和特别困难户的补助、合作医疗保健以及其他集体福利事业；管理费用于村干部报酬和管理开支。五项统筹则是指乡政府向农民征收的用于乡村两级办学、计划生育、优抚、民兵训练、修建乡村道路等民办公助事业的费用。在农村"税费"中，"三提五统"属于"费"的范畴，其主要用途是保证农村公共产品的供给以及基层政权组织的正常运转。按照国家规定，"三提五统"的收取数量不能超过上年度农民人均纯收入的5%。《农民承担费用和劳务管理条例》还规定农民必须承担"两工"，即每个劳动力每年承担 5 个至 10 个义务工和 10 个至 20 个劳动积累工。这种农村提留统筹制度，从根本上说，仍然对应于人民公社制度"三级所有、队为基础"的框架和以农业为主的经济结构。按照《农民承担费用和劳务管理条例》的提法，村提留、乡统筹费属于集体资金。这意味着，存在乡村两级集体。因此，从逻辑上看，这个条例并没有真正承认废除人民公社制度的现实，充其量只是把过去人民公社制度的"三级所有、队为基础"，变成了"三级所有、户为基础"的收益分配方式，导致了一些过时不合理的事情合法化。从运行看，它扰乱了农村公共分配关系，与废除人民公社制度的现实相矛盾。它人为地增加了农村产权关系的模糊，导致了税、费等关系的紊乱，为侵害农民利益、增加农民负担提供了可能。①

（2）各种集资、捐款和罚没。前几年农村曾流传"头税轻，二税重，三税是个无底洞"的说法，头税指的是农业税等国家税收，二税指的是"三提五统"，而三税指的就是各种集资、摊派等，从农村流传的这一说法可以看出对农民的集资、摊派问题十分严重。根据农村税费改革前一年调查资料分析，农民一年缴纳的各项税费合计平均每人 195 元，其中税

---

① 马晓河主编:《我国农村税费改革研究》，中国计划出版社 2002 年版，第 17 页。

收负担只有 46 元，仅占农民负担总额的 23.66%，而其他税外负担为 149 元，所占比重高达 76.34%。来自财政部全国农村税费改革办公室的统计，1997—2001 年各年农村税费规模分别为 1225 亿元、1407 亿元、1304 亿元、1315 亿元、1199 亿元，其中农业税占整个税费总规模的比重约为 25% 左右；"三提五统"约占 50% 左右；其余为各种社会负担。① 一些地方巧立名目向农民乱收费、乱集资、乱罚款，收费项目少则几十个，多则百余项。还有一些地方运用司法手段收费，强迫农民借款、贷款交税费、集资。有的地方结婚登记搭车收费达 600 多元。道路、水利、办电等违反规定的集资年年增加。一个中等村的报刊摊派额都在 3000—4000 元，个别的高达 8000—13000 元。②

在这其中，对农民的各种集资问题尤为突出。根据《农民承担费用和劳务管理条例》规定，向农民集资，必须在法律、法规和国务院有关政策允许的范围内进行，并遵循自愿、适度、出资者受益、资金定向使用的原则。集资项目的设置和范围的确定，须经省、自治区、直辖市以上人民政府计划主管部门会同财政主管部门、农民负担监督管理部门批准，重要项目须经国务院或者省、自治区、直辖市人民政府批准。但实际上，这些规定对于基层政府和村集体几乎没有任何约束作用。集资的项目、集资的标准基本上完全由基层政府和村集体单方决定，并且，这些集资很难说有哪一项是建立在农民"自愿"基础上的。因而，集资成为农民负担的一个重要组成部分，同时也成为地方财政的重要来源。如在湖北省襄阳县，1990—2000 年期间农村教育集资占到全县教育经费的 20.8%，特别是 1994—1997 年"普九"期间，教育集资数额巨大，教育集资额分别占到同期全县教育经费的 26.1%、46.5%、33.8%、31.8%。按照政策规定，农村教育集资应用于农村新建、扩建校舍和学校危房改造。但从调查

---

① 沙安文、乔宝云主编：《政府间财政关系》，人民出版社 2006 年版，第 254—255 页。
② 马晓河主编：《我国农村税费改革研究》，中国计划出版社 2002 年版，第 6 页。

情况看，教育集资相当一部分也被用于发放教师工资。① 这是知道使用情况的集资，还有一些集资，农民则根本不知道是如何使用的。

案例：集资未修路巨款流何处

公路通，百业兴。前些年，笔者所在的萧县酒店乡，和各地一样，大兴集资修路热。自1996年当地农村第二轮土地承包起，到2000年税费改革止，酒店乡每年在乡统筹中向农民集资人均20元，用于修建乡村道路。四年间，全乡共集资修路专款约400万元。

然而，三年过去了，至今道路未修。该乡西南部的八九个行政村，道路依旧是晴天尘土飞扬，雨天泥水四溅。税改前的1999年下半年，王老家、潘暗楼、何寨、程庄村，曾对路基进行过修整，准备修建油路，由乡统一规划，按序进行。但是，三年匆匆过去，道路依旧如故。据乡村一些干部透露，乡里无钱，修路困难，被迫搁浅。也许这是事实，如果有钱，乡里不会不修；如果有钱，教师工资前些年不会一拖再拖；如果有钱，优抚对象款不会不兑现。那么，既未专用，亦未挪用，前述集资修路巨款哪去了？

巨款不翼而飞，搅得乡民犯疑。钱哪去了？是仙人盗走了吗？看来只有由有关部门去解疑团了。

资料来源：《中国改革·农村版》2003年第5期，第60页。

通过以上分析我们可以看出，"三提五统"、"两工"以及各种集资摊派，实质上是由农民分摊农村公共产品供给的成本。同时，"三提五统"、各种集资等成为乡镇制度外财政的主要来源。而乡镇制度外财政实际上是国家为了解决乡镇政府财政困难而进行的制度设计，其体现就是《农民承担费用和劳务管理条例》。从产生的根源讲，乡镇制度外财政的产生不应归咎于乡镇政府。但是，乡镇政府却应为制度外财政的迅速膨胀负责任。

① 陈锡文主编：《中国农村公共财政制度》，中国发展出版社2005年版，第211页。

　　由于现行财政管理体制造成了乡镇预算内财政收入不足，并且，因为制度外财政资金的收取与支出使用不纳入国家财政收支系统，而完全由乡镇政府掌握，因而，乡镇政府在扩大制度外财政方面表现出极高的热情和积极性，导致制度外财政迅速膨胀，成为乡镇政府财政收入的重要组成部分。根据樊纲在 1994 年对 5 个省若干乡镇的调查，乡镇一级的非规范收入，占公共收入总和的 42% 至 92% 不等，乡镇一级总公共支出中，非规范收入相当于预算内收入的 75% 至 900% 不等。总的来说数量相当可观。[①] 下表为1996—2000 年全国乡镇自筹和统筹资金的发展情况：

表 3—4　1996—2000 年全国乡镇自筹和统筹资金情况

年份	乡镇财政总收入（亿元）	乡镇自筹、统筹（亿元）	自筹、统筹占乡镇财政总收入比重（%）
1996	802.00	272.90	34.03
1998	869.90	337.31	38.78
1999	969.80	358.86	37.00
2000	1026.65	403.34	39.29

资料来源：1996、1998、1999 的数据来自《中国财政年鉴 2000》，2000 年的乡镇财政总收入来自《中国财政年鉴 2001》，2000 年的乡镇自筹、统筹收入来自《中国财政年鉴 2002》。中国财政杂志社 2000 年版，第 435 页。转引自陈永正、陈家泽：《论中国乡级财政》，《中国农村观察》2004 年第 5 期。

二、农民负担的加重与农村税费改革的实施

（一）农民负担的加重

　　乡镇制度外财政的迅速膨胀，导致的直接后果就是农民负担的不断加

---

① 樊纲将地方政府的各种自筹资金，称为"非规范收入"，包括各种集资、摊派、收费、配套费、捐款、借款等收入。这些收入既有从个人征集的，也有从企业征集的，基本上用于公共开支。实际上，他的"非规范收入"与孙潭镇、朱钢的"制度外财政"所包括的范围是相同的。参见樊纲：《规范"非规范公共收入"与深化财政体制改革》，《经济工作导刊》1995 年第 9 期。

重。[①]1990 年以后，农民负担快速增长。据农业部农村合作经济统计资料计算，1994—1997 年年均农民人均纯收入是 1993 年的 1.91 倍，而农民直接负担的国家税金 1994—1997 年的年均数却是 1993 年的 2.41 倍，其中农业特产税是 2.99 倍。而农民直接负担的行政事业性收费、罚款、集资摊派等社会性负担，1994—1997 年的年均数也是 1993 年的 2 倍以上，尤其是集资摊派达到 3.38 倍。[②] 根据于建嵘 2003 年的研究，我国农民全年总负担约为 1400 亿元，其中缴纳各种税费为 1143 亿元，以资代劳款为 80 亿元，乱收费为 200 亿元。许多地方农民负担占到人均纯收入的 10% 以上，个别地方甚至达到 20% 左右，大大超过了中央规定的 5% 以内的标准。[③]

表 3—5　1994—1999 年农民若干主要负担情况

项目 \ 年份		1994	1995	1996	1997	1999
农业各税	总额（亿元）	231.49	278.09	369.46	397.48	423.50
	人均（元）	25.3	30.3	40.2	43.4	45.9
提留统筹	总额（亿元）	365.8	487.0	605.9	645.5	602.0
	人均（元）	40.0	53.2	65.9	70.5	65.3
社会负担	总额（亿元）	70.5	114.9	131.2	134.9	256.0
	人均（元）	7.7	12.6	14.3	14.7	27.8
劳动积累工和义务工	总额（亿个）	71.1	68.1	105.7	81.7	84.4
	劳均（个）	16.4	15.5	23.7	18.2	18.0

注：在本表中，农业各税包括农业税、牧业税、耕地占用税、农业特产税和契税。社会

[①]　根据陶勇的研究，狭义的农民负担是指农民为实现农村公共产品的供给而承担的供给成本，它是与农民有关的公共产品的分摊，包括农民按照法律、法规所承担的农业税收、"三提五统"、劳务（义务工和劳动积累工）以及对农民的乱收费、乱摊派、乱集资和乱罚款。广义的农民负担则是指农民向社会提供的一切经济和劳务的支出，除了狭义的农民负担所包括的内容外，还包括价格剪刀差、对农民土地经营权的侵害等所造成的农民负担。参见陶勇：《农村公共产品供给与农民负担》，上海财经大学出版社 2005 年版，第 12—13 页。在本文，农民负担指的是狭义的农民负担。

[②]　朱守银：《农村基层制度创新与税费体制改革问题研究》，《经济研究参考》1999 年第 88 期。

[③]　于建嵘：《我国现阶段农村群体性事件的主要原因》，《中国农村经济》2003 年第 6 期。

负担包括集资、行政事业性收费和罚没款等。

资料来源：马晓河：《我国农村税费改革研究》，中国计划出版社 2002 年版，第 3 页。

以上是从国家整体上对农民负担情况的分析。从单个农民家庭来看，负担也是非常沉重的。如湖北监利县新沟镇农民朱建华，他家有 4.9 亩责任田，1998 年因为发洪水收成不好，家里收入 1300 多元，而上交的各项费用就达到 1277 元；2000 年，家庭总收入不到 6000 元，上交各项费用达到 1514 元，占了家庭收入的 1/4。[①]

需要指出的是，除了各种税费、集资等负担外，为了完成农村税费、集资等任务所需要的成本也是农民负担增加的重要原因。在我国农村，税费征收成本是非常高昂的。如根据徐勇的调查，乡镇政府下达的任务增多，这些增多的任务都需要村干部完成，势必增加村级公共管理的成本。如四川的 A 村，为了催交税费，专门成立了由多人组成的催收队。这些人从事催收工作，必然要求获取报酬。而这笔开支只能由村支付。该村是一个无任何集体经济实力的"空壳村"，这笔开支最终还是转嫁给农民。这样就形成了"养人收费、收费养人"的恶性循环。[②] 再比如 1996 年，安徽省涡阳县耿皇乡为征收农业特产税，乡经管站、财政所组织 19 人下村，严格按照国家规定实行依率计征。他们跟踪农林特产品的生产、销售过程达 2 个多月，认真进行成本、收入核算，最后征收了 4 万元的农业特产税。但这些人下乡的用品、工资、补助、误餐等费用开支达 3.98 万元，征税成本基本与征收税额相同。[③]

农民负担不断加重，造成了严重的社会后果。

第一，直接导致了农民与基层政权组织的矛盾加重。一些地区发生的事件影响了社会的稳定，农民负担过重成为农村群体性突发事件的最为重要原

①　据 2007 年 10 月 14 日中央电视台新闻联播。

②　徐勇：《中国农村村民自治》，华中师范大学出版社 1997 年版，第 265 页。

③　马晓河主编：《我国农村税费改革研究》，中国计划出版社 2002 年版，第 66 页。

因。① 同时，农民负担重与由此导致的农村各种社会事件造成了党的执政合法性资源的流失。因而，农民负担问题成为了我们国家的政治问题，而解决农民负担问题也成为我们国家的重大政治任务。

第二，制约了农民收入的增加。1978—1984 年间，农民收入高速增长，农民实际收入年均增长率达到 16.5%；1985—1988 年间，农民收入在波动中进入稳定增长阶段，年均增长率为 4.9%；1989—1991 年间，农民收入增长趋于减缓，年均增长率为 1.9%；1992—1997 年间，农民收入整体上再次趋于稳定快速增长，年均增长率回复到 5.4%。② 但自 1997 年至 2000 年，农民收入增幅连续呈下降趋势。农民人均纯收入实际增幅为 4.6%、4.3%、3.8%、2%。这些平均数字里面包括了"高收入户"的独特贡献，在平均数字的背后，实际上很难有数据表明大多数农民的收入是增加的。③

第三，造成了城乡居民收入差距不断扩大。农民负担过重制约了农民收入增加，而农民增收困难又成为城乡居民收入差距不断扩大的重要因素。按当年价格计算，城镇居民家庭人均可支配收入与农村居民家庭的人均纯收入之比，1978 年至 1984 年是逐年下降的。而自 1985 年之后，城乡居民收入差距不断扩大，2007、2008、2009 年的差距分别为 3.33：1、3.31：1、3.33：1。2010 年有了下降趋势，为 3.23：1，差距仍较大。这还不包括城镇居民享有的医疗、教育、社会保障等补贴，如果把这些计算在内，则城乡差距还要大。并且，城乡居民收入差距仍呈扩大之势。而如果这一趋势得不到有效措施遏制的话，那么到 2020 年，城乡收入差距有可能达到 4：1。④ 如此大的城乡差距，按照国际标准衡量是少见的，1998 年世界银行的一份报告指出：

① 于建嵘：《我国农村群体性突发事件研究》，《山东科技大学学报》（社会科学版）2002 年第 4 期。
② 《农民增收潜力何在》，《人民日报》1998 年 12 月 9 日第 2 版。
③ 孙立平：《现代化与社会转型》，北京大学出版社 2005 年版，第 246 页。
④ 《今年城乡收入差距或达 3.3：1 将是历史最高值》，2005 年 12 月 1 日，见 http://news.xinhuanet.com/fortune/2005-12/01/content.3860362.html。

"36 个国家的数据表明，城乡之间收入比率超过 2 的极为罕见；在绝大多数国家，农村收入为城市收入的 2/3 或更多一些。"[①] 中国的城乡差距已经远远超出了这一标准。

表 3—6　城镇居民家庭人均可支配收入与农村居民家庭人均纯收入之比

年份	城镇居民家庭人均可支配收入（元）	农村居民家庭人均纯收入（元）	城乡居民收入之比
1978	343.4	133.6	2.57：1
1980	477.6	191.3	2.50：1
1985	739.1	397.6	1.86：1
1990	1510.2	686.3	2.20：1
1995	4283.0	1577.7	2.71：1
2000	6280.0	2253.4	2.79：1
2001	6859.6	2366.4	2.90：1
2002	7702.8	2475.6	3.11：1
2003	8472.2	2622.2	3.23：1
2004	9421.6	2936.4	3.21：1
2005	10493.0	3254.9	3.22：1
2006	11759.0	3587.0	3.28：1
2007	13786.0	4140.0	3.33：1
2008	15781.0	4761.0	3.31：1
2009	17175.0	5153.0	3.33：1
2010	19109.0	5919.0	3.23：1

资料来源：1978 年至 2005 年数据来自国家统计局编：《中国统计年鉴 2006》，第 347 页。2006 年至 2009 年数据来自温家宝总理 2007 至 2010 年在全国人民代表大会上所作政府工作报告。2010 年数据来自国家统计局编：《2010 年国民经济和社会发展统计公报》。

正因为农民负担的不断加重导致了较为严重的经济和社会问题，因而，自 2000 年开始，我国进行了以减轻农民负担为目的的农村税费改革工作。

（二）农村税费改革的实施

---

① 参见李成贵：《国家、利益集团与"三农"困境》，载中国社会科学院农村发展研究所编：《聚焦"三农"》中国农村发展研究报告 NO.5，社会科学文献出版社 2006 年版，第 23 页。

在安徽农村税费改革试点前，自 1993 年至 2000 年，我国已大约有 7 个省 50 多个县，进行了旨在减轻农民负担的农村税费改革试点。① 这些改革试点，虽然基本上是以地方政府为主进行的，没有上升到国家制度的层面，但为农村税费制度改革的进一步深化，提供了有益的经验和启示。

2000 年 3 月，中共中央［2000］7 号文件《中共中央、国务院关于进行农村税费改革试点工作的通知》确定在安徽省以省为单位进行农村税费改革试点，其他省、自治区、直辖市可根据实际情况选择少数县（市）试点，农村税费改革由此进入中央指导试点阶段。安徽省农村税费改革的主要内容为"三个取消、两个调整、一项改革"。"三个取消"为取消乡统筹费、取消农村教育集资等专门面向农民征收的行政事业性收费和政府性基金、集资，取消屠宰税，并且逐步取消统一规定的劳动积累工和义务工。"两个调整"为调整农业税政策和调整农业特产税政策。"一项改革"为改革村提留征收使用办法。

由于在试点中出现了一些矛盾和问题，2001 年 4 月，国务院办公厅下发了《关于 2001 年农村税费改革试点工作有关问题的通知》，指示暂停扩大农村税费改革试点。经过进一步的研究和对改革方案的完善，2002 年 3 月，国务院重新恢复了农村税费改革试点并进一步扩大了试点范围，新增山东、内蒙古、河北、四川、重庆、宁夏等 16 个省（自治区、直辖市）纳入农村税费改革试点。加上自费进行改革的上海、浙江和以前试点的安徽、江苏，全国进行税费改革的省（自治区、直辖市）达到 20 个。2003 年，改革试点工作在全国范围内全面铺开。2004 年 3 月，在全国人大二次会议上，温家宝总理宣布"取消农业特产税，五年内取消农业税"。到 2005 年 12 月，全

---

① 在这些试点中，比较典型的方式主要有以下三大类：第一类为农村税费征收改革试验，如河北正定县、安徽太和县的改革。第二类为"费改税"式改革，如湖南武冈市的改革。第三类为"土地综合负担大包干"，如湖北省枣阳市杨垱镇的改革。参见马晓河主编：《我国农村税费改革研究》，中国计划出版社 2002 年版，第 41—42 页。

国除了河北、山东、云南外，有28个省（自治区、直辖市）免征了农业税，全国剩下的农业税及其附加只有约15亿元，只占全国财政总收入3万亿元的0.05%。[①] 农业税在国家财政收入中的地位已经微不足道。

2005年12月29日，十届全国人大常委会第十九次会议决定，1958年6月3日通过的《农业税条例》自2006年1月1日起废止，原定五年取消农业税，事实上提前三年完成了。至此，延续2600多年的农业税正式退出了历史舞台。农村税费改革取得了重大历史性成效。

农村税费改革特别是农业税的取消大大减轻了农民负担，这对于增加农民收入具有直接作用。但是，农业税的取消同时影响了农村公共产品供给，它加剧了农村公共产品供给的困境。对此，我们将在本章第三节加以论述。

三、制度外供给的持续：路径依赖的原因分析

通过上文的分析，我们可以看出，在家庭承包制时期，农民仍然是农村公共产品供给成本的主要分摊者。也就是说，从合作化到人民公社，再到家庭承包制，虽然我国的农业生产经营制度发生了很大变化，但农村公共产品的制度外供给这一特征一直没有改变，农民一直是农村公共产品供给成本的主要分摊者，这就形成了农村公共产品供给体制变迁中的路径依赖。

新制度经济学认为，在制度变迁的过程中，存在着路径依赖（path-dependence）现象，即初始的制度安排会影响到以后的制度选择，也就是"历史在起作用"。[②] 具体到农村公共产品供给体制的变迁来说，在农业生产经营上，合作化时期是农民个体经营向集体经营转化的时期。人民公社时期则是完全的集体生产经营时期。家庭承包制实施后，我国的农业生产经营则重新由集体经营转化为农民个体经营。随着农业生产经营方式由集体经营向个

---

① 邹声文等:《农民即将彻底告别农业税 国家财政已作相应安排》，2005年12月24日，见 http://www.gov.cn/jrzg/2005-12/24/content_136385.htm。

② 程恩富、胡乐明:《新制度主义经济学》，经济日报出版社2005年版，第203页。

体经营的转变，农村公共产品供给体制虽然也发生了一些变化，如制度外供给的成本分摊方式由原来的直接从集体收入中扣除和通过"工分"分摊，转变为通过"三提五统"、集资摊派等直接向农民收取，但农村公共产品制度外供给这一特征却没有实质性的改变。

对于形成这一路径依赖的原因，王小宁在其研究中，曾分析了制度外供给这种制度选择对于中央政府、乡镇政府以及农民带来的持续的收益。[①] 但仅从成本—收益的角度进行分析是不够的。并且，制度外供给并没有给农民带来多少收益，反而使农民负担加重。林万龙在研究中指出，家庭承包制取代人民公社制属于宪法秩序的变迁，宪法秩序这一根本制度的变迁必然引发相应的制度安排的变迁，对此他作了论证。对于农村公共产品供给体制变迁中形成路径依赖的原因，他认为在于两个因素，一是新制度设计成本的存在。第二个更本质的原因在于利益因素。但林万龙没有"打算对路径依赖产生的原因作更为深入、细致的分析。"[②] 而对这一问题的分析又是十分重要的。因为，只有分析清楚制约农村公共产品供给体制变迁的因素，我们才能更好地解决当前农村公共产品供给中的问题。那么在农村公共产品供给体制的变迁中，导致路径依赖的原因是什么呢？笔者认为有以下几个方面：

（一）传统发展战略的影响是形成路径依赖的直接原因

在前文我们已经论述了，自"一五"计划开始到改革开放前，我们国家一直采取的是重工业优先发展战略。在这种发展战略下，国家财政资金主要用于工业和城市的发展。十一届三中全会后，我国虽然改变了重工业优先发展战略，但这一战略的影响依然存在，就如林毅夫所指出的，虽然随着信息、高科技产业的发展，重工业不再是先进产业，重工业优先发展的战略也

---

① 　王小宁：《农村公共物品供给制度变迁中的路径依赖与创新》，《中国行政管理》2005 年第 7 期。

② 　林万龙：《中国农村社区公共产品供给制度变迁研究》，中国财政经济出版社 2003 年版，第 130 页。

没人再提，但是其变体还深植人心。[1] 蔡昉也认为，传统发展战略，并没有完全从目前的经济体制中消失。[2] 在实现国家现代化的过程中，我国的经济发展长期以来一直是以工业化和城市化为中心的。1978 年后，农村实行改革，家庭承包制的实施带来了粮食产量的快速增长，1984 年粮食获得了大丰收。改革在农村的成功，使我们国家的改革重心在 1985 年便立即转移到了城市。在我国改革的重心由农村转移到城市以后，我国经济发展的重点就明确地放到了城市和工业上，而农业和农村的发展被忽视。虽然多年来党和政府一直强调农业的基础地位，但在农村税费改革前，对农业的重视更多的只是停留在政策层面和文本中，而在实践中并没有得到多少真正落实。并且，国家财政政策在城乡之间的差别，不仅没有缩小，而且还有进一步加大的趋势，如 2000—2003 年，村镇人均公用设施投资分别为 36 元、42 元、68 元和 67 元，同期城市人均公用设施投资分别为 487 元、658 元、887 元和 1320 元，公用设施投资的城乡差距从 13.5∶1 扩大到 19.7∶1。[3]

　　以工业化和城市化为中心的发展战略不仅影响了中央政府的投资偏向，而且影响了地方政府。地方政府由于追求经济增长和财政收入的扩大，因而其财政支出和公共产品供给的重点往往也是城市和工业。对于处在地方政府末端的乡镇政府来说，同样把财政资金主要用于工业项目，因为在"撤社建乡"完成之后，国家出台了一系列"分权让利"趋向很强的改革措施和"分灶吃饭"的财政包干政策，在各级政府和部门之间形成了明确的利益关系。相比于农业，工业能够更快地推动地方经济的发展，能够提供更多的税收和产值，于是，数万个具有独立利益和增收欲望的乡镇政府都有追求地方工业化和现代化的强烈要求。这就导致了虽然我国已处于工业化的中期阶段，具备了工业反哺农业的条件，但农村从城市不但得不到反哺，反而仍处于资金

---

① 林毅夫：《发展战略与经济发展》，北京大学出版社 2004 年版，第 179 页。
② 蔡昉：《城乡收入差距的政治经济学》，《中国社会科学》2000 年第 4 期。
③ 张文成：《建设中国特色的社会主义新农村》，《小城镇建设》2005 年第 11 期。

净流出的地位，每年各种途径净流出几千亿元，继续向城市输血。① 值得注意的是，在农村税费改革特别是农业税免征后，基层政府从农业中基本上已无法获得财政收入，因而，基层政府对于发展工业比发展农业有着更强的内在动力。

因而，在传统的发展战略影响之下，城乡二元的公共产品供给结构不可能得到改变，对农村财政投入的不足只能靠制度外财政来弥补。

（二）既得利益的存在是形成路径依赖的根本原因

新制度经济学认为，制度变迁之所以出现路径依赖，主要原因就在于初始的制度选择造成了一种既得利益格局。对于城乡二元的公共产品供给结构和农村公共产品的制度外供给来讲，政府（包括中央政府和地方基层政府）、城市居民都是既得利益者。

首先，来看政府利益。第一，对中央政府来讲，农村公共产品的制度外供给对于中央政府是有利的，这种体制可以节省中央政府的财政资金，而将资金用于更能迅速推动经济发展的工业和城市。因此，基于国家利益的考虑，政府进行制度创新的动力不足。第二，对于地方政府特别是乡镇政府来讲，由于制度内财政不足，乡镇政府官员面对来自上级的政绩考核和自身生存的双重压力，必须不断扩大制度外财政收入。而这种制度外财政收入由于不进入国家财政收支系统而完全由乡镇政府掌握，因而国家对这部分资金的使用是无法管理和监督的。正因如此，乡镇政府不断积极地扩大制度外财政收入。

需要指出的是，人们在谈到政府利益时，往往针对的是乡镇政府。实际上，对于城乡二元的公共产品供给结构和农村公共产品的制度外供给来说，中央政府的既得利益才是形成路径依赖的最重要原因。因为，二元的供给结构和制度外供给作为制度安排，最终是由中央政府确定的，而要改变这种制度安排，最终也必须通过中央政府转变制度设计，中央政府掌握着解决这一

① 刘国光：《摒弃城市偏向、工业优先旧战略　实行城乡并重、工农并举新战略》，《中国经贸导刊》2003 年第 10 期。

问题的政策资源。而乡镇政府只是这种制度安排的被动承受者和执行者，是路径依赖的加剧者，对于制度转变，真正起决定作用的是中央政府。因此，在改变这种制度安排时，即使来自乡镇政府的阻力再大，只要国家做出强制性的制度转变，路径依赖也是可以打破的。

其次，在重工业优先发展战略下，城乡居民利益不断分化。相对于农民来讲，城市居民是城乡二元公共产品供给结构的受益者。在前文我们已经指出，当前我国的城乡居民收入差距超过了 3∶1，但如果考虑城市居民享有的公共产品、生活福利等因素，差距则为 5∶1 至 6∶1。[1] 这说明了城市居民从我国城乡二元公共产品供给结构中受益颇多。为了维护自己的利益，城市居民成为城乡二元公共产品供给结构的重要维系力量。城市居民利用两种方式表达他们的意愿，维护他们的利益，第一是投票，第二就是呼声。[2] 与农民相比，城市居民无论在哪一种表达方式上都具有优势。因为，城市居民在空间上更接近政策决策中心，他们的呼声更接近决策者的耳朵，他们的利益表达渠道更多，他们的呼声对政府决策的影响更大。就如陈锡文曾经指出的，在 2003 年，中央就已经明确，从该年开始，各地财政凡新增教育、卫生、文化事业经费必须主要用于农村，但这个政策其实落实得不好。因为能够参与教育资源分配的人当中，其实没有多少能够代表农村的孩子在那里发言，相比之下，大学校长们的声音要大得多。[3]

（三）分税制加剧了路径依赖的形成

1994 年，我国实行分税制改革，这次改革的重要目的就是提高中央政府财政收入比重，加强中央政府的财政控制能力，并不是以各级政府承担的公共支出责任为分税制改革依据，所以，这次改革实质上是权力主导型的分税制改

---

① 刘国光：《向实行"效率与公平"并重的分配原则过渡》，《中国经贸导刊》2003 年第 11 期。

② 蔡昉：《城乡收入差距与制度变革的临界点》，《中国社会科学》2003 年第 5 期。

③ 陈锡文：《当前我国农村改革与发展中面临的若干矛盾与问题》，载《中国"三农"问题理论、实证与对策》，浙江大学出版社 2005 年版，第 28 页。

革，即上级政府在政治上对下级政府享有绝对权威，因此，什么税由本级政府收，什么税可以由下级政府收，各级政府对税收的分享比例等，均是由上级政府决定的。并且，这次分税制改革并没有根据各税种的经济功能和内在特性划分其归属。最终，中央政府便将主要的、收入高的大税种都归自己，而零散的、难以征收的、不稳定的税种都归地方财政，如地方的房产税、土地使用税、车船使用税、筵席税等 13 个小税种的收入在分税制以前只占国家财政收入的 12%。① 下表为分税制前后中央和地方财政收支分别占全国财政收支的比重。

表 3—7　1986—2008 年中央、地方财政收支占全国财政收支的比重

年份	财政收入（亿元）	中央的比重（%）	地方的比重（%）	财政支出（亿元）	中央的比重（%）	地方的比重（%）
1986	2122.01	36.7	63.3	2204.91	37.9	62.1
1988	2357.24	32.9	67.1	2491.21	33.9	66.1
1990	2937.10	33.8	66.2	3083.59	32.6	67.4
1992	3483.37	28.1	71.9	3742.20	31.3	68.7
1994	5218.10	55.7	44.3	5792.62	30.3	69.7
1996	7407.99	49.4	50.6	7937.55	27.1	72.9
1998	9875.95	49.5	50.5	10798.18	28.9	71.1
2000	13395.23	52.2	47.8	15886.50	34.7	65.3
2001	16386.04	52.4	47.6	18902.58	30.5	69.5
2002	18903.64	55.0	45.0	22053.15	30.7	69.3
2003	21715.25	54.6	45.4	24649.95	30.1	69.9
2004	26396.47	54.9	45.1	28486.89	27.7	72.3
2005	31649.29	52.3	47.7	33930.28	25.9	74.1
2006	38760.20	52.8	47.2	40422.73	24.7	75.3
2007	51321.78	54.1	45.9	49781.35	23.0	77.0
2008	61330.35	53.3	46.7	62592.66	21.3	78.7

资料来源:《中国财政年鉴 2009》，中国财政杂志社编辑出版 2009 年版，第 486—489 页。

---

① 张宗斌、汤安中:《权力主导型分税制的内在缺陷及完善思路》,《现代经济探讨》2006 年第 6 期。

可以看出，通过改革，中央政府的财政收入比重大幅提高，但其支出比重却有所下降，而地方政府的情况则恰恰相反，即收入比重不断下降，而支出比重呈上升趋势。

并且，这次改革虽较好地划分了中央政府和省级政府间的财权关系，但省级以下各政府间的财权没有作出明确的划分。在政府间的博弈中，由于各级政府出于自身利益的考虑，都尽可能争取较多的财权，而将事权推向下一级政府，且乡镇政府处于政府层级的最底层，在纵向政府间的博弈中处于不利地位，因而，乡镇政府成为不合理的财政分权体制的被动承受者。乡镇政府财政收入大幅减少，但其事权却没有因为财权的减少而减少，乡镇政府履行事权所需财力与其可用财力高度不对称。乡镇政府一方面要实现自身生存，另一方面要提供义务教育、基础设施建设、社会治安等农村公共产品，同时，在政绩驱动下，还要建设政绩工程，多重压力致使其在制度内财政不足的情况下，不得不需求制度外财政资源。农村公共产品制度外供给的存在，其背后的根源就在于纵向政府间财权与事权划分的不合理，财权与事权的严重失衡。因此说，分税制加剧了农村公共产品制度外供给的这种路径依赖。

第三节　当前农村公共产品供给中的困境

家庭承包制实施后，农村公共产品供给问题逐步凸显，一方面，家庭承包制实施后农村公共产品供给水平下降，另一方面，为了完成农村公共产品供给，农民负担不断加重。农村税费改革的实施，特别是农业税的取消，大大减轻了农民负担。全面取消农业税后的 2006 年，与税费改革前的 1999 年相比，农民每年减负总额 1000 亿元，人均减负 120 元左右 [①]。但与此同时，

[①]　金人庆：《在纪念废止农业税条例暨全面取消农业税座谈会上的讲话》，《农村财政与财务》2006 年第 3 期。

由于农村税费改革使农村基层政府和村集体收入减少，因而又进一步加剧了农村公共产品供给中的困境。当前，农村公共产品供给中的困境主要体现在以下几个方面：

一、农村公共产品供给总量严重不足

在本章第一节，我们考察了 1978 年农村改革后国家财政资金用于农业的支出情况。国家财政资金用于农业的支出比重总的来说是不断下降的。不仅如此，这些有限的国家财政资金也并没有完全用于农业。陈锡文在 2004 年曾经分析指出，整个国家用于农业的开支在 2000 亿元上下，而在这 2000 亿元的总开支中，我们是按照过去传统的口径来统计财政对各项事业的支持的。但过去能够讲明白的对农业的投资现在讲不明白了。例如，1998 年国家对长江干堤建设投入 400 亿元，计入对农业的投资。但是抗洪救灾的时候，大家都能看到，大江大河的堤防线，主要是为了保护城市生命财产安全的，而农业区往往是泄洪区，这是很奇怪的，本来是要用来淹你的，却说成是对你的投资。还有就是水库建设，我们的感觉是，水库主要是为城市工业修建的，真正为农民灌溉修建的水库越来越少。所以 2000 亿元的口径到底怎么算，很值得考虑。国家计委掌握的年度农业投资，包括国家投资在内，一年是 560 亿—570 亿元，70% 多一点是水利，12% 左右是林业，农业部分大概 8%，农业主要是指农、牧、渔，林业增加主要是用于恢复生态环境，而恢复生态环境总体上是让农民付出代价，得到好处的当然也包括农民，但更多的可能不是农民。[1] 在前文，我们也曾经分析过国家对农业的投入情况，在对农业的投入中，水利投资占了相当大一部分，而国家的水利投资主要用于受益范围较大的大江大河的治理和大型水库的建设等，而更多的、能够使农民直接受益的农田水利基本建设主要靠农民的投资、投劳。而农村税费改

---

[1]　陈锡文：《农民收入为何增长缓慢》，《农村农业农民》2004 年第 1 期。

革后，各地陆续取消了两工。在 20 世纪 90 年代中后期，全国每年用于水利建设的投工投劳在 100 亿个劳动日以上，而到了 2003 年至 2004 年的冬春，只有 47 亿个，减少了 53%。而在这种情况下，国家又没有新的机制来保证农田水利建设的投入，因而我国农田水利设施建设形势严峻。[①] 总之，国家对农业、农村的真正投入是十分有限的，而这有限的投入，最终造成了当前农村公共产品供给严重不足，主要表现在：

首先，农村基础设施建设问题突出。农田水利基本建设难以满足生产需要，农田水利设施老化失修严重。现在很多水利工程，都是集体化时期修建的，可以说，很多水利工程都在"吃老本"。农田水利建设投入不足，历史欠账多，这是我国农村水利的突出问题，也是导致我国粮食安全基础难以牢固的重要原因。"十一五"时期初农田受旱面积为 3.11 亿亩，2009 年全国耕地受旱面积达 4.39 亿亩，平均每年农田受旱面积达 3 亿亩以上，中等干旱年份灌区缺水 300 亿立方米，每年因旱减产粮食数百亿公斤。[②] 在我国 18.26 亿亩的耕地中，有效灌溉面积不到 8.7 亿亩，也就是说一半多的土地还是靠天吃饭。[③] 在我国粮食主产省的大中型灌区，土渠占了渠道的绝大部分，致使农业灌溉用水损失严重，农业生产成本居高不下。目前全国还有 2 亿多农民饮用水不安全，4 万多座水库处于病险状态。虽然近年来，在中央一系列强有力的政策措施的促进下，农村的基础设施建设有了很大发展。但由于以往的欠账太多，农村水、电、路、气等基础设施问题仍比较突出。目前，农村还有近万个乡镇、30 万个行政村未通水泥或沥青路，其中 70 个乡镇、近 4 万个行政村不通公路，2000 万左右的农村人口用不上电。[④]

① 《陈锡文指出：我国农田水利建设形势严峻》，2004 年 11 月 10 日，见 http://www.agri.gov.cn/zxbb/t20041110_270595.htm。

② 马晓河、刘振中：《"十二五"时期农业农村基础设施建设战略研究》，《农业经济问题》2011 年第 7 期。

③ 陈锡文：《当前农村形势与新一轮农村改革发展》，《中国浦东干部学院学报》2009 年第 4 期。

④ 陈锡文：《新农村建设开局良好、任重道远——访中央农村工作领导小组办公室主任陈锡

农村道路建设路网密度较低，技术等级较差。农村道路建设中村与村、村与乡镇的道路衔接问题还比较突出。1998—2001 年中央安排国债资金 5100 亿元，其中用于农业基础设施建设的为 56 亿元，占 1.1%，仅能满足同期农业基础设施建设资金的 10% 左右。随着经济的不断发展，城区面貌年年有所变化，但乡村基础设施却多年难有大的改观。[①] 特别是我国目前有 4 万多座病险水库，已经成为重大的安全隐患。2011 年 4 月，我国启动了全部 4.1 万座小二型病险水库的加固工程，其中中央负责 1.6 万座，地方负责 2.5 万座。至 2015 年末，中国将基本消灭病险水库。但是，由于大多数的病险水库分布在欠发达的中西部地区，例如，湖南、江西、湖北、广西、四川、河南、安徽等省份，要完成这样集中的、浩大的工程，资金是一个大问题。如在河南，专项规划内的 359 座水库，中央及省级资金到位率 100%，市县两级的配套资金到位率为 69%；在安徽，专项规划内的项目，中央及省级资金到位率 100%，市县两级的配套资金到位率为 77%；而在病险水库更多的江西情况更不容乐观，一些项目，就连省一级的资金配套也有困难，市县级的配套资金到位甚至为 0 元。[②]

其次，农村教育、卫生等社会事业发展明显滞后。长期以来，农村教育资源匮乏，以 2002 年为例，2002 年全社会的各项教育投资用在城市的占 77%，农村只获得了 23%[③]，由于农村教育资源匮乏，农村中小学办学条件差，上学难的问题在部分农村地区还依然存在，因而导致农村学生辍学率高，无论是受教育水平，还是文化水平都远远低于城市。教育资源的匮乏体现在多个方面，如义务教育阶段的学生，每个学生平均拥有的教学实验仪器，2007 年城镇的平均水平，一个初中生为 300 元，而农村的一个初中

文》，《中国社会科学院院报》2007 年 2 月 27 日第 5 版。

① 《中国农业年鉴 2006》，中国农业出版社 2006 年版，第 444 页。

② 郭芳等：《中国四万座病险水库存溃坝风险 地方政府没钱修》，2011 年 8 月 23 日，见 http://news.sohu.com/20110823/n317044877.shtml。

③ 《中国农业年鉴 2006》，中国农业出版社 2006 年版，第 444 页。

学生只有 100 多元。一个小学生所拥有的教学实验仪器，城镇的是 600 多元钱，农村的是 200 多元钱，差 2 倍。在医疗保障方面，2012 年农村新农合可以达到人均筹资 300 元，其中农民个人缴纳 60 元，240 元由中央财政和地方财政负担。但 2007 年底纳入城镇基本医疗保障体系的每个城镇居民投资水平已经达到 1140 元。2008 年最低生活保障的水平是农村 49 元，城市是 87 元。[①] 另据卫生部基层卫生和妇幼保健司的有关资料，城乡居民在保健服务利用和健康水平方面存在明显差距。长期以来，占总人口 30% 的城市人口享有 80% 的卫生资源配置，而占总人口 70% 的农村人口只享有 20% 的卫生资源配置，87% 的农民是完全靠自费医疗的。[②] 自 1991 年至 2000 年，农村卫生经费比例从 20% 降至 10%，农村人均卫生事业费只有 12 元，仅为城市居民的 28%。2003 年每千人口医师数，农村只有 0.68 人，仅为城市的 1/3。[③]

再次，城乡文化事业方面的差距也非常明显。农村公共文化设施不足等问题仍未从根本上改变。目前，农村有 2.3 万个乡镇没有文化站或者设施简陋、面积狭小。乡村电视广播和文化信息资源还没有实现对农村地区的全面覆盖，农村网络信息系统投入成本高、建设难度大，尚有几千万农民不能收听收看广播电视。2004 年全国文化事业费 113.63 亿元，其中农村文化事业费 30.11 亿元，仅占 26.5%。[④]

农村公共产品供给的严重不足，不仅严重影响了农民生活水平的提高，而且阻碍了农村经济社会的发展，成为制约社会主义新农村建设的重要因素。

---

① 陈锡文：《当前农村形势与新一轮农村改革发展》，《中国浦东干部学院学报》2009 年第 4 期。
② 张晓山：《深化农村改革 促进农村发展》，载中国社会科学院农村发展研究所编：《聚焦"三农"》中国农村发展研究报告 NO.5，社会科学文献出版社 2006 年版，第 5 页。
③ 《中国农业年鉴 2006》，中国农业出版社 2006 年版，第 444 页。
④ 陈锡文：《关于建设社会主义新农村的若干问题》，《理论前沿》2007 年第 1 期。

二、农村公共产品供给主体事权与财权失衡

根据公共产品理论，公共产品的供给应按照事权与财权相一致的原则合理划分各级政府的责任，纯公共产品或全国受益的公共产品由中央政府提供，准公共产品或部分地区受益的公共产品则由地方政府负责。各级政府在公共产品供给中的事权与财权应当一致。但对于我国的农村公共产品供给，层级越高的政府，其掌握的财权越多，承担的事权却越少；而层级越低的政府，其掌握的财权越少，承担的事权却越多。我们以乡镇政府为例对此加以具体分析。

作为农村公共产品主要供给主体的乡镇政府，在政府层级中，收入最少，但承担的农村公共产品供给的职责却最多。我国《宪法》赋予了乡镇政府广泛的事权，1982 年《宪法》规定，乡政府的职能是"执行本行政区域内的经济和社会发展计划、预算；管理本行政区域内的经济、教育、科学、文化、卫生、体育事业和财政、民政、公安、司法、计划生育等行政工作。"1983 年 10 月中共中央、国务院发布的《关于实行政社分开建立乡政府的通知》规定，乡人民政府建立后，要按照《中华人民共和国地方各级人民代表大会和地方各级人民政府组织法》的规定行使职权，领导本乡的经济、文化和各项社会建设，做好公安、民政、司法、文教卫生、计划生育等工作。我国的《中华人民共和国地方各级人民代表大会和地方各级人民政府组织法》中关于乡镇政府职能的规定最为详细，该法第六十一条规定，乡、民族乡、镇的人民政府行使下列职权：（一）执行本级人民代表大会的决议和上级国家行政机关的决定和命令，发布决定和命令；（二）执行本行政区域内的经济和社会发展计划、预算，管理本行政区域内的经济、教育、科学、文化、卫生、体育事业和财政、民政、公安、司法行政、计划生育等行政工作；（三）保护社会主义的全民所有的财产和劳动群众集体所有的财产，保护公民私人所有的合法财产，维护社会秩序，保障公民的人身权利、民主

权利和其他权利；（四）保护各种经济组织的合法权益；（五）保障少数民族的权利和尊重少数民族的风俗习惯；（六）保障宪法和法律赋予妇女的男女平等、同工同酬和婚姻自由等各项权利；（七）办理上级人民政府交办的其他事项。

在乡镇政府的职能中，管理教育、科学、文化、卫生、民政、公安、司法、计划生育、维护社会治安等都属于农村公共产品供给的责任。从制度层面来看，乡镇政府拥有大量的事权。但与之相比，其财权却极为有限。1994年的财政"分税制"改革，造成了财权和财政收入的上移，中央政府财政收入占全部财政收入的比重已经稳定在50%左右。而处在政府级次最低层的乡镇政府，由于处于政府间博弈的不利地位，最终造成了税源不足，共享税比例低，财政收入大幅度减少。据国家统计局统计，2000年，全国财政收入1.34万亿元，其中，中央占51%，省级占10%，市（地）占17%，而2000多个县、4万多个乡镇的两级财政收入共计仅占22%。[1] 由此可以看出乡镇财力之弱。并且，这种情况随着农村税费改革的进行而加剧，特别是随着农业税的取消，使乡镇财政更是雪上加霜。原来，在大多数经济欠发达地区，农业税收入占乡镇财政收入的60%以上[2]，农业税取消后乡镇财政收入锐减。这也使得原本就问题严重的乡村债务更加难以化解。据统计，全国乡村的债务总额大约在1万亿元左右，65%左右的乡村存在不同程度的负债，其中中西部不发达地区的负债面更大，如湖北乡级负债面在95%以上，村级也在90%以上，几乎是乡乡有债，村村欠钱。[3] 在这样的财政状况下，乡镇政府怎么可能承担起公共产品供给的责任呢？下面是笔者对于山东省W县乡镇财政状况的调查。

①　魏婷婷、陈安来：《取消农业税对乡镇财政的影响及对策研究》，《当代经理人》2006年第6期。
②　袁金辉：《免征农业税带来的影响及对策》，《新东方》2006年第5期。
③　韩学坤：《乡村债务成因及化解对策探析》，《东方企业文化》2007年第3期。

案例：

关于 W 县乡镇财政状况的调查

W 县位于山东省北部，东北濒临渤海，西北隔漳卫新河与河北省相邻，面积 1998 平方公里，辖 6 镇 5 乡，593 个行政村，人口 43.7 万，其中农村人口 37.9 万，是一个典型的"农业大县，工业小县，经济弱县，财政穷县"。2005 年全县财政总收入 60032 万元，其中地方财政收入 34508 万元。近几年财政收入虽连年增长，但总体上仍然没有摆脱"吃饭财政"的窘境，特别是乡镇财政状况尤为困难。

2005 年，全县乡镇地方财政收入实现 6576 万元，占县地方财政收入的 19.06%，比上年下降 2 个百分点，全县乡镇只有 W 镇 1 个镇地方财政收入过千万，另有 4 个乡镇过 500 万元，有 2 个乡镇人均地方财政收入不足 8000 元，根本不能满足工资需求。在财政体制方面，全县 11 个乡镇中仅有 M 镇 1 个乡镇为定额上解乡镇，其余 10 个乡镇全部为补助乡镇。2003 年农村税费改革前，农业税占到地方收入的 64%，2004 年改革后仍占到乡镇收入的 25%。值得指出的是，农业特产税的取消对于该县财政影响较大。W 县枣树栽培历史悠久，盛产冬枣和金丝小枣，全县枣树面积超过 100 万亩。农业特产税取消时，该县枣品特产税正处于迅速增长时期，2003 年实现税收 1519 万元，较上年增幅达 36%，其中 S 镇完成 436 万元，占该镇地方财政收入的一半，正是凭借这一税收优势，该镇一跃成为全县财力状况较好的乡镇。取消农业特产税后，由于上级财政针对税费改革的转移支付补助是以 2002 年财政收入为标准，因而与 2003 年完成数相比较，2004 年该县损失财力 500 余万元，S 镇就占到四分之一。

当前，W 县各乡镇财政支出压力巨大，收支矛盾突出，保工资、保运转能力低。在工资方面，2000 年之前，乡镇拖欠职工工资现象相当普遍。为解决该问题，从该年下半年起所有乡镇全部执行必保工资标准，并由 2001 年 5 月起，实行县财政按必保标准统一代发工资的办法，保证了乡镇工资的正常发放，但这种"正常"是低标准的，目前全县乡镇平均月工资仅为 1000 元左右。公务员年终 1 个月奖金及住房补贴没有一个乡镇出台，2005 年 6 月份前，职工医疗保险仅有 W 镇一家执行。即便如此，乡镇的人头经费仍占到全部支出的 70% 以上。如按正常的国家和省里已出台的工资标准，全县各乡镇累计欠发工资已达 1.2 亿元。在饭都吃不饱的情况下，乡镇政府的正常运转已成为乡镇领导的"心病"，部分乡镇"车辆停转、电话被掐"现象时有发生。

在乡镇财政困难的情况下，乡镇对社会公共事业投入严重不足。由于乡镇财政拮据，用于教育、计生等法定项目的支出也是低标准的，用于卫生、文化等公用事业发展的资金更是凤毛麟角，而投入到基础设施建设等方面的资金几乎没有。税费改革前，乡镇对于优抚对象、敬老院、农村五保户都有一定的补助支出，2004 年在 60 万元左右，改革后，由于乡镇财力整体萎缩，2005 年后这部分支出只能由县级财政承担。

乡镇债务沉重是当前各乡镇普遍面临的问题。前几年，由于乡镇盲目投资上项目、教育"双基达标"、基础设施建设、清理农村基金会还本付息等等支出过大，超出财政承受能力，导致乡镇政府债台高筑。截至 2005 年底，全县乡镇负债最多的 X 乡达 1373 万元，相当于该乡 2005 年地方收入的 3.65 倍，财政供养人员人均负债 1.8 万多元。此外乡镇预算内暂付款截至 2005 年底还有 931 万元，这些暂付款，实际上绝大部分是乡镇农田水利及教育"双基"工程款和公务费支出，这些款项既可以说是债务，也可以说是"隐形的财政赤字"，财政运行风险巨大。

资料来源：笔者于 2007 年 7 月的调研。

三、转移支付制度存在诸多不足

转移支付是扩大地方财政收入从而增加农村公共产品供给的重要措施。转移支付包括对地方政府的税收返还（也有的学者认为，从严格意义上讲这一部分并不能看作是转移支付①）、财力性转移支付和专项转移支付三部分。财力性转移支付是指为弥补财政实力薄弱地区的财力缺口，均衡地区间财力差距，实现地区间基本公共服务能力的均等化而进行的转移支付，包括一般性转移支付、民族地区转移支付、工资性转移支付、农村税费改革转移支付等。专项转移支付是指上级政府为实现特定的宏观政策目标，以及对委托下级政府代理的一些事务进行补偿而设立的专项补助资金。分税制实施以来，中央政府逐步加大了向地方政府转移支付的力度。但是，由于我国转移支付制度存在着诸多不足，转移支付难以满足实际需求。

首先，转移支付力度不够。如从 2006 年起，中央财政每年通过转移支付补助地方财政 782 亿元，地方财政也将安排 250 亿元解决因免征农业税而产生的财政缺口。但这并不能满足农村社会发展的需要。因为，中央的转移支付主要是弥补乡镇因税费改革带来的财政缺口，实际上乡镇财政的支出远远大于以农业税为主的财政收入，而这个差额部分，中央转移支付不可能覆盖到。以山东省为例，据统计，从 2002 年税费改革到 2005 年的 3 年间，山东省安排各级税费改革转移支付 110 亿元，仅 2004 年就安排转移支付资金 58.53 亿元，县（市、区）均 4181 万元，乡（镇）均 302 万元。2004 年全省用于村级的转移支付资金达到 7.72 亿元，占转移支付资金总量的 23.55%，村均补助 9071 元。尽管转移支付力度较大，但"由于改革造成的减收超出了基层承受的能力，很多乡镇特别是以农业为主的乡镇，只能维持低水平运转，办公运转、事业发展经费捉襟见肘。"② 王绍光对比了 18 个国家的情况，发现在 10 个转型国家，转移支付平均占地方财政收入的四分之一；而在 8 个所谓"成熟的市场经济国家"，这个比重高达 45%。而 2004 年，如

---

① 如王绍光就认为，税收返还是中央的义务，不能不还。而各省税收返还的数额与它们的经济实力挂钩，越富的省，得到的税收返还越多。因此，不能把"税收返还"看作严格意义上的转移支付。参见王绍光：《乡镇财政的过去、现状及未来》，载《三农中国》，湖北人民出版社 2006 年第 2 期。

② 尹慧敏：《减免农业税后乡村两级运转问题研究》，《东岳论丛》2006 年第 2 期。

果扣除"税收返还"，我国中央政府对地方政府的转移支付大约为 3200 亿元，只占地方财政支出的 15.5%。不仅大大低于成熟的市场经济国家，而且低于转型国家。①

其次，部分转移支付偏离了均等化的目标。第一，我国的转移支付追求的往往是地区平等之外的其他考虑，中央政府的决策者对于边疆少数民族地区的重视影响着区域间的财政转移支付结果。少数民族地区往往比其他地区得到更多的人均财政转移支付，即使前者的 GDP 高于后者，例如，有 10 个省份的人均 GDP 都低于新疆，但新疆接受的人均财政转移支付数额是那十个省份的好几倍。②第二，我国转移支付总额的 40%—50% 至少起着逆向均等化效果，其原因是这些转移支付并不按照均等化法则进行分配，而是按照来源地进行分配（这主要是指对地方政府的税收返还）。转移支付的主要部分由中央政府按照来源地规则分配给了东部地区，中部地区次之，而经济和财力最弱的西部地区最少。③ 如下表所示：

表 3—8　收入分享转移支付的地区间分配

（单位：亿元人民币 / %）

年份	东部	中部	西部	合计	合计 / 中央转移总额
2000	1146	585	595	2326	50%
2001	1214	605	612	2431	41%
2002	2113	831	659	3603	49%
2003	1960	821	770	3551	43%
1995—2003 年均增长	9.0%	5.7%	4.6%	7.1%	——

注释：收入分享转移支付主要包括中央对地方的税收返还和所得税基数返还。
资料来源：沙安文、乔宝云主编：《政府间财政关系》，人民出版社 2006 年版，第 185 页。

---

① 王绍光：《乡镇财政的过去、现状及未来》，载《三农中国》，湖北人民出版社 2006 年第 2 期。

② 王绍光：《中国财政转移支付的政治逻辑》，《战略与管理》2002 年第 3 期。

③ 沙安文、乔宝云：《政府间财政关系》，人民出版社 2006 年版，第 185 页。

另外，我国转移支付支出的结构不合理，专项转移支付比重过高，一般性转移支付比重过低。专项转移支付是指上级政府为实现特定的宏观政策目标，以及对委托下级政府代理的一些事务进行补偿而设立的专项补助资金，资金接受者需专款专用。而一般性转移支付才是真正意义上的转移支付，因为它是按照因素法、通过数学公式确定的、以财力均等化为目标的转移支付。

表 3—9　中央对地方转移支付各项目规模及比重

年份	中央对地方转移支付						
	指 标 值（亿元）	税收返还		财力性转移支付		专项转移支付	
		指 标 值（亿元）	占比（%）	指 标 值（亿元）	占比（%）	指 标 值（亿元）	占比（%）
1995	2471	1867	75.6	291	11.8	375	15.2
1996	2716	1949	71.8	235	8.65	489	18.0
1997	2854	2012	70.5	273	9.57	518	18.2
1998	3323	2083	62.7	313	9.42	878	26.4
1999	4095	2121	51.8	511	12.5	1424	34.8
2000	4668	2207	47.3	893	19.1	1613	34.6
2001	6015	2309	38.4	1605	26.7	2200	36.6
2002	7362	3007	40.8	1944	26.4	2401	32.6
2003	8240	3425	41.6	2241	27.2	2598	31.5
2004	10379	3609	34.7	2934	28.3	3423	33.0
2005	11474	3758	32.8	3813	33.2	3529	30.8
2006	13491	3930	29.1	5160	38.3	4412	32.7
2007	18112	4096	22.6	7093	39.2	6892	38.1
2008	22946	4282	18.7	8696	37.9	9967	43.4
2009	28889	4934	i7.1	11375	39.4	12580	43.5

资料来源：根据历年《中国财政年鉴》的有关数据整理得出；2008、2009 年数据来自于《2008 年预算执行情况及 2009 年预算草案》。转引自田发、周琛影：《基本公共服务均等化：一个财政体制变迁的分析框架》，《社会科学》2010 年第 2 期。

可以看出，自 1995 年至 2009 年，我国税收返还所占比重从 75.6% 一直下降到 17.1%，比重下降明显，符合转移支付制度发展的要求。与此同时，一般性转移支付和专项转移支付所占比重不断提高，但是专项转移支付比重在 2008 年和 2009 年显著超过一般性转移支付比重。从总体上看，我国享受一般性转移支付的主要是中西部欠发达地区，而东部发达地区的转移支付主要是专项拨款。在这种情况下，若专项转移支付持续多年大于一般性转移支付，则必然进一步拉大已有的地区差距。

四、"自上而下"的决策机制使农村公共产品供给难以满足农民的需求

长期以来，我国的农村公共产品供给形成了"自上而下"的决策机制，在这种决策机制下，公共产品的供给决策主要是由政府而非农民作出的，对农村提供什么样的公共产品、提供多少公共产品基本上都是由上级政府决定的，政府对公共产品的供给偏好代替了农民的需求偏好。因而，对农村公共产品的供给起决定作用的不是农民的需求，而是上级的行政命令，相对于政府对农村公共产品供给投入不足的职责"缺位"而言，"自上而下"的决策机制可以称为政府在农村公共产品供给中的职责"越位"。这种"自上而下"的决策机制在人民公社时期，对农民的影响是有限的，因为，在人民公社体制下，农民没有独立经营的权利，除了医疗、教育、社会保障等与农民利益直接相关的公共产品外，对生产性公共产品，农民基本上是不关心的。但在家庭承包制下，农民成为独立的经营主体，也成为农村公共产品真正的完全需求主体。因而，农村公共产品的供给决策机制直接影响到农民的利益。

由于这种"自上而下"的供给决策机制具有强制性、统一性，忽视了农民的需求偏好和不同农村地区农民的需求差异，因而并不能反映农民对农村公共产品的需求状况，导致的结果必然是政府对农村公共产品的供给和农民对农村公共产品的需求之间的脱节，从而使很多农村公共产品的供给并不符合农民的需求，而农民真正需要的公共产品又得不到提供或供给不足。如随着农村经济的发展和农民生活水平的提高，农民急需改善医疗条件、提高农

村基础教育水平，改善道路、农田水利等基础设施状况，但如前所述，这些公共产品的供给却远远不能满足农民的需求。在农民所需的农村公共产品供给不足的同时，部分农村公共产品的供给却又存在着过剩。如当农民在农业生产中真正需要得到农业技术服务时，却又看不到农技人员的影子。还有就是在压力型行政体制下，基层政府出于自身利益考虑，能在短期内见效的、体现政府官员政绩的、为上级领导看得见的"政绩工程"、"面子工程"建设过多，一些基层政府建设的中心广场、办公大楼远远超过了当地的经济发展水平。这些豪华建筑物的建设，成为了巨大的公共财政漏斗①，挤占了公共财政资源。另外，参与农村公共管理的机构臃肿、人员超编，也是其中的突出问题。

五、"一事一议"在实践中难以操作

村集体是农村公共产品供给的重要主体。按照我国《宪法》和《村民委员会组织法》规定，村民委员会办理本村的公共事务和公益事业，调解民间纠纷，协助维护社会治安。法律明确规定了村组织在农村公共产品供给中的事权，但由于村不是我国的一级政府，因而没有税收的权利，其用于公共事务的所需资金在农业税取消前都通过"三提五统"中的"三提"以及集资、摊派等来解决。而随着农业税的取消，村组织已不能再通过原来的渠道筹集资金。国家规定，农村税费改革后，村集体兴办公益事业主要通过"一事一议"的办法来解决。但"一事一议"在实践中难以操作。

首先，"一事一议"是以减轻农民负担为中心的农村税费改革的配套政策，其在实际操作中，必须要服从减轻农民负担这个目标，从而在兴办农村公益事业、提供农村公共产品这个目标之外，确立了另一种政策目标，并且是更为重要的目标。这样，一方面要通过"一事一议"提供公共产品，另一

---

① 吴忠民：《公共投入的三大漏斗》，《党政干部文摘》2007 年第 6 期。

方面还不能增加农民负担，"一事一议"目标的二元化及其内在冲突必然导致其制度绩效的下降。[①] 其主要表现就是"一事一议"筹集资金有限，难以满足实际需求。虽然农业部制定的《村民一事一议筹资筹劳管理办法》没有规定筹资的上限，但各地在工作实际中，一般都规定筹资每人每年不得超过15元，筹劳每人每年不得超过10个。对于投资较多的公益事业项目，可以连续筹资，但不能超过3年。每人每年15元的资金，对于集体经济实力普遍较弱的广大农村是难以满足自来水建设、公路建设等公益事业需要的。而如果连年筹资，则其他公益项目则根本就无法兴办了。如湖北省荆门市的新贺村要修一个拦水坝，费用要4万元左右，但全村只有1千余人，依人均15元的标准只能筹资2万元（理论上如此，能否筹集起来尚有问题），但拦水坝必须要一次修起，否则会被水冲毁，在村级负债100多万元，根本拿不出钱来，而政府也无钱资助的情况下，村干部和村民都会知难而止。直到利用外来援助，将4万元利民工程款引入村庄，问题才得以解决。[②] 因而，部分农村地区已经开始改变"一事一议"的筹资标准，如山东省于2011年10月1日实施的新的《山东省村民一事一议筹资筹劳管理办法》就规定，筹资筹劳标准实行上限控制。筹资标准：东部地区的济南、青岛、淄博、东营、烟台、威海6市每人每年不得超过25元；中部地区的潍坊、济宁、泰安、日照、莱芜5市每人每年不得超过20元；西部地区的枣庄、临沂、德州、聊城、滨州、菏泽6市每人每年不得超过15元。对投资较大的项目，可以按规定的筹资限额筹集2年的资金，但须经全体村民同意，并报省减轻农民负担工作领导小组办公室审核批准后方可实施，且第二年不准再筹。

　　其次，程序上的严格和复杂性减少了"一事一议"的可操作性。2007年1月国务院办公厅转发的农业部制定的《村民一事一议筹资筹劳管理办法》，对于"一事一议"的程序作了详细规定，如筹资筹劳事项可由村民委

①　黄坚：《村级"一事一议"：目标冲突与政策定位》，《调研世界》2006年第2期。

②　罗兴佐、王琼：《一事一议难题与农村水利供给困境》，《调研世界》2006年第4期。

员会提出，也可由 1/10 以上的村民或者 1/5 以上的村民代表联名提出。提交村民代表会议审议和表决的事项，会前应当由村民代表逐户征求所代表农户的意见并经农户签字认可。召开村民会议，应当有本村 18 周岁以上的村民过半数参加，或者有本村 2/3 以上农户的代表参加。召开村民代表会议，应当有代表 2/3 以上农户的村民代表参加。村民会议所做筹资筹劳方案应当经到会人员的过半数通过。村民代表会议表决时按一户一票进行，所做方案应当经到会村民代表所代表的户过半数通过。村民会议或者村民代表会议表决后形成的筹资筹劳方案，由参加会议的村民或者村民代表签字。方案形成以后，要报经乡镇人民政府初审，然后再报县级人民政府农民负担监督管理部门复审。对于筹集资金的管理，《办法》也做出了详尽的规定。这些程序虽然在一定程度上保证了"一事一议"的规范性，保障了农民利益，但同时，由于其严格和复杂，因而也减少了其可操作性。如在很多村庄，由于村民外出打工，村民会议和村民代表会议往往难以达到要求人数。同时，程序上的严格和复杂也成为了村干部在举办公益事业时不进行"一事一议"的理由。

此外，部分地区的农村还存在着借"一事一议"搭车收费，乡村干部插手"一事一议"，搞"暗箱操作"，把"一事一议"变成固定收费项目等现象。在部分农村调查时，笔者还发现，很多农民对于"一事一议"不了解，甚至很多农民根本不知道这项制度。更有甚者，一位村委会主任竟然也不知道"一事一议"是什么。在这样的情况下，我们怎么能够指望用"一事一议"来解决农村公共产品供给问题呢？

"一事一议"在实践中的难以操作往往造成两种结果。一种就是不举办农村公益事业。如在东北部分地区，多年来，东北地区农业基础设施建设投入一直不足，很多地方的农田水利等基础设施建设都不尽完备，不少原有设备也早已老化，而税费改革后"两工"的取消更使农田水利建设陷入无人过问的尴尬境地。基层干部普遍反映，取消"两工"之后，农民的责任、义务观念荡然无存，"一事一议"基本发挥不了作用，很大程度上使农村的公益事业、基础设施建设陷入瘫痪状态。①

另一种就是违反"一事一议"规定，重新向农民集资摊派。在滨州、德州部分乡镇调查时，笔者与当地的乡镇干部谈到"一事一议"，他们普遍反映，"一事一议"在农村几乎搞不起来。搞不起来怎么办？需要收的钱还是照样收。根据笔者调查，在部分村庄，为了修建公路，村干部向农民集资达到每户100元，有的甚至200元，这无疑加重了农民的负担。在笔者调查的一个新农村建设示范村，该村用于修路、通自来水、建村民文化大院等的资金大约50万元，这50万元资金，除了包村工作组和乡政府各投入一部分资金外，再就是向农民收取的集资，仅2007年通自来水一项，每户集资就是190元。虽然集资较多，但由于真正解决了村民长期以来的饮水困难问题，因而，农民对于集资也没太多意见。但乡干部也坦言，这些集资尽管为农民办了实事，但都是不符合国家政策的。

"一事一议"的核心在于通过民主的方式解决村庄内的公共产品供给问题。但在制度设计上由于过于追求其目标的实现而导致了在现实应用中的困难。无论是从可筹集资金的数量，还是从实际效果上来看，"一事一议"对于农村公共产品供给的作用都是有限的。从全国范围来看，即使按8亿农民计算，每人15元，每年筹资也只有120亿元，占我国财政收入的比重是非常低的。因此，与其给村干部留下搭车收费的途径，不如完全取消"一事一议"。村庄举办公益事业所需资金应该通过健全公共财政体制，由国家财政投入或其他方式解决。

本 章 小 结

1978年开始的农村改革极大地促进了农业生产力的提高和农村经济的

---

① 《东北地区农业基础设施薄弱　危及粮食安全》，《经济参考报》2007年4月10日第6版。

发展，但由于国家财政对农业投资比重的不断下降和农村集体经济的瓦解，因而家庭联产承包责任制的实施也造成了农村公共产品供给水平的下降。在这一时期，农民仍然是农村公共产品供给成本的主要分摊者，家庭承包制没有改变农村公共产品制度外供给的特征，这一时期的制度外供给已不仅仅是传统工业化战略影响的结果，而且表现出路径依赖上的积重难返和持续强化之势。

与人民公社时期农村公共产品供给的筹资方式不同，家庭承包制时期的制度外筹资是通过直接向农民收取税费、集资等方式完成的，这最终造成了农民负担的不断加重。农民负担的不断加重不仅成为农村群体性突发事件的主要原因，而且也制约了农民收入的增加，成为导致城乡差距不断扩大的重要因素。为了解决农民负担问题，自 2000 年开始，我国进行了农村税费改革。2006 年 1 月 1 日起，全面取消了农业税。农村税费改革，特别是农业税的取消，在大大减轻农民负担的同时，也使农村基层政府和村集体收入大为减少，从而进一步加剧了农村公共产品供给中的困境。

当前农村公共产品供给中的困境主要体现在以下几个方面：农村公共产品供给总量严重不足，农村公共产品供给主体事权与财权失衡，转移支付制度存在诸多不足，"自上而下"的供给决策机制难以满足农民需求，"一事一议"在实践中难以操作。农村公共产品供给中的困境表明，我们需要重构农村公共产品供给体制。

下　篇

近几年来，我国的财政资金对于三农的投入力度不断加大。在十一五期间，中央财政"三农"投入累计近 3 万亿元，年均增幅超过 23%。通过建立种粮农民补贴制度和主产区利益补偿机制，农民的生产补贴资金 2010 年达到 1226 亿元。农业农村基础设施加快建设，完成了 7356 座大中型和重点小型水库除险加固，解决了 2.15 亿农村人口饮水安全问题。在农村社会事业方面，新型农村社会养老保险试点覆盖 24% 的县。新型农村合作医疗制度惠及 12.67 亿城乡居民。① 并且，自 2007 年开始，我国农村儿童可以免费享受义务教育。这些数据表明，我国政府正在开始承担更多的农村公共产品供给的责任。但与城市相比，我国农民目前享受的公共服务仍处于低水平，城乡之间在公共产品供给方面还存在较大差距，农村公共产品供给问题还远远没有解决。

为了解决农村公共产品供给中存在的问题，我们需要进行制度创新，重构农村公共产品供给体制。重构农村公共产品供给体制，应以统筹城乡发展这一大的背景为制度设计的出发点。重构农村公共产品供给体制的目标是实现农村公共产品由以制度外供给为主向以制度内供给为主的转变，逐步使农民不再承担农村公共产品供给的成本，最终建立城乡政策统一的、一元的公共产品供给结构，使农民享受到与城市居民平等的公共服务，使农民享有平等的国民待遇。因而，重构农村公共产品供给体制不是对原有体制的修补，而是废除原有的体制，重新构建新的体制。重构农村公共产品供给体制，应充分发挥政府、市场与农民（社会）三方面的作用，形成多元主体合作供给的框架。而在这三个方面中，政府应当处于核心地位，是最主要的供给主体。因为从本质上来讲，政府就是公共权力的代言人，现代政府最主要的职能就是为社会成员提供公共产品，从而使社会成员能够享受均等化的公共服务。因而，政府在农村公共产品供给中承担最主要责任，市场和农民作为其补充。

---

① 温家宝：《政府工作报告——2011 年 3 月 5 日在第十一届全国人民代表大会第四次会议上》，人民出版社 2011 年版。

第四章　农村公共产品供给中的
政府责任担当

　　增加农村公共产品供给，首先应强调政府的责任担当，这不仅是由公共产品本身的性质所决定的，而且也是世界上工业化国家的通常做法。各国政府都充分发挥公共财政的作用支持农业和农村的发展。譬如，在农业基础设施建设方面，由于其投资大、周期长、外部性强而直接短期经济效益低，因而各国一般都通过政府直接投资的方式支持农业基础设施建设。如日本水利建设投资由国家、地方政府和农民共同负担，以国家和地方政府负担为主。一般情况下，新建农田水利工程建设资金投入，国家和地方政府负担绝大部分（55%—80%），农民负担少部分（20%—45%）。[①] 再如韩国在20世纪70年代初开始进行"新村运动"，在"新村运动"中，特别是在20世纪70年代，韩国政府发挥了主导作用，从1970年冬季开始，政府为全国33000多个村庄免费分配水泥，用于农村的草屋顶改造、道路硬化、卫生间改造、自来水、公共洗衣处、农村会馆等农村公共基础设施建设。据统计，从1972年到1982年的"新村运动"的投资总额中，除头两年政府投资占总投资比例低于20%外，其他年度均高于20%（这还不包括政府向村庄提供的贷款），最高的1981年，"新村运动"总投资7029亿韩元，政府投资占

---

① 苏朋、王小林、陈冠群:《国外公共财政如何支持农业和农村发展》,《社会科学报》2007年5月31日第2版。

59.2%。①"新村运动"不仅改善了农村环境，发展了农村经济，提高了农民生活水平，而且缩小了城乡差距，取得了令人羡慕的经济和社会成就。除了农业基础设施建设之外，在农业科研、农村教育、农村社会保障、农村公共卫生等方面，国外工业化国家不仅普遍财政支农力度大，而且建立了中央政府和地方政府的责任分担机制。因而，增加我国农村公共产品供给，重构我国农村公共产品供给机制，首先应当分析政府的责任担当。

第一节　统筹城乡发展：重构农村公共产品供给体制的根本

进行制度创新，重构农村公共产品供给体制，最根本的措施就是应切实把统筹城乡发展战略落到实处，这是重构农村公共产品供给体制应该解决的首要问题。针对农村公共产品供给中存在的问题，尽管学者提出了许多解决问题的对策，但如果做不到统筹城乡发展，这些对策也将难以落到实处。

一、统筹城乡发展战略及我国的财政能力

2002 年 11 月，党的十六大报告首次提出统筹城乡发展。党的十六大提出，"统筹城乡经济社会发展，建设现代农业，发展农村经济，增加农民收入，是全面建设小康社会的重大任务"。统筹城乡发展的提出，突破了党和政府以往解决"三农"问题的思路，即不再是"就'三农'论'三农'"，而是将"三农"问题置于城乡社会发展大的格局下进行研究和解决。2003 年 10 月，党的十六届三中全会又指出，"要按照统筹城乡发展、统筹区域发展、统筹经济社会发展、统筹人与自然和谐发展、统筹国内发展和对外开放的要求，更大程度地发挥市场在资源配置中的基础性作用，为

---

① 尹保云：《韩国为什么成功？》，文津出版社 1993 年版，第 203 页。

全面建设小康社会提供强有力的体制保障。"这就把统筹城乡发展列为科学发展观"五个统筹"之首，体现了统筹城乡发展的全局性和根本性。2007年党的十七大进一步明确指出，"统筹城乡发展，推进社会主义新农村建设。解决好农业、农村、农民问题，事关全面建设小康社会大局，必须始终作为全党工作的重中之重。"十七大把统筹城乡发展、解决"三农"问题，提到全党工作重中之重的高度，充分体现了党中央对这一问题的高度重视。可以说，统筹城乡发展是进入新世纪后，党中央根据我国经济社会发展的主要矛盾，为了解决"三农"难题而作出的重大战略决策。

　　统筹城乡发展，需要我们改变传统的发展战略。重工业优先发展战略虽然对于促进我国的工业化和城市化起到了非常重要的作用，但同时也是形成城乡二元公共产品供给结构的根源。因而解决农村公共产品供给中的问题，需要我们落实科学发展观，推动国民经济的全面发展、城乡社会的协调发展，彻底改变"重工轻农"、"重城轻乡"的传统发展战略，而采取以工促农、以城带乡、统筹城乡发展的新战略。

　　当前，我国已经完全具备了统筹城乡发展的能力。2004年9月，中共十六届四中全会提出了"两个趋向"的重要论断，即：在工业化初始阶段，农业支持工业，为工业提供积累是带有普遍性的趋向；在工业化达到相当程度后，工业反哺农业，城市支持农村，实现工业与农业、城市与农村协调发展，也是带有普遍性的趋向。世界上许多国家在实现工业化的过程中，也经历了提取农业剩余为工业提供资金积累的时期，但在工业化进行到一定程度的时候，就会结束提取农业剩余的政策，转向工农业协调发展的阶段。从西方发达国家的经验看，一般是以工业产值超过农业产值作为转变的标准。如美国在1890年结束农业对工业提供资金的政策，当时农业产值占工农业总产值的40.6%。日本是在1910年，当时农业产值占工农业总产值的42%。实际上，在1957年时，我国的工业产值就已经超过了农业产值，当时农业产值占工农业总产值的43.3%。但由于发展战略等因素的影响，我国一直没有改变农业支持工业的政策。[①] 现在我们国家已经总体上进入到了以工促农、以城带乡的发展阶段。在建设社会主义新农村历史任务提出的 2005 年，我国的 GDP 总量为 18.2 万亿元人民币，财政收入为 3.16 万亿元。"十一五"之初的 2006 年我国的 GDP 达到 20.94 万亿元，财政收入 3.93 万亿元。[②] 至"十一五"末的 2010 年，我国的 GDP 达到 39.8 万亿元，"十一五"时期年均增长 11.2%，财政收入增加到 8.31 万亿元。[③] 经济的快速增长使我国已经具备了"工业反哺农业、城市支持农村"的条件，已经有能力去实现统筹城乡经济发展的要求。

二、公共产品供给中的城乡差距：以济南市为例

尽管党中央已经提出了统筹城乡发展的思想，我国的经济发展也已经具备了"工业反哺农业，城市支持农村"的能力，但在公共产品的供给中，部分地方政府还没有把城市与农村统筹起来考虑，农村还没有得到与城市同等的待遇。下面以济南市城乡公共产品的供给为例对此加以说明。

案例 1

济南 2499 条背街小巷整治一新

花了 3.37 亿元，没敛群众一分钱，济南 2499 条背街小巷整治一新——近日，济南市城乡环境综合整治办公室向社会通报了背街小巷公示情况处理意见，这标志着济南市 3 年背街小巷整治攻坚战宣告结束，市内五区背街小巷整治任务基本完成。

"既要注重高楼大道的整洁靓丽，更要关注背街小巷居民的生活环境。"2004 年，济南市作出了以城区五区为主筹措资金、具体实施，用 3 年

---

① 刘书明：《解决农民负担过重问题要标本兼治》，《时代财会》2001 年第 9 期。

② 温家宝：《政府工作报告——2007 年 3 月 5 日在第十届全国人民代表大会第五次会议上》，人民出版社 2007 年版。

③ 温家宝：《政府工作报告——2011 年 3 月 5 日在第十一届全国人民代表大会第四次会议上》，人民出版社 2011 年版。

时间彻底整治街巷环境的部署。各相关部门及城区五区也将背街小巷整治作为构建"和谐济南"的民心工程，多方筹措资金，全面规划，分步实施。在整治中，有关部门根据街巷景观、位置的重要性，实行"综合整治、打造亮点"、"完善设施、改造环境"、"养护维修、满足通行"三类整治标准，使有限的资金发挥出最大效能。据统计，济南市三年来累计投入资金 3.37 亿元，整治各类背街小巷 2499 条，共计 419.4 万平方米。

铺平了脚下路，点亮了门前灯，没给市民增加一分钱的负担，济南市城市面貌尤其是多年被忽略的背街小巷出行环境得到了极大的改善。由于三类标准切合实际，目前漫步泉城社区，既有设施完备的精品街巷，也不乏通向居民院落的方寸巷道。此外，对于旧街巷的整治，整治部门不仅仅满足于"路平、灯亮、水通"，还从提升泉城特色风貌着眼，挖掘济南特有的历史文化资源，打造具有泉城特色的品牌街巷。特别是对曲水亭—芙蓉街片区的数十条古街巷进行了"修旧如旧"的保护性整治，再现了"家家泉水、户户垂杨"的泉城老街古巷风貌，创建了集居住、休闲、旅游为一体的泉城特色风貌带。

资料来源：山东新闻网，2007 年 4 月 5 日，http://www.sdnews.com.cn。

城市的背街小巷实际上属于受益范围较小的公共产品，其受益对象主要为生活在小巷中的群众。济南市在整治背街小巷的过程中，投入 3.37 亿元，没有让居民负担一分钱的成本。而在济南市的农村，情况则大不相同了，我们以济南近郊的一个村庄为例：

案例 2

小山村的七年"打井梦"

距离市区不远的济南市历城区康井孟村，是由康泉、井子峪、孟家庄三个自然村合并而成的，村子依山坡而建，这里的人们一直靠天吃水，村子里没有一口水井。雨水丰沛的年份，村民们可以靠水窖存水勉强维持，而一遇到大旱，村民们吃水就更困难了。

打一口常年都有水的机井，成为这个村 300 多名老少的梦想。从 2000 年开始，康井孟村在镇、区政府的帮助下，已经打了两眼井，但都没有成功，虽然经历了两次失败，但村民们的梦仍在，他们仍在为告别"靠天吃水"的日子努力着。

七年打了两眼井　没解决吃水难

25 日上午记者在走访康井孟村村民家时发现，每家的院子里，都有一个生锈的水龙头。记者了解后得知，这个小小水龙头曾承载着全村老少的打井梦想。

村民张忠梅仍然清楚地记得安水龙头的那一天，那是 2003 年的一天，村子里好像过年一样，家家都是欢声笑语，因为村子里打的一口机井终于出水了，每家每户都安上了水管和水龙头，但是欢乐气氛并没有维持多久，因为这口井出水量太小，根本没有办法正常使用。

"从我一上任起，就为打井忙活。"村支书魏世泉告诉记者，2000 年时，在帮村单位的支援下，曾经在村西边打过一眼井，当时花了六七万元，但没有出水。2003 年，村里又借款 3 万元，终于打出了一口出水的井，当时以为可以了，每家都安上了水龙头，但没想到，这眼井出水量很小，没有解决吃水难问题。

村支书魏世泉说，喝上方便、干净的水，是全村老少的梦想，作为村支书，自己的大部分精力都用到了打井上。他动情地说，打井实在是太难了，由于村子里几乎没有什么收入，2003 年打井借的钱，到现在还有六七千元没有还上，井没有打成功，所以很多村民不理解。

"等账还完了，我们还是要想办法打第三口井。"魏世泉坚定地表示。

水窖互助渡难关　一遇天旱就心慌

在村民家里，记者看到了这里多数村民使用的水窖，多少年来，靠水窖存水，村民们的生活才艰难地维持着。每到雨水充沛季节，山上的泉眼大开时，村民将水引到水窖中贮存起来，维持一年的用水。

记者看到，水窖的口都不是很大，一般仅仅能伸进一只打水的铁皮桶，不取水时，水窖口上都先盖一块石头，然后罩上一口大铁锅，防止脏东西落进去。村民根据自己家的经济状况，挖的水窖大小也不一样，因为水窖需要用石灰、水泥封住周边，防止渗水。经济稍微富裕的人家挖得大一些，穷一些的村民挖得小一些，还有一些村民因为贫困，家里连水窖都没有，只能每天从几里外的山泉井中挑水吃。

"现在存水大概也就能吃一两个月。"村民韩月林指着自家水窖说。其实，还有很多村民家的水也就能吃上半个月，但谁家没有水吃的时候，向别人家借水，大家都会毫不犹豫地将自己家的存水匀给别人，这是多年来形成的风气。

记者了解到，缺水是这个村子贫困的根源。由于村子靠山，多数村民仅分得一亩多麦子地，种的粮食仅够自己吃饭的，像种树、养鸡这些可以帮助致富的副业都搞不成。一旦遇到大旱，麦地没有雨水灌溉就会颗粒无收。村民张子禄记得，2002 年、2003 年，连续两年，村子里的麦子因为没有水都没有收成，靠积攒下的粮食才渡过了难关。十多年来，村子从外面只娶进来三位媳妇。

老汉挑水 60 年　想井都快想疯了

"其实最困难的时候也不会没有水吃。"村民张子禄告诉记者，一旦到了各家水窖没有存水的时候，会有拖拉机拉着水进村卖水，不过不到实在维持不下去的时候，村民一般是不会买水的。另外，有一年干旱，政府部门还免费运水过来供村民们使用。

最需要帮助的还是少数特别贫困的家庭，这些家庭因为修不起水窖，即使现在没有到大旱的时候，每天也要起早走上几里崎岖的山路，去山泉井挑水。70 岁的周美友老人因为贫困，已经这样挑水挑了将近 60 年，周美友老人说，自己想井都快想疯了。

记者跟随老人打了一次水。由于现在山泉水也面临干涸，浑浊的泉水只有 15 厘米深，从山泉井口伸进铁桶根本打不上水来，周美友老人从井口慢慢地爬进去，小心翼翼地下到 1 米多深的井底旁，用舀子舀满两桶水后，老人先爬上来，最后从上面用扁担钩子将两桶水提上来，十分吃力。"希望到我老得挑不动时，家里能用上井水。"周美友老人说。

资料来源：《齐鲁晚报》2007 年 3 月 26 日 A8 版。

由康井孟村的农民吃水问题我们可以看出，农村公共产品供给不足已经成为制约农民生活、生产的瓶颈问题，严重影响了农村经济社会发展。

通过以上两个案例的对比，我们可以明显地看出，农村基础设施建设还没有进入到政府的财政投资范围之内，在公共产品的供给政策上，城乡之间仍存在巨大差距，地方财政投资中的"重工轻农"、"重城轻乡"现象仍然存在，由此，我们还很难说我们的一些政府真正做到了统筹城乡发展。政府可以拿出 3.37 亿元资金用于城市的背街小巷建设，却没有花几万元钱帮助农民圆他们多年的"打井梦"（当然打不出井的原因也包括技术上的）。实际上，如果把这 3.37 亿元用于农村，以打一眼井需要 7 万元计算，那么几乎就可以为济南市所有的行政村打一眼井。[①] 因而，要重构农村公共产品供给体制，实现农村公共产品供给由制度外供给为主向制度内供给为主的转变，统筹城乡发展是根本。只有各级政府真正做到统筹城乡发展，才能解决农村公共产品供给中的问题。

三、制度环境的改变：统筹城乡发展的前提

在论文的第一章中，我们在分析城乡二元公共产品供给结构的形成时，曾分析了制度环境对这种二元供给结构形成的重要影响。而要统筹城乡发

---

① 截至 2006 年年底，全市有 4600 多个行政村，据《济南市 2006 年国民经济和社会发展统计公报》。

展、建立城乡一元的公共产品供给结构，就需要改变这种制度环境。这是统筹城乡发展，重构农村公共产品供给体制的前提。

第一，改变不合理的户籍管理制度。平等是公民最基本的权利。恩格斯曾经指出："一切人，作为人来说，都有某些共同点，在这些共同点所及的范围内，他们是平等的，这样的观念自然是非常古老的。但是现代的平等要求与此完全不同；这种平等要求更应当是从人的这种共同特性中，从人就他们是人而言的这种平等中引申出这样的要求：一切人，或至少是一个国家的一切公民，或一个社会的一切成员，都应当有平等的政治地位和社会地位。"① 长期以来，不平等的户籍管理制度把城市居民和农民划分成了两类不同的公民，农民不具有与城市居民同等的政治地位与社会地位，农民不仅是一种职业，而且是一种"身份"，这种"身份"使农民享受不到与城市居民同等的待遇。

长期以来，我国的农村政策存在着"见物不见人"的情况，政府往往反复加以强调和"狠抓"的是"农业"、"粮食"等，至于其主体——农民的状况如何，则漠不关心，甚至屡加伤害。当需要向农民索取的时候，用各种办法把农民管得很严。当社会福利总量增加，切割蛋糕向社会成员分配的时候，又通常把农民排除在体制之外，表现得极为吝啬。农民的末等公民地位是农业和农村不景气的深层根源。② 日本国际交流基金理事长小仓和夫也认为，和日本相比，中国的农业部门收入和非农业部门收入差异很大，在日本农民家庭的收入是工人平均收入的 1.3 倍。在中国，出现这种差距是因为长期以来，中国农民受到人口移动的限制，不能自由迁徙，即使在今天的中国，农民不仅是一种劳动主体，还是一种"身份"，这恐怕是问题的根源。③

① 《马克思恩格斯选集》第三卷，人民出版社 1995 年版，第 444 页。
② 宫希魁：《中国"三农"问题的战略思考》，《战略与管理》2002 年第 6 期。
③ 《日本专家比较中日农村"身份"问题阻碍中国农村发展》，《参考消息》2007 年 1 月 20 日第 8 版。

因而，还农民一个平等的社会地位、彻底改变不合理的户籍管理制度，这是重构农村公共产品供给体制的重要前提，也是解决中国"三农"问题的关键所在。

目前，全国部分省市在户籍制度改革方面已经出台了一些措施，如2005年济南市出台了《济南市深化户籍制度改革暂行办法》。《办法》规定，济南市要取消农业、非农业户口性质划分，实行城乡统一的户口登记制度。2006年河南省在鹤壁、济源2个省辖市和巩义、义马、舞钢、偃师、新郑等5个县级市进行城乡一体化试点，并统一取消农业户口。在户籍管理制度改革方面，上述地区将改革原有户籍管理体制，取消户口的农业和非农业性质划分，以具有固定住所、稳定职业或生活来源为基本落户条件，按照实际居住地统一登记为"居民户口"。进城落户的农民在劳动就业、计划生育、子女入学、社会保障以及经济适用住房等方面可享受与城镇居民同等的待遇。[1] 但由于缺乏教育、社保、医保、就业、福利等相关政策的支持，因而很多农民对于户籍制度改革的热情并不高。如在鹤壁市84%以上的农民不愿意放弃土地承包权，对换户口没有积极性。相当多的人进了城也不愿意迁户口，因为迁了户口就不能享受合作医疗、两免一补的优惠政策，而城市的优惠政策一时又享受不到。很多打工、做买卖的人也没有迁户口的动力。[2] 因而，户籍制度改革关键是要改革"户口背后附带的社会利益"。[3]

第二，改变对"小农"的传统认识。政策决策者对农民落后性的认识是城乡二元公共产品供给结构形成的思想认识根源。当今中国的农民还是以"小农"为主。并且，党的十七届三中全会通过的《中共中央关于推进农村改革发展若干问题的决定》明确指出，"以家庭承包经营为基础、统分结合

---

① 李丽静:《河南：鹤壁等7个县市将取消农业户口》，2006年6月19日，见 http://news. sina.com.cn/o/2006-06-19/14569243213s.shtml。

② 黄会清等:《户籍改革：难逃"换汤不换药"的困境?》，2007年4月2日，见 http://news. xinhuanet.com/focus/2007-04/02/content_5880607.htm。

③ 《户籍改革，要改"户口附带的社会利益"》，《新华每日电讯》2007年3月15日第4版。

的双层经营体制，是适应社会主义市场经济体制、符合农业生产特点的农村基本经营制度，是党的农村政策的基石，必须毫不动摇地坚持。赋予农民更加充分而有保障的土地承包经营权，现有土地承包关系要保持稳定并长久不变。"因而，中国将长期实行以家庭为单位的经营体制，"小农"将长期存在。

但与传统的"小农"不同，尽管当今的农户经营规模小，但他们已愈来愈深地进入或者被卷入到一个开放的、流动的、分工的社会化体系中来，与传统的封闭的小农经济渐行渐远，进入到了"社会化小农"的阶段。"小农"的"社会化"在大大提升农户适应现代社会能力的同时，也蕴涵着三大矛盾，即生产条件的外部化与自我生产能力弱小之间的矛盾、生活消费的无限扩张与满足需要能力有限的矛盾、交往范围的不断扩大与集体行动能力不强的矛盾。这三大矛盾使当下的农民已经进入到一个统一开放的社会化进程之中，面临着与其他人一样，甚至更多的危险，尤其需要国家提供支持和保护，其中，一个重要方面，就是需要国家为农民提供更多的公共产品。[1]

第二节　健全公共财政体制：重构农村
公共产品供给体制的关键

公共财政是一个有着特定含义的概念，它是指以政府为主体筹集资金，提供公共产品和服务，满足社会共同需要的经济活动。[2]公共财政最主要的特征就在于其公共性，其出发点和最终目的就是满足社会的公共需要。公共财政不仅具有经济功能，而且具有政治功能，是在市场经济条件下政府实现社会公平的手段，也是实现农业、农村全面协调发展的物质基础和体制保障。目前，我国的公共财政建设距离公共财政体制的要求差距还非常大，表现之

---

[1]　徐勇：《"再识农户"与社会化小农的建构》，《华中师范大学学报》（人文社会科学版）2006年第3期。

[2]　庞海军：《适应公共财政进一步完善转移支付制度》，《中央财经大学学报》2000年第12期。

一就是，长期以来，我国的农民并没有真正进入国家公共财政的覆盖范围，农民长期受到的都是非国民待遇。现实的财政实际上只是"城市财政"。仅有的一部分用于农业的支出也被称为"支援农业支出"，"支援"一词就表明国家对于农业、农村的发展并没有法定的财政投入责任，而只是道义上的帮助。我们经常听到"取之于民，用之于民"的说法，但实际上，"取"的时候农民一般包括在"民"之内，而"用"的时候却往往被排除在"民"之外。总之，农民作为平等的国民，并没有享受到平等的国民待遇。为了解决"三农"问题，党中央提出了统筹城乡发展，"统筹城乡发展，就是要改变长期延续的城乡二元结构，使包括农村人口在内的全体国民都能享受到平等的国民待遇。其主要内容之一就是建立能够覆盖城乡、惠及全民的公共财政和由公共财政支撑的公共物品供给体系。"①那么，针对农村公共产品供给中存在的问题，应该如何健全公共财政体制呢？笔者认为应该在以下几方面着手：

一、重点在"多予"上下功夫，加大财政资金对农村、农业的投入力度

党中央提出，对农村要坚持"多予、少取、放活"的方针。随着农业税的取消，对农民的"少取"工作已经取得了很大的成绩。当前，在做好"少取"工作的基础上，应重点在"多予"上下功夫，加大财政资金对农业的支持力度，按照建立公共财政体制的要求，国家应进一步调整国民收入分配政策和财政支出结构，增加对农业基础设施，农村义务教育、公共卫生和社会保障等社会事业，以及农业科技的投入。

（一）要进一步加大对农村义务教育、公共卫生和社会保障等社会事业的投入。如前文所述，至 2010 年，新型农村社会养老保险试点已经覆盖24% 的县，新型农村合作医疗制度惠及了 12.67 亿城乡居民。并且，自 2007

---

① 徐勇、项继权：《公民国家的建构与农村公共物品的供给》，《华中师范大学学报》（人文社会科学版）2006 年第 2 期。

年开始，我国农村儿童可以免费享受义务教育。可以说，国家正在不断加大对农村社会事业的投入力度，但与城市相比，我国农民目前在社会事业方面享受的公共服务仍处于低水平。农村社会事业发展还存在着很多问题，如在农村义务教育中，存在着教育质量不高、师资水平低、基础设施老化、教学设施落后、部分中小学负债较重等等问题。以农村教师工资为例，农村教师工资虽然实现了县统管，但在部分地区，农村教师工资还偏低，有的地区在一个县之内各乡镇的工资也是有差距的。这主要是因为教师工资的县统管只是保证了工资的按时发放，但由于县财政困难，因而各乡镇中小学教师的工资还是由各乡镇财政负责，或与上级财政按比例分摊。县乡财政的困难无法保证教师工资的足额发放。

农村新型合作医疗也还难以满足农民的需求。如 2007 年 4 月 12 日，中央电视台新闻联播报道，2006 年，广西南宁市投入 1800 多万元医疗救助资金，但最终只用了 150 多万元。资金使用率不高的原因并不是因为患病农民少或者不需要报销，而是因为以大病统筹为目标的农村合作医疗存在着报销起点高，先看病、后报销，门诊费用高等制度设计问题，导致了很多患病农民不能从合作医疗中得到实惠。广大农民更希望常见的、多发的小病能够得到治疗和报销。同时，过低的补偿额度，也使农民受益有限。特别是农民在大病住院报销中，较低的报销比例和限额封顶的政策①，更是

---

① 各地对农民住院一般都规定了详细的报销比例，如山东省武城县对在新农合实施之初农民住院医药费的报销规定是：1. 乡（镇、街）定点卫生院（含中心卫生院）住院报销标准：（1）住院费用 2000 元以内（含 2000 元）部分，按 30% 比例报销；（2）住院费用 2001 元至 5000 元（含 5000 元）部分，按 40% 比例报销；（3）住院费用 5000 元以上部分，按 50% 比例报销。2. 县级定点医院住院报销标准：（1）住院费用 2000 元以内（含 2000 元）部分，按 20% 比例报销；（2）住院费用 2001 元至 5000 元（含 5000 元）部分，按 30% 比例报销；（3）住院费用 5000 元以上部分，按 40% 比例报销。3. 县外医院住院报销标准：（1）住院费用 2000 元以内（含 2000 元）部分，按 15% 比例报销；（2）住院费用 2001 元至 5000 元（含 5000 元）部分，按 25% 比例报销；（3）住院费用 5000 元以上部分，按 35% 比例报销。4. 年报销支付额 12000 元。5. 对年住院费用超过 1000 元的，根据年终基金节余情况实施二次补偿，最高再补偿 3000 元，农民每年最高可报销医药费 15000 元。

不足以帮助贫困的农民家庭。因此，新型农村合作医疗虽在一定程度上解决了农民看病贵的问题，但是政策机制还有待进一步完善。

在社会保障方面，虽然从 2009 年起农村已经开始试点新型农村养老保险，且覆盖范围不断增加，至 2010 年底已有 1 亿多农民参加新农保，但其基础养老金却只有 55 元，一年只有 660 元，实在难以满足农民需求。而在 2010 年底，在国家连续六年提高企业退休人员基本养老金的基础上，全国企业参保退休人员月人均基本养老金已经达到 1362 元。[①] 农民一年的基础养老金还不及企业退休人员平均半个月的养老金。差距明显。再谈农村低保制度建设，根据民政部发布的 2010 年社会服务发展统计报告，2010 年底，全国有 2528.7 万户、5214.0 万人得到了农村低保，比上年同期增加 454.0 万人，增长了 9.5%。全年共发放农村低保资金 445.0 亿元，比上年增长 22.6%，2010 年全国农村低保平均标准 117.0 元 / 人 / 月，比上年同期提高了 16.2 元，增长了 16.1%。全国农村低保月人均补助水平 74 元。虽然农村低保覆盖范围和水平在 2010 年都有了很大提高，但与城市相比，仍有较大差距。同期，全国共有 1145.0 万户、2310.5 万城市低保对象。全年各级财政共支出城市低保资金 524.7 亿元。2010 年全国城市低保平均标准 251.2 元，全国城市低保月人均补助水平 189.0 元。[②] 可以看出，5214 万农村低保对象享受的低保金为 445 亿元，而城市低保对象只有 2310.5 万，其享受低保金却为 524.7 亿元。而无论是低保评价标准，还是月人均补助水平，城市都远远高于农村。

即使有 5000 多万农民享受低保，这一数字占全国农民总数的比例也只有 7.3%。[③] 而农村要真正实现"应保尽保"目标也还面临诸多问题。虽然近年来

---

① 《国家新农保试点参保人数达 1.03 亿人》，2011 年 8 月 11 日，见 http://news.hexun.com/2011-08-11/132310087.html。

② 《民政部：2010 年底全国 5214 万人得到农村低保》，2011 年 6 月 16 日，见 http://www.chinanews.com/gn/2011/06-16/3116906.shtml。

③ 2009 年中国农村人口为 71288 万人。国家统计局编：《中国统计年鉴 2010》，中国统计出版社 2010 年版，第 95 页。

各级政府投入资金已大幅增加，但仍难以满足农村贫困群众的救助需求。反映在救助效果上，表现为救助范围狭窄、救助水平偏低，部分困难群众没有真正摆脱生活困境。从统计数据上看，农村低保全面推开后，在主要食品价格大幅上涨的情况下，2007年全国平均的低保救助水平比2006年底反而明显下降了（2006年底全国平均月人均低保补助为33.2元）。这表明，相对于农村低保对象数量的增长，目前各级财政的投入还明显不足。另外，开展低保工作的人员和经费不足，也影响到了低保工作的正常开展和实际救助效果。[1]

（二）继续加大对农业的补贴力度。近年来，国家出台的种粮补贴、良种补贴、农机补贴等政策对于促进农业发展和农民增收起到了较好作用。但与国外发达国家相比，我国对农业的补贴还存在一定差距。从国外的情况总体来看，多数国家对农业的投入总量可观，且结构合理。在粮食直补方面，美国每亩达到76元人民币，欧盟每亩达到150元人民币，而我国的亩均补贴仅为30元左右，大大低于欧美国家水平。[2]1996—2000年，按WTO协议计算口径，发达国家对农业的支持总量占当年农业总产值的比重达到30%—50%，泰国、印度、巴西等发展中国家约为10%—20%，按相同的口径，我国这五年农业支持总量占农业总产值的比重分别为4.9%、5.3%、7.4%、7%、8.8%。[3] 在WTO允许的12种"绿箱"政策措施中，我国只使用了8种。同时，"黄箱"政策也还存在较大的利

---

[1]　《农村低保向亿万农民走来》，《经济日报》2007年9月3日第2版。

[2]　蒋和胜：《我国农业补贴存在诸多问题》，《社会科学报》2007年5月31日第2版。

[3]　"绿箱"政策主要包括：（1）一般性农业服务。包括农业科研，病虫害防治，培训、推广和咨询服务，检验、营销以及促销服务，农业基础设施建设等；（2）粮食安全储备补贴；（3）国内粮食援助补贴；（4）对生产者的直接支付；（5）与生产不挂钩的收入补贴；（6）收入保险和净收入保障计划；（7）自然灾害救济补贴；（8）农业生产者退休计划补贴；（9）资源轮休或资源储备补贴；（10）农业结构调整投资补贴；（11）农业环保计划补贴；（12）援助计划补贴。未使用的项目包括对生产者的直接支付、不挂钩的收入补贴、收入保险和收入安全网计划、针对生产者退休提供的结构调整支持、针对资源停用计划提供的结构调整支持、通过投资提供的农业结构调整支持等。参见张丽娜：《WTO与我国农业财政政策导向》，《合作经济与科技》2006年第6期。

用空间，而"蓝箱"政策基本没有使用。① 并且，我国对农业的投入结构还不太合理，各种事业费所占比例过高。因而，我们应进一步与 WTO 农业框架协议接轨，充分利用 WTO 规则所允许的政策，加大对农业的支持力度，进一步增加补贴总量、创新补贴方式，扩大补贴范围。重点应扩大"绿箱政策"补贴范围，同时调整"黄箱政策"，用足 8.5% 的政策空间。

在这其中，应充分利用"绿箱政策"，加大对农业基础设施的投入力度。农业基础设施建设包括农村水利工程、乡村道路、电力建设等，农业基础设施是制约农民生活和农村经济社会发展的瓶颈。依据其他国家的通行做法，农业基础设施建设费用应该占到"绿箱补贴"的 50% 左右。② 而我国还远远达不到这一比例。在农村，与农民生产和生活直接相关的农村道路、水利等中小型基础设施过去主要依赖农民的集资和投工投劳。在取消农业税以后，多数地区还难以将其纳入各级政府基本建设投资的范畴。因而，政府应当充分利用"绿箱政策"，大幅度增加以改善农民基本生产生活条件为重点的农村公共基础设施建设投入。

---

① 世界贸易组织把补贴分为两种，即不可起诉补贴和可起诉补贴。不可起诉补贴又可分为两大类，即"绿箱"政策和"蓝箱"政策。可起诉补贴也可分为两大类，即"红箱"政策和"黄箱"政策。所谓"红箱"政策是指出口补贴，这是一种绝对禁止的补贴。所谓"蓝箱"政策是指与限产有关的补贴，诸如限制土地耕地面积、限制牲畜饲养数量而国家给予的补贴，这是一种合法的补贴。"绿箱"政策是一种世界贸易组织允许存在的补贴，这种补贴不论多少和有无，其他国家均不得实施补贴立案，均不得对其实施反补贴税。所谓"黄箱"政策是指上述三种补贴以外的补贴，这种补贴是一种可起诉的补贴，规定只要发达国家超过农业总产值的 5%，或发展中国家超过了农业总产值的 10%，其他国家都可以提起诉讼，并征收反补贴税。参见王文举、王莹：《利用"绿箱政策"促进我国农业快速健康发展》，《财贸研究》2006 年第 4 期。

② 王文举、王莹：《利用"绿箱政策"促进我国农业健康快速发展》，《财贸研究》2006 年第 4 期。

二、合理划分中央政府与地方政府事权，建立政府间农村公共产品供给责任分担机制

合理划分政府间公共产品供给责任，能够保证公共产品的充分供给。如在美国，政府间公共产品供给责任的明确划分就对公共产品的充分供给起到了重要作用。美国政府不介入一般盈利性企业的活动，政府职责所在集中于不能由市场有效提供的公共管理和公共产品的运作。各级政府间事权在不同层次政府之间，以法律为基础作了比较明确的划分。联邦政府主要负责联邦行政、国防、外交、社会保障以及对州和地方政府的补助；州政府主要负责州行政、州社会福利、州教育以及若干类基础设施建设等；地方政府主要负责地方行政、治安、消防、交通管理、公用事业、地方教育、地方基础设施建设等。[①]

虽然我国法律在原则上对中央政府和地方政府公共服务和公共产品供给职责范围作出了规定，但各级政府职权并未明显区别。所以，我国各级政府在农村公共产品供给中也没有明确的职责划分，这是造成政府职责"缺位"的重要原因，因而，重构农村公共产品供给体制需要合理划分政府间的责任。不仅如此，公共产品受益范围的大小也决定了需要合理划分中央政府和地方政府在公共产品供给中的责任。

目前公认的政府间事权划分的原则是：1. 受益范围原则，即以受益对象不同、受益范围大小作为区分各级政府事权的依据。2. 效率原则，即某项事务由投资成本最低、工作效率最高的一级政府负责。3. 能力原则，即一级政府事权与其财权相适应。[②] 同时，合理划分政府间事权，应该是尽量由中央

---

① 贾康：《转轨时代的执着探索：贾康财经文萃》，中国财政经济出版社 2003 年版，第 115—118 页。

② 孙晓莉：《政府间公共服务事权配置的国际比较及对我国的启示》，《中国人民大学学报》 2007 年第 4 期。

政府和高一级政府承担更多的农村公共产品供给的支出责任。因为，通过分析世界上一些国家的财政收入和财政支出的分布情况，我们就可以知道，不管是发达国家还是发展中国家，是联邦制国家还是单一制国家，财政收入往往集中在上级政府，尤其是中央政府手中。在单一制国家，中央掌握的财政收入一般高达 90% 左右；在联邦制国家，这个比重一般高于 60%。在财政支出上，中央政府所占的比重一般在 55% 以上。因而，在县乡财政困难的情况下，解决农村公共产品供给问题，不在于进一步下放财政收入权，而在于进一步将财政支出责任上移。① 也就是由中央政府和较高层级政府尽可能多地承担供给成本。

表 4—1　主要国家中央与地方政府收支占政府总收支的比重

（单位：%）

国家	政府支出		政府收入	
	中央政府	地方政府	中央政府	地方政府
美国	56	44	64	36
加拿大	40	60	56	44
英国	72	28	92	8
法国	81	19	87	13
德国	60	40	70	30
瑞典	66	34	68	32
西班牙	66	34	88	12
澳大利亚	51	49	73	27
中国	30.7	69.3	55	45

资料来源：外国数据引自世界银行《1997 年世界发展报告》中 1994 年的数据；中国数据根据《中国统计年鉴 2003》有关数据计算。转引自沈荣华：《各级政府公共服务职责划分的指导原则和改革方向》，《中国行政管理》2007 年第 1 期。

　　另外，在农村公共产品供给中应充分发挥地方政府的作用。财政联邦

---

① 王绍光：《乡镇财政的过去、现在和未来》，载《三农中国》，湖北人民出版社 2006 年第 2 期。

主义①认为，凡涉及到公共产品有关的决策，一定要反映出辖区内居民的利益。因而，财政联邦主义主张联邦中央只介入对全国性公共产品的供给，其他公共资源的配置是各个层级、各个分散化的地方政府的事。而由一组分散化的地方政府来提供公共产品，明显的优势之一在于，地方政府可以对居民变动不居的偏好有敏感的把握。因而，公共产品供给上的财政联邦主义方式可以让居民获得需求偏好得到满足的福利性收益，而这也是财政联邦主义的核心和关键之处。②需要说明的是，由中央政府和较高层级政府尽可能多地承担支出责任与财政联邦主义并不矛盾，因为，我们这里只是提出财政支出责任的上移，这种支出责任的上移可以通过转移支付等方式实现。

我国农村公共产品供给的政府主体分为中央、省、市、县、乡五级。那么什么样的公共产品应由中央政府负责？而什么样的公共产品应由地方政府负责呢？根据政府间事权划分的原则，全国性的公共产品、纯公共产品应由中央政府提供，而区域性的公共产品、准公共产品则应根据受益范围的大小由不同层次的地方政府提供。具体来说，农业基础科学研究、大江大河的治理、农业环境保护，以及与国防建设相关的民兵训练等外部性较强、受益范围大的公共产品宜由中央政府提供。农村社会保障、农民合作医疗等可由省级政府为主、中央政府与省级政府共同承担责任。地区性卫生防疫、农业技术推广、农村电网等由市级或县政府负责。而农村水利设施、乡村道路、农村自来水等基础设施建设等宜以乡镇政府负责为主，由上级政府给予财政支持，由村委会具体负责实施。

---

① 财政联邦主义是公共经济学的分支学科，主要是关于财政分权与集权的关系。有狭义与广义之分，狭义的财政联邦主义只讨论宪法结构和政府组织真正实行联邦制的国家的财政分权与集权的关系；而广义的财政联邦主义则将讨论推广到所有国家的财政分权问题。参见：徐斌：《中国的经济转轨与财政联邦主义分析框架》，《生产力研究》2004 年第 9 期。本文是在广义上使用的。实际上，在政体上无论是联邦制国家还是单一制国家，只要是中央政府与地方政府的财政职能有明确的分工，地方政府的公共支出决策独立于中央政府，这样的财政体制就属于财政联邦主义。

② 刘云龙：《民主机制与民主财政》，中国城市出版社 2001 年版，第 88—89 页。

对基层政府而言，事权划分的核心问题是农村义务教育问题。农村义务教育是外部性很强的农村公共产品，个人在学校中获得知识，不仅对个人有益，而且使整个社会受益——提高了社会的文明程度，提供了高素质的劳动者。美国经济学家丹尼森教授采用系数法，计算出美国1929—1982年间教育对经济增长率的贡献为13.7%。中国也有许多学者测算过教育收益对经济增长的贡献，其中林荣日教授计算出，1982—1995年间教育对中国经济增长的贡献为10.46%，而作为基础教育的义务教育，其外部性更强，它产生的社会效益远远大于它的个人收益。① 而长期以来，中央和省级政府在农村义务教育方面承担的责任太少，基层政府和农民承担了太多的责任。目前我国实行以县为主的教育投入体制，没有区分地区差异，而我国东西部不同县区经济发展水平差距悬殊，难以保证义务教育的公平性。

从世界范围来看，各国义务教育公共财政体制一般可划分为三种基本模式，即集中模式、相对集中模式和分散模式。集中模式是指一国政府义务教育公共经费的投资主体是中央或联邦一级的最高行政当局。从世界范围来看，根据经济合作组织提供的统计资料，法国、泰国、韩国、埃及、意大利、荷兰、葡萄牙、芬兰、爱尔兰、新西兰、希腊、捷克、匈牙利、土耳其等国均属于这一模式。在上述各国，在各级政府义务教育的投资中，中央或联邦政府的投资比重在政府之间财政转移支付前均在53%以上。在某些典型的国家，如葡萄牙、新西兰和土耳其，中央投资达到100%。相对集中模式是指一国政府义务教育公共经费的投资主体是联邦、省（州、都道府县）等中央和高层次地方当局，且以高层次地方当局为主。如德国、印度、瑞士、日本、加拿大、奥地利、比利时、西班牙、澳大利亚均属这一模式。在这些国家，高层次地方政府的投资占各级政府义务教育公共投资的比重高于中央和基层地方各级政府投资所占比重，一般均在40%以上。在某些国家，

---

① 李贞：《义务制教育的公共产品定位》，《中央财经大学学报》2005年第4期。

如比利时占到 90% 以上，德国为 76%。分散模式是指一国政府义务教育公共经费的投资主体是市镇、县、乡、学区等基层地方政府。美国、英国、丹麦、挪威属于这一模式。在这些国家，基层地方政府义务教育投资占各级政府公共投资比重超过 50%，成为义务教育投资的主体。[①]借鉴大多数国家的做法，结合我国财政管理体制的具体情况，在我国农村义务教育财政投入方面，我国中央政府和省级政府应当承担更多的农村义务教育的责任，逐步建立中央和省共同承担、以省为主的投入机制和管理体制，上收县乡政府部分直至全部支出和管理责任。

三、完善转移支付制度

转移支付制度是为了实现各地区公共服务能力均等化、使各级政府更有效地提供公共产品和公共服务而采取的财政行为。转移支付制度是完善公共财政体制的必然选择，是我国扩大地方财政收入从而增加农村公共产品供给的主要措施。其原因主要在于，我国有五级政府，政府层级过多大大降低了分税制收入划分的可能性。依美国经验，三级政府财源支柱的概况是：个人所得税和工商税归联邦（中央）；销售税和公司所得税归州（相当于我国省级）；财产税归地方（基层政府），这样的划分符合各税种的具体特点，也符合分税分级财政的内在要求。在我国存在五级政府的情况下，把税源切成五个层次则非常困难，因而解决地方财政困难主要靠转移支付。[②]

针对前文所论述的当前财政转移支付中存在的问题，国家应当进一步加大财政转移支付的力度，规范转移支付方式，建立规范、公平、高效的转移支付制度。

首先，增加转移支付总量，优化转移支付结构。中央财政应适度调整存

---

①　刘耘:《义务教育公共财政体制的国际借鉴》,《经济纵横》2008 年第 8 期。

②　贾康:《转轨时代的执着探索:贾康财经文萃》, 中国财政经济出版社 2003 年版, 第 155—156 页。

量、增量向农村重点倾斜，以增加对农村的投入。在此基础上，完善省、市财政向下级政府的转移支付制度。同时，除专项转移支付外，加大一般性转移支付的力度，优化转移支付结构，以一般性转移支付弥补地方财政缺口。对于占较大比重的税收返还，应逐年降低直至取消。在转移支付的过程中，应根据各地区差异，以公共服务均等化为目标，进行合理转移，对于东部经济发达地区，中央的转移支付比重可以低一些，而对于中西部落后地区，则需要中央加大转移支付比例，以确保农村所需的基本公共产品的供给。

其次，改进转移支付的计算方法。为了保证公共服务均等化的目标，在转移支付数额的确定方法上，应以因素法代替基数法。长期以来，我国的转移支付一直采用的是以基数法为主，这种方法是在核定地方收支基数后，给予"差额补助"，其弊端在于承认既得利益，谁把支出规模打大谁占便宜，并且"讨价还价"者多，难以体现出真正的客观性。因素法是先确定中央对各地具体补助时所依据的诸项相关因素，如人口数量、土地面积、人均耕地、人均 GNP、少数民族居住情况、自然资源和社会发展情况的若干综合指标等等，再规定这些因素所占的分值或计分权数，然后分别计算出各省、自治区、直辖市的分数，把所有地区的分数加总，去除中央财政的财力支持总额，得出每一分对应的补助支出额，这样得出各地区的补助数额。[①] 显然，运用因素法，可以有效排除人为因素的影响，转移支付更为客观、科学。

再次，规范转移支付制度。健全的法律法规是规范财政转移支付制度的有力保证。世界上许多国家都以法律对转移支付制度做出了规定，使其具有很高的权威性和可操作性。如在德国，其宪法——《基本法》规定了"公民生存条件的一致性"，强调该国的公民无论生活在该国的什么地方，其所享有的公共服务都应当是相同的，《基本法》为德国政府间财政转移支付制度提供了基本的法律规范。在日本，关于政府间财政转移支付的相关法律包括

---

① 贾康：《转轨时代的执着探索：贾康财经文萃》，中国财政经济出版社 2003 年版，第 132 页。

《地方交付税法》、《义务教育法》、《土地改良法》、《宪法》、《地方自治法》、《财政法》、《地方财政法》等。相比之下，目前我国尚没有涉及政府间转移支付事宜的相关法律，就连《预算法》也无相关条款。因而，我们应努力加强相关法规建设：（1）尽快修订《预算法》，增加有关转移支付的条款，赋予财政转移支付相应的法律地位；明确中央政府与地方政府事权与财权的划分标准。（2）制定有关转移支付的单行法规，对财政转移支付的政策目标、资金来源、核算标准等做出具体的、权威性的统一规定，确保财政转移支付有法可依。①

四、建立"自下而上"的农村公共产品供给决策机制

这是完善公共财政体制、增加农村公共产品供给的重要措施。因为，"从根本上说，公共财政一定是民主财政，民主理财。这不仅是因为公共财政本身是'公共的财政'，必须服务和服从于社会利益和公共需求，也是因为公共财政的目标只有靠民主的手段才能得到切实的保障。"②而实现民主理财的重要的民主手段之一就是建立基于农村基层民主政治建设的、"自下而上"的农村公共产品供给决策机制。

长期以来形成的农村公共产品供给的"自上而下"的决策机制不仅导致了政府在农村公共产品供给上的"越位"，而且造成了公共产品供给结构的失衡。对此，我们应将建立在上级政府偏好基础上的决策机制转变为能够真实显示农民需求意愿的"自下而上"的决策机制，通过"自下而上"公共决策机制的建立，将公共产品的选择权交给需求者，让农民参与到决策中来，以更好地满足农民需求。

---

① 庞海军：《适应公共财政进一步完善财政转移支付制度》，《中央财经大学学报》2000年第12期。

② 徐勇、项继权：《让公共财政更加阳光、健康》，《华中师范大学学报》（人文社会科学版）2007年第2期。

在美国，其农村公共产品供给体系高效运转的基础就是健全的公共需求表达机制。在美国，乡村社区居民反映公共需求的途径主要有五个：一是选举。以投票的方式选举符合自己公共利益的行政长官，并通过其施政满足乡村公共需求。二是直接向议员反映。通过议员提出立法需求或向政府施压。三是通过非政府组织游说议会立法或争取政府资金支持。四是直接向有关部门提出意见和建议。五是"以脚投票"。即民众对自己生活的地方不满意，则选择搬迁到能满足自身需求的地方居住。这些途径成为政府提高农村公共产品供给水平的主要依据。① 美国的做法有些在我们国家难以应用，如"以脚投票"，受多种因素的制约，中国农民还难以自由流动。但美国的公共需求表达机制可以为中国农村公共产品供给体制建设提供一定借鉴。

建立农民对公共产品的需求表达机制，最重要的是应在"村民自治"的制度框架下，通过村民大会或村民代表会议对所需要的公共产品进行表决，以使农民的需求偏好得到表达。"自下而上"决策机制的建立应与农村的民主政治建设相结合，通过农村民主制度的建设和发展，通过提高农民的组织化水平，推动农民参与公共产品决策，更好地整合他们的需求意愿。同时，应改进农村社区领导人的产生和考核机制，应使农民不但能够选举村集体领导人，而且能够参与乡镇领导人的产生和考核，这样才能使农村社区领导人真正代表农民利益，对农民负责。同时，应实现信息的对称。政府应建立信息公开机制，实现农村公共产品供给方面的信息公开透明，这是进行民主决策的前提。而且，基层政府和村组织应真实反映农民意愿，这是"自下而上"的决策机制得以实现的保证。

从本质上讲，公共财政是一种制度安排，这种制度安排的目标是让全体国民都享有平等的国民待遇。所以，统筹城乡发展，完善公共财政体制，建设公共财政是解决农村公共产品供给问题的根本措施。"聚天下之人，不可

---

① 赵杰等：《美国乡村地区公共产品供给情况考察》，《中国财政》2010 年第 1 期。

以无财；理天下之财，不可以无义。"（王安石语）公共财政建设不仅要"阳光"，即"让公共财政阳光照耀农村"，"让发展的成果惠及广大民众"，而且，要"健康"，即要求财政管理体制、运行过程及财政结果具有合理性、有效性和可持续性。① 因而，我们应当把统筹城乡发展、健全公共财政体制的措施落到实处，只有如此，才能让公共财政更加阳光、健康！

第三节　农村公共产品供给中乡镇政府的职能转变

一、乡镇的自利行为以及对乡镇政府的批评

乡镇政府是我国政府层级中最低的一级政府，也是直接面向农村、农民的一级政府。因而，乡镇政府的职能转变状况直接影响着农村公共产品供给状况。农业税取消前，乡镇政府的职能主要就是作为国家从农村汲取资源的工具。因而，学者普遍认为，乡镇政府转变职能的关键，是实现乡镇政府职能由资源汲取型向资源支持型的转变。并且，"取消农民负担后，汲取型体制就没有了合法性和经济基础，乡镇政府必然转向服务型政府。"② 当前，我们国家不但已经取消了农业税，而且还向农民提供种粮补贴、良种补贴、购买农机具补贴，等等，这表明乡镇政府已经不再是国家从农村汲取资源的工具，而成为了国家财政资金支持农村的工具。但是我们并没有看到随之而来的乡镇政府职能的真正转变，很多乡镇政府忙于招商引资，无暇为农民提供公共产品和公共服务。

---

① 徐勇、项继权：《让公共财政更加阳光、健康》，《华中师范大学学报》（人文社会科学版）2007 年第 2 期。

② 李昌平、董磊明：《税费改革背景下的乡镇体制研究》，湖北人民出版社 2004 年版，第 31 页。

　　长期以来，乡镇政府的自利问题一直受到学者的批评。如杨善华等认为，从 20 世纪 80 年代初的财政体制改革开始，乡镇政权变为了"谋利型政权经营者"，即作为政府的最低一个层级，乡镇政府不是将自己应该担负的行政管理事务看作自己的主业，而是将经济活动看作是自己的主业。① 陈盛伟则将乡镇政府称为"谋利型政权代理人"，乡镇政权既是国家利益的代理人，又是谋求自身利益的行动者。② 赵树凯则提出了"基层政府公司化"的概念来概括基层政权的运行逻辑。"基层政府公司化"集中表现为政府以追求经济增长，特别是财政收入为最高动力。在某种意义上，GDP 是这个公司的营业额，财政收入则是这个公司的利润，在"发展是第一要务"的纲领下，政府的公共服务责任退居其次。"基层政府公司化"虽在经济发展中起了巨大作用，但也带来了基层政府公共服务的短缺。③ 实际上，无论是"谋利型政权经营者"，还是"谋利型政权代理人"，以及"基层政权公司化"，这些概念都概括反映了乡镇政府过多地从事经济活动，从而忽视为农民提供公共产品的现象。

　　而在乡镇政府所过多从事的经济活动中，招商引资又是其中最重要的一项。20 世纪 80 年代以后，地方政府对招商引资的参与作用逐步增强，特别是由于中央和地方"分灶吃饭"政策的实行，强化了地方政府的利益动机和经济责任，地方政府成了招商引资的主角。从发展经济的角度讲，乡镇政府招商引资本无可厚非，但问题的关键是很多乡镇政府把主要工作精力放在了招商引资上，过多地直接参与经济活动、干预了市场机制，忽视了为农民提供公共产品。这不仅导致了农民群众对乡镇政府的极大不满，而且造成了乡镇工作人员沉重的负担。那么，制约乡镇政府职能转变的因素是什么？如何

① 　杨善华、苏红：《从"代理型政权经营者"到"谋利型政权经营者"》，《社会学研究》2002 年第 1 期。

② 　陈盛伟、岳书铭：《乡镇政府"谋利型政权代理人"行为分析》，《中国行政管理》2006 年第 3 期。

③ 　赵树凯：《农村发展与"基层政府公司化"》，《中国发展观察》2006 年第 10 期。

才能实现其职能转变？本节就根据对山东省部分乡镇的调研对此作一分析。

二、职能转变的困境：政绩考核与乡镇政府招商引资的逻辑

2007 年至 2010 年，笔者先后在山东省的 B 市、D 市进行了关于乡镇职能转变问题的调研。B 市和 D 市均为地级市，从地理位置上来说，两市均属于山东省的西部相对落后地区，其乡镇也多是以农业为主的乡镇。在两市调查时，笔者发现乡镇领导最关心的就是招商引资工作，而导致这种状况的原因主要在于上级政府对乡镇的政绩考核和现有财政体制下的乡镇财政压力。关于乡镇政府的财政困难，在前文我们已经论及，所以在此我们主要讨论第一个方面。

2007 年 7 月初，笔者第一次到山东省 B 市 W 县的 S 镇。W 县辖 6 镇 3 乡 2 个办事处，44 万人口，S 镇有 82 个行政村，5 万多人口，该镇以种植冬枣为特色，人均种植枣树达到 120 余株。笔者到该镇时，B 市上半年乡镇"双十"考核刚刚结束。因而在该镇调查的几天中，笔者听到镇政府工作人员谈论最多的问题就是该镇在全市乡镇"双十"考核中的成绩与排名。S 镇在全市的综合考核名次为 55 名，在全市所有县（区）的 80 多个乡镇中处于中下游。

B 市对乡镇政府的"双十"考核是指基层组织建设十项考核和社会基础工作十项考核。基层组织建设十项考核主要考核农村基层组织建设。社会基础工作十项考核项目主要包括地区生产总值、招商引资、民营经济、财政收入、安全生产、社会稳定、计划生育、环境保护、小城镇建设、社会发展等十个项目。其中，每个项目又包括具体的评价指标，分别由市统计局、招商局等不同部门负责考核。如地区生产总值这一大项，就包括：（1）地区生产总值，（2）地区生产总值、人均地区生产总值增长速度，（3）财政收入占地区生产总值比重，（4）服务业增加值与地区生产总值之比，（5）服务业增加值增速，（6）规模以上服务业投资，（7）规模以上固定资

产投资增速，共七个具体指标，这一项由市统计局和市发改委负责考核。
而民营经济这一项包括：（1）新增 50 万元以上民营经济项目资金投入，（2）
民营经济实交税金，（3）新增民营规模工业企业户数，（4）民营经济增加
值，（5）新注册民营企业户数。该项由市经贸委负责考核。招商引资的评
价指标为实际利用外资（包括境外和境内市外）数额、增长速度，由市招
商局和市外经贸局负责考核。在这十项基础工作考核指标中，列在最前面
的是地区生产总值、招商引资、民营经济、财政收入等与经济发展有关的
项目。相比之下，与农村公共服务相关的社会稳定、计划生育、环境保护
等则列在了后面，而包括农村教科文卫事业、每万人中的医院及卫生院床
位数、农村合作医疗、农民就业教育培训等情况的社会发展则处于十项考
核项目的最后一项。

2010 年 B 市不再对全市各乡镇进行统一考核，而改由各县对所属乡
镇进行考核。W 县为此专门制定了县委、县政府《关于科学发展综合考
核的实施意见》。根据《意见》，对乡镇的考核分为 6 个类别 22 个项目 62
个工作指标，总分为 1000 分，另设加分项。这 6 个类别为：（1）经济发
展，400 分。包括：地区生产总值、地方财政收入、工业项目投入、招商
引资、村镇建设与管理、农民人均纯收入 6 项。（2）社会事业，120 分。
包括：劳动保障事业、教育事业、卫生事业、民政事业、文化体育事业 5
项。（3）可持续发展，80 分。包括：计划生育、环保节能、林业生产、水
利建设 4 项。（4）党的建设，150 分。包括：思想政治建设、组织建设、
党风廉政建设 3 项。（5）和谐稳定，150 分。包括：信访工作、安全生产、
社会治安状况 3 项。（6）满意度测评，100 分。这一类是从群众最关心、
最直接、最现实的利益问题入手，通过党建巡查、政风（行风）测评、领
导评价、民意调查等方式，全方位了解干部群众对党委、政府和领导班子
在经济建设、社会事业、可持续发展、党的建设、和谐稳定各方面实际工
作成效的直接感受。

应当说，2010 年 W 县的考核指标体系与 2007 年的 B 市考核指标体系相比，在内容上有了较大进步和改观，特别是突出了与民生有关的科教文卫、社会事业以及群众满意度的考核，但在 W 县的考核指标体系中，占分值最重的还是经济发展指标，特别是地区生产总值（20 分）、地方财政收入（140 分）、工业投入（100 分）、招商引资（50 分）等工作，在所有考核指标的 1000 分中，经济发展占了 400 分，而这四个方面又占了 310 分。

由 B 市及 W 县对乡镇政府的考核可以看出，在考核指标体系的设计中，乡镇经济发展状况的重要性远远大于乡镇政府为农民提供公共产品及其他工作情况的重要性。这也在一定程度上体现了上级政府在对乡镇基层政府考核时对 GDP 指标的迷恋。与此相关的 GDP 增长速度、GDP 总量、财政税收收入、工业投入、招商引资等成为考核的重点，考核的分值也占了相当大的比重。这种考核指标使得乡镇政府往往注重经济发展指标而忽视社会发展指标。这种考核指标体系设置的结果必然导致乡镇政府对招商引资工作的全身心投入。因为，在促进 GDP 发展的因素中，农业很难有大的贡献。因而，乡镇政府只能靠工业推进 GDP 的增长。而在工业中，民营经济的培植壮大如果没有数年的时间很难成规模。而招商引资则不同，如果招商引资成功，则能在短期内迅速推动当地 GDP 的增长。可以说，一个乡镇招商引资的规模在一定程度上就决定了它的地区生产总值、财政收入、发展潜力以至于官员的升迁。因此，在所有考核指标体系中，乡镇政府对招商引资更加关注，甚至形成了"千斤重担人人挑，人人身上有指标"的现象。一些乡镇干部甚至把招商引资等同于以经济建设为中心。招商引资不仅降低了政府工作效率，而且严重误导了乡镇干部，异化了政府职能，基层干部根本没有心思为农民提供公共服务。这种情况导致的最终结果是严重的，一是造成经济发展质量下降。部分乡镇短期行为严重，为了追求政绩，而盲目追求经济增长速度，忽视经济结构的调整和经济增长方式的转变。二是农村生态环境的恶化。因为对于大多数乡镇来说，乡镇政府能够招商引资到位的项目，基本上都是产能落后、效益较差、环境污染较重的项目。部分乡镇为了追求经济发展，不得不以牺牲环境为代价，最终危害了人的全面发展和社会的全面进步。

在上级政府的考核压力下，乡镇政府的工作必然围绕考核指标而展开。这不仅是因为考核结果关系到乡镇工作的排名，而且更是因为考核结果关系到乡镇干部的奖惩甚至提拔任用。如 W 县在 2010 年考核《意见》中明确指出："全面运用考核结果，更好地发挥考核工作的导向标、驱动器作用，以考核引领科学发展，以考核激励科学发展。（1）把考核结果作为干部奖惩的依据。对成绩突出的，采取记功、授予荣誉称号等方式给予精神奖励，辅之以适当的物质奖励。对成绩差、群众意见大的，给予通报批评；问题严重的，按照有关规定予以处理。（2）把考核结果作为班子调整和干部使用的依据。对自觉坚持科学发展、善于领导科学发展、积极推动科学发展，实绩突出、群众公认的干部，优先提拔重用。对连续两年综合考核排最末位的乡镇党政主要负责人、县直部门主要负责人调整工作。（3）把考核结果作为干部教育培训的依据。"由于乡镇政府官员的任用提拔掌握在上级政府的手中，因而上级政府的偏好就决定了乡镇政府工作人员的行为选择。只要是上级政府推行的工作，乡镇政府官员出于自身利益的考量，必然是首先保证向上级负责，而农民的利益则放在其后。

并且，乡镇政府为了完成考核任务和工作目标，必然将上级政府对乡镇工作的考核方式和考核内容进一步向下一级延伸。2007 年在 S 镇，笔者就看到了当年该镇农村工作考核细则，考核细则规定，镇党委、政府对农村党支部、村委会实施目标化、规范化管理，实行千分制考核。工作目标分为：招商引资及民营经济；农业生产；平安建设及信访；新农村建设；基层组织建设；农村财务管理；税费征收；计划生育等 8 个方面。考核的第一项内容也是最重要的内容就是招商引资和民营经济工作，该项工作为 200 分，占了全部考核分数的 1/5。考核细则规定，每个村的招商引资和发展民营经济的任务是 100 万元，这项任务对于大多数农村两委班子来说，实际上就是"不可能的任务"。

D 市的 L 乡是一个纯农业乡，由于地处偏僻、交通不便，因而乡里没有一个工业项目。笔者 2007 年到 L 乡调研时，该乡党委书记正要外出洽谈一个招商引资项目。在该乡，每个乡干部身上都有招商引资任务，依职务大小，每个人的任务从几百万到几十万不等。为了促进干部积极招商引资，该乡工作人员每月工资的 20% 都被扣发，扣发的这部分工资要等到年底视个人任务完成情况决定是否发放以及发放多少。在农业税取消、又没有工业收入的情况下，面对财政压力，乡镇政府不得不投身于"发展经济"的招商引资热潮中。

三、职能转变的实现：乡镇政府招商引资的治理路径

依据上文的分析，可以看出，在上级政府的政绩考核下，乡镇政府的工作必然是以招商引资等为工作重点。2007 年，山东省把层层下达招商引资指标的做法列为纠风重点，严禁各级政府及其部门向乡镇下达招商引资指标。[①] 虽然出台了这一规定，但这并不妨碍上级政府把招商引资情况作为对乡镇工作考核的重点，因为规定只是禁止向乡镇政府下达指标，而并非禁止乡镇政府招商引资。况且，在实际中，这种禁止对乡镇几乎没有任何约束力。因为对乡镇干部的升迁任用起关键作用的是市、县级政府，在市、县级政府的考核压力下，乡镇干部为了干出政绩，完成工作任务，必然以招商引资为工作重点。同时，在当前乡镇财政困难的情况下，乡镇政府忙于招商引资也实属无奈之举。考核压力和财政压力也可以看作政治压力和经济压力，或者外部压力与内部压力。可以说，乡镇政府面临的这双重压力，不仅决定

---

① 《山东：不得向乡镇下达招商引资指标》，2007 年 7 月 4 日，见 http://politics.people.com. cn/GB/4562/5945165.html。

了其招商引资的行为逻辑，而且也决定了对乡镇政府招商引资行为的治理路径。

荣敬本认为，我国的县乡政治体制是一种压力型体制，这种压力型体制将上一级政府确定的经济发展任务（包括财税征收任务）、指标层层分解下达，从县到乡镇乃至到村，将下级的"政绩"考核、荣辱升迁与其完成任务情况相挂钩，这在无形中形成了一种自上而下的压力机制。压力型体制实际上是一种与财政包干制相适应的政治承包制，这种体制是计划体制向市场体制的过渡形式，带有较多的传统体制的弊病。① 这种压力型体制不仅制约着乡镇政府职能转变，而且一定程度上造成了基层政府与人民群众间利益的冲突。

压力型体制产生的原始动力来自政府实现经济赶超的压力及其发展主义的意识形态。在20世纪90年代初确立的"稳定"和"发展"的意识形态中，经济的快速增长和人民生活水平的提高被认为是社会稳定的必要前提，"经济增长至上"成为政府和民间的共识。新世纪以来，"压力型体制"的运作逻辑并没有发生根本的变化，地方政府虽然改变了以往仅以 GDP 为核心的干部考核指标体系，政府的公共服务职能和绿色 GDP 开始被纳入到数字指标控制的范围。但是，在微观层次的具体运作中，压力型体制的作用机制并未发生根本变化，只是借"科学发展观"之名，行"经济增长至上"之实，进行"名实分离"的非正式运作。② 因此，要实现乡镇政府职能的转变必须转变这种压力型体制，具体来说：

首先，改进考核内容。上级政府对乡镇工作的考核内容应更加体现科学发展观的要求，增强考核内容的科学性，既注重考核发展速度，又注重考核

---

① 荣敬本：《从压力型体制向民主合作型体制的转变：县乡两级政治体制改革》，中央编译出版社 1998 年版，第 27—28 页。
② 渠敬东、周飞舟、应星：《从总体支配到技术治理——基于中国 30 年改革经验的社会学分析》，《中国社会科学》2009 年第 6 期。

发展方式、发展质量；既注重考核经济建设情况，又注重考核经济社会协调发展、人与自然和谐发展。真正树立和落实科学的发展观、正确的政绩观。在考核过程中，应当坚持不是 GDP 高于一切，而是人民群众的公共利益高于一切。使乡镇政府在促进发展的过程中，不仅要关注经济指标，更要关注民生指标；不仅要增加促进经济发展的投入，更要增加促进公共服务、促进社会发展的投入。在具体的考核指标设计上，应该把农村义务教育、农村卫生事业和合作医疗、农村社会保障、农民教育培训、农村基础设施建设、农业科技服务、计划生育服务等作为对乡镇工作的考核重点，加大考核比重。这些内容都是与农业生产、农民生活和农村发展密切相关的公共产品。如果上级政府对乡镇工作的考核围绕对农民提供的公共服务和公共产品来开展，那么必然促使乡镇政府的工作重心向这一方面转移，有效防止乡镇职能错位。

其次，改进考核方式。在考核方式上，应建立"双向问责制"。目前对乡镇政府的问责机制是主要体现上级政府对下级政府约束和要求的"逆向问责制"，农民难以参与这种问责过程，无法对乡镇干部的工作情况做出评价，也就无法制约乡镇干部的行为。实际上，在科层制政府体制中，这种自上而下的问责机制是不可避免的，它能够约束下级政府的行为，并对其形成激励。但其缺陷是农民成为了旁观者。随着政治管理由传统的"统治"向"善治"的转型，就需要我们建立"自上而下"与"自下而上"相结合的"双向问责制"，即不但能使上级政府约束基层政府行为，而且能够使农民约束基层政府行为，这样更有利于乡镇职能的转变，促使乡镇政府工作的重点集中于那些虽然不能产生明显经济效益，但对农村发展和农民生活至关重要的公共产品提供方面。

在笔者调研的过程中，在谈到乡镇的招商引资现象时，乡镇政府官员经常提到的一个理由就是，乡镇政府要以经济建设为中心。可以看出，一些官员把招商引资等同于以经济建设为中心。中央强调的"以经济建设为中心"，在部分乡镇政府和官员那里被片面地理解为以"GDP"为中心。那么乡镇政府应该如何做到以经济建设为中心，这是一个值得进一步深入思考的问题。同时，在乡镇政府职能转变的过程中，乡镇政府虽然是职能转变的主体，但决定乡镇政府行为的往往是上级政府，无论是行政管理体制还是财政管理体制。因而，实现乡镇政府职能转变的关键是应进一步深化现行的行政管理体制和财政管理体制改革。唯有如此，才能实现乡镇政府职能的真正转变。

本 章 小 结

农村公共产品供给体制变迁的目标应该是实现由以制度外供给为主向以制度内供给为主的转变，构建城乡一元的公共产品供给结构，从而给农民以真正的国民待遇。

增加农村公共产品供给，构建新的农村公共产品供给体制，政府承担着最主要职责。而对于政府来讲，最根本的措施就是应切实统筹城乡发展，彻底改变"重工轻农"、"重城轻乡"的传统发展战略，而采取以工促农、以城带乡、城乡统筹发展的新战略。当前，我国已经完全有能力和条件统筹城乡发展。但以济南市为例来看，在公共产品的供给中，城乡之间还存在较大差距，农村还没有得到与城市同等的待遇。

健全公共财政体制不仅是城乡统筹发展的直接体现，而且是重构农村公共产品供给体制的关键。财政不仅具有经济属性，而且具有政治属性，财政是以政治权力为依托，对社会公共资源进行配置，从而对社会不同利益群体进行的利益调节。健全公共财政体制的实质是要充分发挥政府在农村公共产品供给中的作用。健全公共财政体制，应加大对农村社会事业和农业的补贴力度、合理划分纵向间政府事权、完善转移支付制度、建立"自下而上"的农村公共产品供给决策机制。

　　乡镇政府是直接面向农民的基层政府，其职能转变情况直接关系到农村公共产品供给状况。取消农业税后，乡镇职能并没有实现真正转变，乡镇政府仍然无暇为农民提供公共产品，经济活动特别是招商引资仍然是很多农业乡镇的主要工作。造成这种状况的原因，除了乡镇政府面临的财政压力之外，就是压力型体制下上级对乡镇政府的政绩考核。近几年，压力型体制并没有根本改变。因而，乡镇政府要转变其职能，关键是改变压力型体制，包括考核内容和考核方式，促使乡镇政府转变为公共服务型政府。

第五章　农村公共产品供给的市场化改革

公共产品市场化是指政府把本应由公共部门生产和提供的部分公共产品通过一定的方式交由私人部门按照市场机制进行生产或提供。公共产品市场化的内容既可以是公共产品的"生产"，也可以是公共产品的"提供"。从政府的角度来说，进行农村公共产品供给市场化改革的目的，一是为了弥补政府供给的不足，二是为了满足公众对公共产品多元化的需求。

20世纪70年代，发达资本主义国家经济进入滞胀时期。一些经济学家认为，发达国家经济之所以陷入经济发展停滞与通货膨胀并存的状态，主要是国家干预的结果。在这种情况下，提倡市场机制、主张自由放任、反对国家干预的新自由主义思潮兴起。新自由主义的主要观点就是在公共领域引入市场机制和竞争机制，以市场的力量弥补政府的不足。在新自由主义思潮的影响下，主要发达资本主义国家开始了市场化的改革，如英国的"下一步行动方案"、美国的"政府再造"运动等，都是以市场化为基本价值取向的。

早在20世纪80年代初，我国部分农村地区在公共产品供给中也引入了市场机制，进行了市场化改革。改革之所以出现，其原因首先是，人民公社体制解体后农村公益事业面临无人管理的困境，因而农民开始自发地探索新的农村公共产品供给方式。其次，改革也是国家制度设计的结果，如在农田水利建设上，1983年国家确定了"加强经营管理，讲究经济效益"的水利工作思路，开始以经济效益为目标，尝试运用市场手段开展农田水利建设。

1988 年，水利部下发《关于依靠群众合作兴修农村水利的意见》，明确提出了坚持"谁建设、谁经营、谁受益"的原则，提倡和鼓励农户按照统一规划兴修农村水利。水利市场化改革就是在通过市场机制解决农业用水问题的同时，将水利工程单位变为"自收自支"经营主体。所以说，我国农村公共产品供给的市场化改革，既是客观需要，又是主观制度设计的结果。

第一节　农村公共产品供给市场化改革的
必要性与可能性

农村公共产品供给市场化改革，不仅有其必要性，而且有其可能性。从必要性上来讲，首先，当前我国农村公共产品供给面临的困境决定了应该适当引入市场机制以弥补政府供给的不足，更好地满足农业生产和农民生活的需要。同时，政府失灵的存在也决定了市场化改革的必要。关于农村公共产品供给的困境，在前文我们已经详细论述，因而，在此我们主要分析政府失灵与农村公共产品供给市场化改革的必要性。

一、政府失灵与农村公共产品供给市场化改革的必要性

传统政治理论认为，作为最主要的公共部门，政府是大公无私的，政府的目标就是促进社会整体利益的最大化。但公共选择理论认为，如同市场存在着失灵现象一样，政府也存在着失灵现象。政府失灵是指公民个人对公共物品的需求在现代代议制民主政治中得不到很好的满足，政府在提供公共产品时往往会形成浪费和资源的滥用，政府的活动和干预措施缺乏效率，最终使得公共支出规模过大或者效率降低。

政府失灵的表现形式主要有：公共产品供给的低效与浪费、公共决策失误、内部性与政府扩张、寻租及腐败等四种基本类型。公共产品供给的低效与浪费是政府失灵的表现形式之一，而政府在公共产品供给中之所以会产生

低效与浪费，其主要原因是：

第一，缺乏竞争压力。在市场竞争的机制下，私人部门会想尽一切办法降低生产成本，提高生产效率。否则会被市场淘汰。但在政府部门中却缺乏这样的竞争机制。由于政府部门垄断了公共产品的供给，没有竞争对手，就有可能使得政府部门放松内部管理和技术创新，导致了生产和经营的低效率，即"X—非效率"。同时，由于掌握公共财政资源，并受到一定利益动机的驱动，政府部门有可能过分投资，生产出多于社会需要的公共产品，形成浪费。如我们在前文提到的，部分农村公共产品供给过剩，"政绩工程"过多，等等，就是政府过分投资形成浪费的体现。另外，在市场机制中，企业能够对顾客的需求快速作出反应，满足顾客需求。但是政府面对公众却难以做到这一点。特别是随着农村改革的发展和社会主义市场经济体制的不断完善，农村经济不断发展，农民富裕程度不断提高，农村社会不断分化，因而，农民的利益需求也日益多元化。加之我国幅员广阔，不同地区农村的差异性非常大，这就导致农民对于农村公共产品的需求差别增大。而政府作为唯一的公共产品供给主体，难以迅速对农民的利益需求作出回应，难以满足农民多元化的需求。因此，世界银行曾经指出，"在许多国家中，基础设施、社会服务和其他商品及服务由公共机构作为垄断性的提供者来提供不可能产生好的结果"。①

第二，政府机构及其官员缺乏追求利润的动机。受利益的驱动，私人部门总是追求利润的最大化，利润是其行为的动机。而政府部门则不同，在政府部门垄断公共产品供给的情况下，政府部门作为公共产品的唯一供给者，由于缺乏竞争机制，政府自然没有动力追求公共产品供给成本的最小化。同时，与企业经营者不同，政府部门并不追求利润的最大化，因为再多的利润也属于公共而非官员自己所有。政府部门追求的是政治权力、部门规模和升

① 世界银行：《变革世界中的政府——1997 年世界发展报告》，中国财政经济出版社 1997 年版，第 4 页。

迁机会的最大化，而非公共利益或社会福利的最大化。

第三，缺乏监督机制。从理论上讲，政府官员的权力来源于人民的权力让渡，因此，他们理应受到立法者和公民的监督。但在现实社会中，这种监督机制往往是不健全的，特别是由于信息的不对称，公民对于政府官员的监督几乎是没有效力的。在农村公共产品供给的过程中，政府官员几乎掌握着关于公共产品供给的所有信息，在缺乏信息的情况下，公民不可能监督政府官员的行为。再加上政府垄断，监督者往往可能为被监督者所操纵，成为他们提升政绩、扩大权力的工具。

除了公共产品供给中的低效与浪费之外，政府还有可能出现公共产品供给中的"公共决策失误"。其原因是，首先，阿罗不可能定理早就指出，如果众多的社会成员具有不同的偏好，而社会又有多种备选方案，那么在民主的制度下不可能得到令所有的人都满意的结果。因此，作为公共决策追求目标的公共利益，在现实生活中实际上并不存在。其次，公共选择理论认为，由个体所组成的政府，也是理性的"经济人"。因此，政府在决策时就有可能会违背公众的意愿而趋向于"自私"。同时，虽然政府存在的理由就是为了给民众提供公共利益，但现实生活中的利益集团为了私利会对政府进行游说，推动政府在公共投资中偏向于某一集团利益，牺牲社会整体利益。如前文所述，虽然近几年来，中央强调增加对农村的财政投入，但政策落实得并不好，其重要原因就是城乡利益的分化。再次，在公共政策执行的过程中，也会出现政策执行主体利益的博弈，如中央政府与地方政府利益的差别会导致"上有政策、下有对策"现象的发生。

那么如何克服政府失灵？公共选择理论的思路之一就是进行市场化改革，即用市场的力量改善政府的功能，提高政府的效率。在以往，人们往往注重用政府的力量来矫正市场失灵，却忽视了市场对政府的作用。实际上，市场力量是改善政府功能的基本手段，通过生产作用的发挥，可以弥补政府的部分缺陷。

二、农村公共产品供给市场化改革的可能性

（一）宏观环境：社会主义市场经济体制的不断完善

社会主义市场经济体制的不断完善为农村公共产品供给市场化改革提供了基本的制度环境。1992 年 10 月党的十四大报告中正式提出："我国经济体制改革的目标是建立社会主义市场经济体制。"自 1992 年以来，我国社会主义市场经济体制不断完善。随着社会主义市场经济体制的不断完善，我国已经建立起与市场经济相适应的法律环境、制度环境和思想观念环境。譬如，市场经济的发展极大地改变了农民的传统思想，农民的市场观念、经济意识、竞争能力不断增强，这对于促进农村公共产品供给的市场化改革起到了重要作用。特别是现代产权制度的建立，为农村公共产品供给市场化改革提供了最重要的制度保证。产权是适应现代市场经济发展要求而出现的经济范畴，是根据一定目的对财产加以利用或处置，以从中获取经济利益的权利。产权制度是关于产权界定、运营、保护等的一系列体制安排和法律规定的总和。现代产权制度则是现代市场经济的本质规定。产权学派认为，公共产品的市场供给之所以失灵，就是因为产权不清晰。如果产权确定并得到充分保障，则有些市场失灵就不会发生。党的十六届三中全会作出了建立"归属清晰、权责明确、保护严格、流转顺畅"的现代产权制度的历史性决策，这是我国经济体制改革实践和理论上的重大突破和创新。正是由于现代产权制度的建立，保障了私人部门投资的经济利益，使私人部门对其投资形成了良好的预期，推动了农村公共产品供给市场化改革的发展。

（二）理论背景：新公共管理运动的兴起

公共产品供给市场化改革缘起于 20 世纪 70 年代末英美等国政府开始推行的"新公共管理"运动。进入 20 世纪 70 年代，西方国家经济发展进入

"滞胀"时期，从而引发了一系列的社会矛盾和问题。在政府管理中，政府行政效率低下、机构膨胀，难以满足公众需求，传统的政府管理理念已经无法解决这些问题。在这种情况下，新公共管理运动兴起。公共选择理论是新公共管理运动的主要理论，公共选择理论认为，人类有两个市场，即经济市场和政治市场，在经济市场和政治市场活动的是同一个人，都是"经济人"，政治只是经济交易过程的延伸。因此，政府不是受到公共利益的激励，而是受个人利益的激励，政府并不总是正确无误的。而要对政府行为进行改进就必须引入竞争机制，市场竞争可以产生高效、打破垄断，迫使公营垄断组织加强对公众需求的回应性，从而满足公众多元化的需求。因而，政府应该退出某些领域。公共选择理论为公共产品供给市场化改革提供了最主要的理论支撑。

（三）可行性论证：经济学家的探索

各国的经济学家对公共产品的市场化提供进行了多方面的探讨，为公共产品供给的市场化改革进行了可行性论证并奠定了理论基础。

从技术角度讲，对于公共产品的市场化，最关键的问题就是如何把"搭便车者"排除在外。戈尔丁认为，在公共产品的消费上存在着"平等进入"与"选择性进入"。"平等进入"指公共产品可由任何人来消费，如公园里的露天音乐会；"选择性进入"指消费者具有一定的限制条件才可以消费，如音乐厅里的音乐会。技术在决定一种产品或服务的公共性或私有性方面起着重要作用，技术水平往往决定着产品消费的公共性程度。戈尔丁认为，福利经济学忽视了公共产品供给方式上的"选择性进入"，没有什么产品是由其内在性决定它是公共产品或不是，能决定的是供给产品的不同方式，即"平等进入"或"选择性进入"。而产品的提供方式取决于排他性技术和个人偏好的多元化。他认为，有两类技术影响着公共产品是由市场机制解决还是由政府机制解决，一类是排他性技术，即阻止"搭便车"行为的技术；另一类是公共产品本身的生产技术水平。若公共产品不能通过市场提供，那是因为在技术上难以把不付费者排除在外。①

科斯在《经济学上的灯塔》一文中研究了英国早期的灯塔制度。在 17 世纪之前，灯塔在英国是名不见经传的。在17世纪初期，领港公会（Trinity House）建造了两座灯塔。这个历史悠久的公会起初是由海员组成的，后来政府授以权力，逐渐成为隶属政府的机构，专门管理航海事宜。虽然领港公会有特权建灯塔，向船只征收费用，但公会却不愿意在灯塔上投资。1610 年至 1675 年，领港公会一个新灯塔也没有兴建；但在同时期内，私人投资却建了 10 个灯塔。而私人之所以能够避开领港公会的特权而投资灯塔，就在于私营投资者向政府申请了特权，准许他们向船只收费，这个申请手续是要多个船主联名签字，说明灯塔的建造对他们有益处，他们愿意付过路钱。灯塔建成后，过路钱是由代理收取的。一个代理可能替几个灯塔收费，而这个代理人往往是海关的公务员。到 1820 年，英国私营的灯塔有 22 个，由领港公会经营的是 24 个，在这总共 46 个灯塔中，有 34 个是私人建造的。科斯的研究证明了灯塔的私人建造和收费是可能的，即公共产品的私人供给是可能的。②

（四）改革动力：私人部门经济利益的驱动

私人部门之所以能够提供部分农村公共产品，其动力来自于对经济利益最大化的追求，其积极性取决于对成本—收益的比较分析。在对未来收益有良好预期的前提下，私人完全可以成为农村公共产品供给的主体。

随着农村经济的发展，农民富裕程度不断提高，特别是随着农村民营经济的不断发展，农村已经积累了大量民间资金。市场机制的本质就是不同的利益主体以自愿市场交易的方式实现各自利益的最大化。无论是企业还是个

---

① K.D.Goldin, "Equal Access vs. Selective Access A critique of Public Goods Theory", *Public Choice*, 29（1979）. pp.53—71. 转引自宋官东、吴访非、李雪：《公共产品市场化的可能与条件》，《社会科学辑刊》2010 年第 6 期。

② 参见《张五常散文选之科斯的灯塔》，《产权导刊》2005 年第 1 期。

人，作为理性"经济人"，有了财富积累之后便会寻求资本增值的机会。因此，这些民间资金不仅为农村公共产品供给的市场化改革提供了必要的资金来源，而且提供了动力。在农村公共产品中，真正的纯公共产品数量有限，更多的是或者具有部分排他性或者具有部分竞争性的准公共产品，还有的接近于私人产品。对于这些准公共产品，私人部门可以通过收费的方式弥补其边际成本。因而，在农村公共产品供给中，市场机制能够发挥一定的作用。

第二节　当前农村公共产品市场化改革中存在的问题——基于两个案例的分析

当前，在政府财政投入不足的情况下，我国越来越多的农村地区通过市场化改革的办法来解决农村公共产品供给问题，如水利设施的个人承包、农村私人办学的不断增多等。虽然通过农村公共产品供给的市场化改革，一定程度上弥补了政府供给的不足、满足了农民对部分农村公共产品的需求，但在改革中也存在着一些问题。那么，应该如何认识这些问题？在建设社会主义新农村、实现城乡统筹发展的背景下，在农村公共产品供给由以制度外供给为主向以制度内供给为主转变的目标下，应该如何进行农村公共产品供给的市场化改革？在本节我们结合两个案例对此加以分析。

案例1

合作灌溉的瓦解与江汉平原的农业旱灾

罗兴佐

......

税费改革与农民合作灌溉的瓦解

位于江汉平原的荆门区域，目前能够使用和正在使用的大、中型水利工程基本上是人民公社时期修建的。人民公社时期，这些水利工程因在规模上与人民公社体制相契合而能够得到较好地使用。如位于新贺村的新贺泵站为中型泵站，灌区覆盖了全公社80%以上的农田，抽水灌溉由公社水利员统一安排，以生产大队为单位，按田亩收取水费，在生产大队内，则由分管水利的副大队长安排本大队各生产队的抽水顺序，这样，泵站灌溉得到了体制的支撑，自泵站建成后至人民公社体制瓦解前，灌区范围内未发生过人为性灾害。

20世纪80年代中期后，国家启动了以市场化为取向的水利体制改革，其基本思路是由上往下放、由政府管理推向社会，由公益性、准公益性向企业化转变。但是，市场化改革后的水利工程单位面对的一个突出难题是如何与个体化的农户进行交易。税费改革前，虽然实行生产责任制，原先的组织基础已不复存在，但乡村组织通过统筹共同生产费仍然维持了以村民小组为单位的共同灌溉模式。统筹共同生产费构成了泵站与个体化农户形成稳定的供水关系的纽带。

税费改革后，共同生产费被取消，乡村组织亦被禁止插手农户的生产环节，泵站与个体化农户的供水关系便不能维系。因为市场化运作的泵站抽水成本高，其最小的抽水单位至少是一个村民小组的规模，但个体农户无法承受泵站抽水的高成本，在小组内，总有些农户想搭别人出钱抽水的便车，小组内没有任何办法排除搭便车者，以小组为单位从泵站抽水再也无法组织起来了，原有的合理灌溉便瓦解了。

农业旱灾与水利政策反思

构成荆门区域农业旱灾的，除自然因素外，最主要的是水利的市场化改革和税费改革后乡村组织的退出及由此而导致的农民合作灌溉的瓦解。

从荆门的情况来看，市场化取向的改革并没有取得预想的结果。一是供水市场并没有如政策设计者所期望的那样建立起来。农业用水市场的建立除了水利工程单位要转变经营机制外，还需要市场中的买卖双方具有稳定的合作关系，而目前，至少就买方来说尚不能算是合格的一极。卖方若想通过市场经营来维持自身生存，必须解决两个问题：一是水能卖出去，二是卖水的钱能及时收上来。就前者，不仅受自然因素影响极大，而且农户还有许多替代性选择，经营者完全无法预测；就后者，水利工程单位面对的是分散的农户，农户是否合作放水本身就是个大问题。二是造成了农村中的强者对水资源的垄断。作为市场化改革的后果，原有的水利设施无一例外为村中强者所拥有，不仅因为经济能力，更重要的是惟有他们的狠气才敢于经营，因为他们有能力阻止他人搭便车，也正是因为他们的强势，在与村民的水资源交易中他们总是处于优势地位，容易损害多数农户的利益，或者因为他们垄断已有水利设施，导致其他农户不得不投资购买抽水设备、增加生产成本。

农田水利具有系统性和特殊性，它是准公共物品。以泵站为例，泵站可能为国家或集体所有，但泵站附属设施如渠道尤其是毛渠，泵站管理单位是没有能力去维护的。实行生产责任制后，农户拥有土地的使用权，没有农户的同意便不能侵占或损害农户的土地使用权，而若渠系得不到有效维护，泵站灌溉可能难以实行。人民公社时期水利工程能有效发挥作用，其奥秘就在于水利工程管理单位与相关的社队形成了专管与群管相结合的管理与维护机制，目前的困境在于，水利工程管理单位与相关的用水者缺乏共同维护机制，这种机制若要建立，水利工程单位就不可能是一个外在于用水者的企业，它必须通过中间组织而与个体化农民建立稳定的供水关系，在乡村组织退出而农民用水协会又不能起作用的背景下，它的效用就无法得到体现。

　　……

资料来源：《三农中国》2006 年第 3 期，湖北人民出版社 2006 年版，第 90—93 页。

案例 2

市场化改革：武城县的农村自来水建设

武城县位于山东省德州市西南部，辖 5 镇 3 乡一个街道办事处，393 个行政村，总面积 748 平方公里，总人口 37 万人，其中农村人口近 32 万人。

武城县处于咸苦水区，浅层地下水苦咸，深层地下水含氟量严重超标，苦水区占总面积61%。由于武城县地处引黄下游，因而，客水资源短缺。由于近些年来经济发展，水污染也十分严重，如武城镇高庄村由于饮用水受到污染，村民患病率明显上升，特别是消化系统疾病如胃炎、肠炎等比10年前上升50%，仅最近2年40—60岁患癌症去世的村民就有6人。缺水村庄的群众为了吃水，有的天天排队挨号等水，有的需要到几公里外的村庄拉水并因此经常出现争水纠纷。农民长期以来一直盼望能够喝上安全的饮用水。

在农村自来水建设中，该县采取了"民建民营民受益"的方式，启动民间资本，让有一定积累的农民投资打井并经营，在农民受益中让投资者获得一定利益。2000年，武城县老城镇三合街村一个个体户投资12万元，打井、建水塔，安装管道，为村民供水，村民按照自愿原则，每户缴纳300元初装费即可并网供水。借助这一典型，该县出台激励政策并拿出补助资金，调动投资积极性，开展农村市场化供水改革。规定对投资5万元以上，通过竞标购买原有深井、新打深井和投资1万元以上购买原有浅井、新打浅井的大户，可获得20年的供水工程经营权；对新打深井、浅井按规划进行集中连片供水的经营者，每眼井分别补助3万元和1500元。通过奖励补助政策，带动了个体私营业主、外来投资者建自来水厂（站）的热情。2004年在武城镇林尔庄以股份制的形式建起了第一个供水水厂，该水厂铺设供水主管道8.6千米，工程总投资118万元。工程建成后，先后解决了林尔庄、田尔庄、祝庄等附近6个村的饮用水问题，后又扩展至周围15个村。按照这一模式，鲁权屯镇沙虎庄村、李家户乡英庄、梁庄、武城镇孙河沟、西小屯分别建立了水厂，解决了本村及附近村庄的供水问题。2005年全县共投入资金1448万元，其中国家补助120万元，县财政投入510万元，群众自筹494万元，个体大户投入324万元，形成了投资主体的多元化。遍布全县乡村共有89个供水厂，来自个体户和私营企业主的投资占了 35.2%。该县也成为了德州市第一个村村通自来水的县。

为了全程监督水厂的服务质量，武城县水务局专门成立"农村供水服务110"。"农村供水服务 110"坚持以服务群众和维护各水厂的合法权益并重的原则，做到"有求必应，有难必帮"。公开服务热线，受理群众举报，处理结果及时向举报人反馈。"服务 110"配备了专用车和专业维修技术人员，帮助水厂在第一时间排除障碍，修复设备及管道，保持供水畅通。"服务110"还公开承诺：严格执行"国家饮用水卫生标准"；准确计费，礼貌服务，按市物价局公布的水价标准收费；供水设备及管网等设施保证正常使用，确保供水畅通。

资料来源：笔者于 2007 年 7 月对山东省武城县自来水市场化改革的调查。

上述两个案例，虽然同样是关于农村"水"的改革，但其结果完全不同。在案例 1 中，荆门地区的农田水利建设的市场化改革不仅没有取得预想的效果，反而成为导致该地区农业旱灾的重要因素，其改革不但没有促进农村公共产品供给，反而影响了农业生产的发展。因此，荆门地区的农田水利市场化改革是失败的。在案例 2 中，武城县通过民建民营民受益的办法，解决了农民吃水问题，就满足农民饮用水需求这一点来说，其改革无疑达到了目标。但在其改革中，也存在着一定问题，即农民承担了相当一部分改革成本，在 2005 年全县投入的 1448 万元中，仅群众自筹就达到 494 万元，约占全县总投入的 1/3。农民负担在通过农村税费改革减轻的同时，却通过农村公共产品供给的市场化改革重新增加。

上述两个案例说明，在农村公共产品供给的市场化改革中，虽然一些改革在一定程度上满足了农民对农村公共产品的需求，但同时也存在着一定的问题，还有的市场化改革不但没有解决农村公共产品供给问题，反而恶化了农村公共产品供给状况。问题主要体现在两个方面：

（一）农村公共产品供给市场化改革存在盲目性

荆门地区的水利市场化改革并没有成功，其原因很大程度上在于市场化改革的盲目性。也就是说，在农村公共产品市场化改革的过程中，一些政府部门并没有具体分析进行市场化改革的可行性，而是盲目地将农村公共产品供给推向市场，从而推卸政府应该承担的责任。就荆门地区的农田水利市场化改革来说，实际上并不具备进行改革的可行性。就如在案例中作者所指出的，首先，市场的需求主体不合格；其次，虽然农民种地需要灌溉，但是农田灌溉受自然因素的影响，而且农民有许多替代性选择；再次，外部性问题没有解决，"搭便车"者无法排除。所以，在这一市场化改革中，市场没有真正形成，市场的存在是市场化改革的前提，市场都不能形成，谈何市场化改革？因此，该地区农田水利市场化改革的失败就成为必然。而这种盲目性的出现，就在于政府部门在公共产品供给中推卸责任，把政府应该承担的责任推向社会，使公益性、准公益性的公共产品供给向市场化转变。

（二）在市场化改革过程中，农民负担有所加重

武城县农村自来水建设的市场化改革，在一定程度上满足了农民的饮用水需求，应当说改革是成功的。其成功的关键不仅在于吃水困难的农民对于饮用水的"刚性需求"，而且在于农村自来水建设能够通过每个农户单独安装水表进行收费从而在技术上能够将"搭便车者"排除在外。尽管如此，武城县农村自来水建设的市场化改革也存在一定问题，即加重了农民负担，农民承担了相当多的供给成本，这与传统的"三提五统"、集资、摊派等形式的农民负担虽在表现形式上有所不同，但在实质上是一样的，都是由农民承担农村公共产品供给的成本。因而，这样的市场化改革是与减轻农民负担、增加农民收入、给予农民平等国民待遇的目标相背离的。在市场化改革过程中，无论是企业还是个人投资于公共产品供给，其主要目的之一就是为了营利。而这一目的导致的直接结果就是有可能投资者把农民当作顾客，让农民

承担全部或部分供给成本。① 如果通过增加农民负担的方式，让农民承担供给成本，那么很多公共产品的供给即使不通过市场化改革也可以实现。因而，这样的市场化改革虽然能够在一定程度上弥补政府供给的不足，但并不应该成为当前解决农村公共产品供给问题的主要思路。

第三节　推进农村公共产品供给市场化改革的思路

虽然理论研究和现实实践都证明农村公共产品供给的市场化是可能的，针对农村公共产品供给的不足以及农民多元化的需求，市场化改革也是必要的。但是，在构建新的农村公共产品供给体制的过程中，什么样的市场化才是我们需要的呢？或者说，应该如何进行市场化改革呢？笔者认为，当前，农村公共产品供给市场化改革应把握的思路是：首先，进一步明确市场化改革目的，强化政府责任。其次，市场化改革应尽量减轻农民负担。再次，对不同类别的公共产品，应具体分析其市场化改革的可行性。

一、进一步明确改革目的，强化政府责任

解决农村公共产品供给问题，从根本上来说，需要政府增加对农村和农业的投入，这不仅是由农村公共产品的性质所决定的，而且是由我

---

① 在我国公共产品供给市场化的过程中，投资者改变公共产品的公共属性，把公民当作顾客，追求经济利益最大化的现象已经暴露很多。如 2007 年 6 月 15 日坍塌的广东佛山九江大桥，在 1998 年建成通车，工程总耗资 9980 万元人民币。当时交通部补助 400 万元，另向广东信托投资公司借贷外币 540 万美元（按当时汇率），向人民银行、建设银行贷款 5500 万元，其余资金由广东省交通厅筹足。大桥建成后 2 年的收费就已经超过总投资，但在收回成本、还贷并支付利息后，九江大桥管理方仍保持"几年一个成本"的收费标准。参见《公共服务市场化切忌把公民当顾客》，《经济参考报》2007 年 9 月 7 日第 9 版。

国建设社会主义新农村的历史任务所决定的。即使在当今私有制最发达的资本主义国家，公共产品也并非完全是由市场独立提供，政府的宏观调控不但涉及生产领域，在分配领域内也发挥着不可或缺的作用。在公共产品供给领域内，政府仍处于主体地位，市场处于从属与被支配地位。政府决定供给种类与规模，并且对公共产品的市场供给进行宏观监管或予以直接补贴。①

由此，对于市场化，政府应进一步明确认识，农村公共产品供给市场化改革的目的是为了弥补政府供给的不足，实现农村公共产品的更充分供给，提高供给效率，更好地满足农民多元化需求。而不是为了推卸政府责任，甩掉政府包袱。在当前农村公共产品市场化改革的过程中，存在着为了市场化而市场化、为了改革而改革、政府职能部门甩包袱等现象，这样有时不但不能促进农村公共产品的供给、满足农民需求，反而会恶化农村公共产品的供给状况，影响农民生活和农业生产的发展。因此，政府不应把市场化改革作为政府推卸自身责任的理由，在农村公共产品供给市场化后，也不应改变公共产品的公共属性，不能把农民当成顾客追求经济效益的最大化。进一步明确改革目的，这是农村公共产品供给市场化改革顺利实施的前提。

在进一步明确改革目的的同时，要强化农村公共产品供给市场化改革中的政府责任。市场化并不意味着政府责任的退出，政府在其中仍要发挥重要作用。首先，在市场化改革的过程中，政府应当做到信息的公开、透明，防止政府与企业的暗箱操作，防止国有资产的流失，防止"寻租"行为的发生。其次，农村公共产品供给的市场化改革要求有一个健全、完善的监管机制。与政府部门相比，私人部门以追求利润为目标，往往会出现提高产品价格、降低质量标准等问题。因而，政府在明晰产权、保护私人部门利益的同时，应当加强监管机制建设，规范企业的行为，以维护农民利益。在这一方

---

① 阮萌：《当代公共物品市场化供给的国际经验及启示》，《经济纵横》2009 年第 6 期。

面，关键是要构建完善的政策法规体系，为合理监管提供依据。监管的内容
应从经营主体资格、产品质量、产品价格、安全生产条件等方面进行。重点
为，第一，在价格方面，应加强审计，开展价格听证，以保证农民利益为目
标，控制私人部门对垄断利润的片面追求。第二，在产品质量方面，应加强
质量监督，为农民提供符合质量要求的服务和产品。在这一方面，武城县的
"农村供水服务 110"是一种比较好的探索。

二、市场化改革应尽量减轻农民负担

总的来说，农村公共产品供给市场化改革存在着两种模式，第一种模
式："政府供给"＋"市场生产"。即由政府承担公共产品的供给成本，但其
"生产"环节则可以通过市场化运作，通过市场竞争承包给某些企业生产，
然后由政府购买提供给消费者。

在美国，公共产品由政府提供，但交给私人企业生产，这是美国公共产
品市场化供给的主要做法之一。在美国，政府可采取与私人企业签订合同和
特许经营两种方式将公共产品转移给私人生产。美国政府使用的大多数有
形资产如补给、装配和设备等都是通过合同购买的，461 家州政府机构（代
表全部 50 个州）中，平均每个机构有 7.5 项服务设施实施了民营化。同时，
美国的高速公路沿线、公园、体育馆、飞机场等场所的饮食和其他服务，都
是通过特许经营方式安排的。[1] 因而，对于我国一些农村公共产品，不仅可
以而且有必要进行这种模式的市场化改革，如农村公路建设，就可以由政府
出资，通过市场竞争由企业建设，这样既可以降低成本，又可以防止政府的
垄断经营，提高供给效率。除了农村公路建设，农村义务教育的学校建设与
维修、农田水利建设等公共产品的"建设（生产）"环节，都可以采取这种
市场化改革的模式。另外，在全国产生一定影响的湖北咸安"养事"改革实

---

[1]　阮萌：《当代公共物品市场化供给的国际经验及启示》，《经济纵横》2009 年第 6 期。

际上也是采取的这种模式。①

第二种模式："市场供给" + "市场生产"。这种模式实际上就是企业或私人不仅是农村公共产品的生产主体，而且是农村公共产品的供给主体。在案例 2 中，武城县的农村自来水供水改革实际上采取的就是这种模式，此外，农村私人办学实际上也是这种模式。另外，农村公共产品供给特别是农村基础设施建设中的 BOT（Build – Operate – Transfer，建设 – 经营 – 转让）模式实际上可以看作是第二种模式的发展。BOT 模式实质上是以政府和私人部门之间达成协议为前提，由政府向私人部门颁布特许，允许其在一定时期内筹集资金建设某一基础设施并管理和经营该设施及其相应的产品与服务。

对比以上两种模式，显然，在第一种模式中，政府承担公共产品的供给成本，不会加重农民的负担。不仅如此，通过"生产"环节的市场化竞争，还有可能降低公共产品的供给成本，提高供给效率。而在第二种模式中，农民则有可能需要承担全部或部分供给成本。显然，第一种模式对于农民更为

---

① 湖北省咸宁市咸安区在乡镇改革中变"养人"为"养事"，即把农业技术服务、计划生育服务、文化广播服务、乡村道路养护等农村公共产品的供给通过市场发包的方式，由实体或个人承包。参与竞标的人员，要有相应的专业技术资格或业务专长。农业技术服务、畜牧技术服务要对有服务资格证的专业人员发包，泵站、水库、堤防的管护，要对有一定经验的操作手和管理人员发包，承包人最好居住在所管护的泵站、水库、堤防附近；计划生育服务面向符合职业技术要求的团体发包，团体要求有 4 人，要有一名主治医师以上资格的医生和一名护士。农村公益性服务的资金列入区财政预算，不包括在乡镇财政包干基数之内，并实行资金统筹。如农业技术服务按耕地面积每亩列支 1.5 元，全区 36 万亩，预算 55 万元。计划生育服务经费预算 45 万元，其中区财政列支 22 万元，从计划生育转移支付资金中统筹 40%，计 23 万元，等等。农村公益性服务事业经费，根据服务项目的性质，由区财政统一管理使用，平时按时间、工作进度预付，年终按考核结果结算，做到专款专用。咸安改革从"以钱养人"变为"以钱养事"，转变了政府职能，调动了农村专业技术人员的积极性，促进了农村公共产品的供给。参见陈亚平：《养事：一种新型的农村公共品供给机制——来自湖北咸安的实践与思考》，村民自治与新农村建设暨纪念《中华人民共和国村民委员会组织法（试行）》颁布二十周年学术研讨会论文集，2007 年 6 月。

有利，这种模式也应该成为农村公共产品供给市场化改革的方向。

虽然我们提出以第一种模式为农村公共产品供给市场化改革的方向，但并不否认第二种改革模式存在的合理性，因为这种市场化改革模式可以满足农民对公共产品多样化、不同层次的需求。但是需要指出的是，这种模式的发展应该建立在政府为农民提供均等化公共产品基础之上。以农村私立学校为例，农民选择私立学校不能是因为政府没有为农民提供基本的义务教育服务，而是因为农民为了让子女享有更好的教育条件、得到更好的教育。作为政府来说，不能因为农村私人办学增多而减少对农村教育的投入。在政府为农民提供普遍的、均等化的公共产品的前提下，政府可以支持和鼓励这种市场化模式的发展，以满足农民不同层次、多样化的需求。

三、对不同类别农村公共产品供给市场化改革应具体问题具体分析

由公共产品本身性质以及我国农村情况的复杂情况所决定，并非所有的农村公共产品都具有进行市场化改革的可行性，因而，不同地区应针对不同类别的农村公共产品具体分析其市场化改革的可行性。如前文我们就提出，荆门地区的水利市场化改革，就很难说具备这种可行性，除了其市场没有真正形成之外，再就是水利灌溉的外部性问题没能得到很好解决，也就是说，排他性技术不成熟，无法将"搭便车者"排除在外。由外部性所决定，对于公共产品的供给，人们出于个人理性，一般会选择"搭便车"，而不愿承担供给成本。在荆门地区，由于市场化运作的泵站抽水成本高，因而，其最小的抽水单位至少是一个村民小组的规模，但在小组内，总有些农户想搭别人出钱抽水的便车，小组内没有任何办法排除搭便车者，导致农民灌溉成本提高。这样，以小组为单位从泵站抽水就再也无法组织起来了。这成为荆门地区合作灌溉瓦解的重要因素。有的学者甚至指出，农田水利的市场化改革必然失败。小型农田水利设施私有化改革不仅是无效的，而且会带来很严重的后果。中国推行的水利市场化、私有化机制，因忽视了中国小农生产的现实

与农田水利系统性、战略性的性质，导致当前的农田水利困境。①

还有的农村公共产品，即使是不增加农民负担、具备市场化改革的可能性，但也不宜进行市场化改革。如农村社会治安的市场化改革。早在 1996年，山东省泰安市的农村就出现了社会治安承包，退伍军人周广海以每年10800 元的价格承包了该市下官庄村治安，因而成为中国"治安承包"第一人。治安承包制很快在其他省市兴起，并且有的农村推出了新的做法。如从 2002 年开始，江苏镇江市在进行试点的基础上推广了"契约式保险联防"模式，即以村为单位，按照村民自治和"一事一议"的方式确定收取群防群治经费的原则和标准，并按程序经村民代表大会表决通过，然后向村民收取，在自愿的基础上签订联防协议，同时明确村民家中发生入室盗抢案件后，村委会对村民的补偿程序和标准。补偿经费的来源为综治部门与保险公司联手推出的"区域内防盗抢特约保险"，由村委会根据情况，按契约规定对投保户进行补偿。② 自 2003 年 6 月 1 日起，山东省寿光市也推行了社会治安承包，其中寿光市圣城街道办事处西关村村委，将全村的治安以 10 万元的价格承包给村党支部成员、治保主任陈相升。③ 社会治安属于典型的农村公共产品，社会治安能否承包？社会治安承包是否有利于社会的公正和安全？这引起了学界特别是法学界的探讨。如治安承包人能否作为治安行为主体？根据《中华人民共和国治安处罚条例（修正）》的规定，"对违反治安管理行为的处罚，由县、市公安局、公安分局或者相当于县一级的公安机关裁决。警告、五十元以下罚款，可以由公安派出所裁决；在农村，没有公安派出所的地方，可以由公安机关委托乡（镇）人民政府裁决"。所以，在治安管理中，治安承包人是不能作为处罚主体的。再如，根据《中华人民共

① 桂华：《中国需要什么样的水利》，《绿叶》2010 年第 5 期。

② 《山东、江苏等地走出农村治安承包责任制新路》，《领导决策信息》2006 年第 26 期。

③ 《寿光市试行社会治安承包》，2003 年 7 月 14 日，见 http://www.sd.xinhuanet.com/news/2003-07/14/content_705755.htm。

和国警察法》的规定，"为维护社会治安秩序，公安机关的人民警察对有违法犯罪嫌疑的人员，经出示相应证件，可以当场盘问、检查。"而治安承包人在维护治安时，必然会对有关人员进行盘问、检查，但其实际上并不具备警察所具有的这一权利。因此，笔者认为，社会治安承包在调动承包人维护社会治安的积极性方面起到了较好作用，但这种承包是否符合法律规定、对于维护社会治安是否具有长效机制、承包人在维护社会治安中是否能够做到平等公正都值得怀疑。因而，这种农村公共产品不宜进行市场化改革。

本 章 小 结

如同市场存在着失灵一样，政府也存在着失灵现象。因而，在农村公共产品供给中有必要进行市场化改革。改革开放以来，我国社会主义市场经济体制不断完善，为农村公共产品供给市场化改革提供了基本的制度环境。特别是现代产权制度的建立，使私人部门的经济利益得到了保障。在新公共管理运动兴起的背景下，一些经济学家对公共产品的市场化改革进行了可行性论证，无论是戈尔丁的"选择性进入"还是科斯的"经济学上的灯塔"，都说明了公共产品市场化供给的可能性。同时，随着农村经济的发展，农村民间资金有了更多的积累。私人部门经济利益的驱动成为农村公共产品供给市场化改革的动力。

改革开放之后，我国部分农村地区就已经出现了通过市场机制来提供农村公共产品的现象。但是通过两个案例的比较，可以得出这些市场化改革并非全部促进了农业生产，满足了农民需求。有的改革不仅没有提高农村公共产品供给水平，反而恶化了供给状况，如在江汉平原，农田水利的市场化改革成为了荆门区域旱灾的重要原因。在市场化改革中表现出的主要问题，一是部分农村公共产品供给的市场化改革存在着盲目性，改革成了政府推卸其公共责任的理由；二是部分改革加重了农民负担。

　　由此，在农村公共产品供给市场化改革中应把握的思路是：进一步明确目的，加强政府责任。公共产品供给可以市场化，公共责任不能市场化。农村公共产品供给市场化改革的目的是为了弥补政府供给的不足，满足农民多元化的需求，促进农村公共产品的更充分供给。政府不应把市场化改革作为推卸政府责任的理由。同时，在市场化改革的过程中应尽量不增加农民负担。对于不同类别的农村公共产品是否适宜市场化改革也应具体问题具体分析。

第六章　农民组织化与农村公共产品供给

在前面两章，我们分别论述了政府和市场在增加农村公共产品供给，重构农村公共产品供给体制中的作用与对策思路。除政府和市场的作用之外，还应当发挥农民自身的作用。受供给成本和"经济人"利益的制约，个体农民一般无力也不愿提供公共产品，因而，在农村公共产品供给中，发挥农民的作用主要是靠组织起来后的农民，依靠农民组织集体的力量力所能及地自我提供部分公共产品。

农民组织是指以农民为主体并以服务农民、维护农民利益为宗旨的民间组织。而农民组织化也就是指农民为了更好地维护和实现自身利益而建立和加入农民组织的过程。农民组织大体可以分为四类：（1）半政权性组织，主要指村民委员会、村民代表大会、村民议事会等具有行政管理和基层自治双重职能的组织。（2）合作经济组织，包括乡村各种专业合作社、专业技术协会、各类经济联合体等。（3）维权性民间组织，主要指以维护农民利益为宗旨成立的各种组织，如各种减负协会，打工者组织等。（4）社会性服务组织，主要指不以营利为目的，能够提高农民福利的公益性组织，如老年协会、扶贫协会、红白理事会等。① 农民组织

① 这一分类主要参考了王习明的分类，参见王习明：《中国农民组织建设的现状》，《中国软科学》2005年第9期。但与他的分类有所不同，他将村党支部列入了农民组织，笔者认为，村党支部实际上是政党组织的一部分，无论是在成员组成上还是在组织目标上都与农民组织有较大区别，如在成员组成上，虽然村党支部也以农民为主，但大多数农民并没有资格成为其成员。故笔者将其排除在农民组织之外。俞可平在分析福建省漳浦县

实质上就是非政府组织，或者称为非营利组织、民间组织，因而，在一定意义上可以说，本章实际上就是分析的非政府组织在农村公共产品供给中的作用。

非政府组织在农村公共产品供给中往往发挥着重要补充作用。如在美国，其非政府组织几乎遍布全国各地和所有行业，是除议会、政府、政党之外的第四大组织，规模庞大、种类繁多，在公共产品尤其是乡村公共产品供给中发挥了重要补充作用，主要体现在：支持乡村基础设施建设和相关事业发展、反映民众需求、辅助政府管理。美国乡村健康协会是美国关注乡村健康问题的专业协会，在华盛顿和密苏里州分别设有一个办公室，其中，华盛顿办公室主要负责协调和议会、总统办公室等方面的联系，游说联邦议会和政府制定有利于乡村居民健康的政策。马里兰乡村社区支持伙伴委员会在过去 5 年共向乡村社区投资约 2000 万美元，经费来源主要是政府相关部门和社会捐赠。同时该组织还开展乡村建设项目的立项咨询、论证、评估等业务，减轻了政府在项目评估等方面的压力。① 可见，非政府组织在农村公共产品供给中发挥着重要作用。但在本章，我们并不是对所有非政府组织在农村公共产品供给中的作用进行研究，而是仅仅分析非政府组织中的农民组织在农村公共产品供给中的作用与问题。

　长桥镇东升村的农村民间组织时，也没有把村党支部作为农民组织。他提到东升村有各种民间组织 18 个，它们是：村民委员会、团支部、妇代会、老年协会、果树研究所、治保会、计划生育协会、调解会、经济合作社、人口学校、老年学校、民兵营、村民小组、村民代表会议、庙会、能人会、村务公开民主管理工作小组、村民理财小组等。但他没有分析农村党支部不能作为农民组织的原因。参见俞可平：《中国农村民间组织与治理的变迁——以福建省漳浦县长桥镇东升村为例》，载俞可平等著：《中国公民社会的兴起与治理的变迁》，社会科学文献出版社 2002 年版。既然农村党支部不是农民组织，那么相应带来的一个问题就是村团支部是不是农民组织？笔者认为团支部是农民组织，因为《中国共产主义青年团章程》明确规定"中国共产主义青年团（简称共青团）是中国共产党领导的先进青年的群众组织"，因而，团支部可以作为农民组织。

① 赵杰等：《美国乡村地区公共产品供给情况考察》，《中国财政》2010 年第 1 期。

第一节　农民组织化对于农村
公共产品供给的意义

一、农民组织化是在农村公共产品供给中保护农民利益的有效途径

要实现农村公共产品供给由制度外供给为主向以制度内供给为主的转变，就应当提高农民的组织化水平。在分析农村公共产品供给体制变迁的路径依赖形成的原因时，我们曾提到城乡居民利益的分化，相比于农民，城市居民能够更好地维护自己的利益。而农民之所以难以维护自己的利益，一个重要原因就是农民的组织化水平低。从农民利益角度看，发达国家的农民组织在决定国家的政治生活和农业政策方面一直发挥着重要作用。一个典型事例就是 1965 年，戴高乐就是由于缺少农民的支持而在首轮选举中未获得半数选票（44.6%），因为他拒绝英国加入欧洲市场，这使盼望扩大出口量的法国农民大为失望。在日本，其农业人口不足全国总人口的 5%，但控制着全国 25% 的选票。现在日本全国所有农户都加入了农协，农协代表着农民的利益，政府在制定农业政策时，必须倾听农协的意见。农协在保护农民利益方面发挥了重要作用。①

我国农民人数众多，但其集体行动的能力并不强。在社会发展的现阶段，存在着各种各样的利益集团，他们各自能够从社会利益总量中分到多大的份额，一方面取决于各自的社会地位和贡献，另一方面取决于他们的组织程度和影响政策的能力。在这种集团性的利益角逐中，哪个集团的组织化程度高，争取社会给予较高评价的能力强，哪个集团就有

① 参见李成贵:《国家、利益集团与"三农"困境》，载中国社会科学院农村发展研究所编：《聚焦"三农"》中国农村发展研究报告 NO.5，社会科学文献出版社 2006 年版，第 41—42 页。

可能争取到更大的利益。由于农民居住的分散性、生产方式的封闭性、社会交往与联系的局限性、思想观念的保守性等原因，他们并没有形成一个紧密的利益集团，人数众多的优势被组织程度的松散所抵消，因而表现出的群体力量十分微弱。[①] 也正因为农民组织化程度低，因而降低了农民与政府谈判的能力，其利益诉求得不到重视，导致农民利益经常受到侵害。在前文我们提出应当建立反映农民需求偏好的农村公共产品供给决策机制，即由农民拥有公共产品供给的决策权，需要什么样的公共产品、需要多少公共产品都由农民自己决定。显然这种决策机制能够保护农民利益。而如何建立这种决策机制呢？重要的一点就是提高农民的组织化水平。同时农民对于农村公共产品的需求会因为地区、经济发展水平、家庭收入、个人偏好等的不同而有所不同，即使同一村庄内部的村民对于公共产品的需求也往往存在差异。多样化的需求如果不加以整合，则必然影响公共产品的供给效率。而整合农民意愿的重要途径就是提高农民的组织化水平。

二、农民组织化能够直接促进农村公共产品供给

以我国第一个村民委员会的建立为例，我国第一个村委会出现在广西宜州市屏南乡合寨村的果作自然村。果作自然村原来有 6 个生产队，1979 年，合寨村村民自发地将田分到农户后，农民生产的积极性调动起来了。同时，生产队也成了空架子，失去了管理，社会矛盾也多了：耕牛被盗，林场树木被砍，村民争水争地，公开聚赌，社会治安混乱，村民都讲当时的生活是"吃得饱，睡不安"。小队干部不想干了，大队又管不了。群众便向原来的第一生产队队长韦焕能反映，要求他想办法把治安管起来。于是他便召集其他 5 个生产队的干部商量，提出在村里建立新的管理组织和

---

① 宫希魁：《中国"三农"问题的战略思考》，《战略与管理》2002 年第 6 期。

新的领导班子，把村里的事情管起来。过去的生产队长由上级任命，新的组织领导没有人任命。经过讨论，大家决定由群众自己选举自己的领导。这样，1980年2月25日，果作村召开了全村大会，全村125户，每户一个代表，共85户代表参加，选举产生了第一届村委会。村委会成立后，立即组织村民制定《村规民约》和《管理章程》。《村规民约》对村内公共事务作出了规定，如：严禁赌博，不准在路边、田边、井边挖鸭虫，损害的要罚工补修，不准在上游洗衣、洗头梳发、晾晒蚊帐、床单等东西。《村规民约》使许多"老大难"问题得到了解决，赌博、偷盗、乱伐林木等歪风很快便刹住了。在果作村的影响下，当年，合寨12个自然村都建立了村委会。①

由我国第一个村委会的产生过程我们可以得出，村委会的最初出现实际上就是为了解决农村公共产品供给问题。家庭承包制实施后，在合寨村，生产队成了空架子。村里的公共管理、社会治安、农业灌溉等出现了问题，这些问题实际上就是农村公共产品供给问题。如何解决这些问题？合寨村的村民选择了由群众自己选举管理组织和领导班子的办法，重新组织起来，并在村委会成立后，制定了《村规民约》和《管理章程》，解决了公共管理、社会治安等问题。其后，村民委员会在乡村治理中的作用很快受到了中央的重视，并在1982年写进了宪法。由我国第一个村民委员会的建立可以得出，农民组织化可以直接促进农村公共产品供给。

三、农民组织化是降低农村公共产品供给成本的必然要求

如同市场交易一样，公共产品供给过程中也存在效益问题，即成本和收益问题。因此，如何降低供给成本就成为无论是政府还是私人部门都会考量的一个重要因素。对于私人部门，其受"经济人"动机的驱动，必然追求成

---

① 韦焕能：《第一个村民委员会的诞生》，村民自治与新农村建设暨纪念《中华人民共和国村民委员会组织法（试行）》颁布二十周年学术研讨会论文集，2007年6月。

本最小化。对于政府而言，同样应当降低公共产品的供给成本，一方面，应降低公共产品本身的"生产"成本，即一定的财政资金应生产最大数量的、高质量的产品。另一方面，应降低与农民的"交易"成本。与直接的生产成本相比，交易成本往往更加难以测算，其耗费的人力、财力资源也是相当高的。

以国家对农民的补贴为例，2004 年，国家出台了对农业生产者进行直接补贴的重大政策措施。对农民的种粮补贴、良种补贴、购置农机具补贴、农业生产资料价格综合补贴从最初的 145 亿元增加到 2008 年的 1230 亿元。[1]这些补贴实际上就体现了国家对农村公共产品供给的增加。但农业补贴政策的落实同样面临交易成本和效益问题。国家对农民的这些补贴是以农户为直接对象进行的，农民的低组织化使国家在落实这些政策时需要直接面对农民，我国目前农村家庭户数大约为 2.3 亿户。国家与这 2.3 亿农户打交道的成本之高可以想见。因而，要切实落实好国家的支农惠农政策，最好的承载体就是经过组织起来的各类农民组织。这实际上也就是温铁军所讲的，只有不断提高农民组织化程度，不断加强农民的合作能力，加强基层的组织建设，农村有了组织载体，才能对接上国家资金的投入。[2]因此，农民组织化是降低农村公共产品供给成本的必然要求。

第二节　我国农民组织化现状分析

当前，我国农民组织化还处于比较低的水平，农民组织化的发展还面临一定的问题，这些问题影响了农民组织在农村公共产品供给中的发挥。为了更好

---

[1]　陈锡文：《我国农业农村的 60 年沧桑巨变》，2009 年 10 月 3 日，见 http://cpc.people.com.cn/GB/64093/64102/10153630.html。

[2]　田宜龙：《更多地"组织"农民建设新农村——访"三农"问题专家温铁军》，2006 年 2 月 17 日，见 http://news.sina.com.cn/o/2006-02-17/05428227150s.shtml。

地对农民组织化状况进行了解和分析，下面结合笔者的调研案例进行探讨。

案例：

张高村的老年协会

2005年5月中国社会科学院农村发展研究所与山东大学政治学与公共管理学院合作，在山东省邹平县张高村建立了老年协会，该项目是于建嵘教授主持的"新时期农民组织化建设实验"的一部分，老年协会建立的目的在于探索新时期中国农村民间组织的生长机制。项目实施后，在山东大学楚成亚教授的具体指导下，张高村老年协会开展了一系列活动。2006年5月笔者曾经到张高村进行实地调研。

1931年3月，梁漱溟等曾经在邹平县成立山东乡村建设研究院，进行乡村建设运动，乡村建设运动的主旨之一就是团体组织。因而，"新时期农民组织化建设实验"项目选择在邹平县也是一种历史的巧合。张高村隶属于邹平县黛西办事处，是由张高、小明家、接官亭三个自然村组成的行政村，济青高速公路横穿村庄，交通便利。张高村共三百四十余户，1200多人，其中60岁以上的老人有240多人，占总人口的20%左右。张高村人均土地8分，3分麦地，5分山地。张高村的经济支柱是农业，最富盛名的是当地的水杏种植业。张高水杏是当地乃至全国知名的拳头产品，为当地村民带来了一定的经济收入。这里还是山东省无公害产品生产基地和山东省著名的香椿生产基地。

张高村老年协会成立于2005年12月4日，当时共有会员220余人，都是男60岁以上女55岁以上的本村老人。协会会长为刘丙奇，他1955年入党，先后担任县府团支部书记、县财委统计科副科长，离休后回到村里居住。副会长有2名，一位原来是村里的赤脚医生，另一位原来在村内担任乡村教师，他们人缘好，说话有分量。老年协会还有理事若干人，都是热心公益、在村中有一定威望的老人。协会设立了文娱小组、图书阅读小组、村报小组、书法小组等，每组指定组长一人。老年协会的领导机构和决策机构是老年协会理事会，它负责召集老年协会的所有活动。

老年人协会成立后，开展了一系列的活动。在山东大学的帮助下，村里建起了图书室和活动室，举办了象棋比赛和书法活动，编辑发行了张高月报。月报以本村事件为素材，以村民喜闻乐见的语言形式宣传村内好人好事，表扬孝顺的老人子女，刊登农业科技和卫生保健知识，受到了村民的普遍欢迎。山东大学学生社团"农心社"联合"护技协会"为村里的老人进行了体检，并为老人建立了健康档案。同时，由课题组资助购买了路灯材料，老年协会出面组织为村里安装了路灯。另外，老年协会还组织了村里其他公益活动，如主持红白喜事、组织文艺演出、帮助老人解决生活困难、组织老人学习等，一定程度上解决了老人晚年生活的孤独感和无助感。

尽管开展了一定工作，但老年协会在发展中也遇到了一定问题：

首先，老年人协会的法律地位问题。张高村老年协会成立之初，会长和理事会成员并不是按严格的选举程序产生的，而是村支部书记指定后经与会老人们举手表决通过的。虽然老年协会得到了代表国家权力的村两委的认可，但张高村的老年人协会并没有在民政部门注册登记，没有得到政府部门在程序上的认可。因而，严格说来，老年协会并没有正式的合法地位。

其次，与村两委的关系问题。作为国家权力代表和农村主要权力主体的村党支部书记，在该实验进行的过程中，基本上是持欢迎和合作的态度的。当然这种欢迎和合作除了工作上的考虑之外，可能还有实验能为其自身带来更多的在上级领导面前出头露面的机会和为村庄带来招商引资机会的考虑。但当老年协会的活动影响到其权威时，村党支部书记便表现出了相反的态度。如在村里安装路灯的过程中，按原计划路灯安装地点由老年协会实地考察后决定，但后来实际安装时村干部改变了老年协会的安装计划，体现了老年协会与村两委关系紧张的一面。虽然村党支部和村委会并非政府部门，但其属于"半官方组织"，是国家权力在乡村的代表。因而，作为纯粹民间组织的老年协会自然无法与其抗衡。同时，在乡村资源有限的情况下，村干部一般不会允许其他组织干预其对有限资源的配置。因而，老年协会如何处理好与村两委的关系是其面临的一个重要问题。

再次，老年协会的经费来源问题。像其他农民组织一样，张高村老年协会也没有正式的经费来源。缺乏经费是协会遇到的最大困难。协会举行活动的经费一是靠项目组和山东大学的资助，二是靠部分老人子女的资助。特别是老年协会的部分骨干成员，在子女家庭较为富裕的情况下，子女为了老人和自己的"面子"，往往会积极拿出资金支持老年协会的活动。但是，经费缺乏却是老年协会的常态，由于缺乏经费，一些公益活动的举行也显得十分困难。例如，举行象棋比赛时没有经费购买奖品，最后是老年协会会长把自己家的几本挂历捐献出来作为奖品。

最后，老年协会发展的长效机制问题。张高村老年协会的领导班子，虽然未经民主选举产生，但他们在村里有很强的威望，这些领导成员大多是原村庄中的领导或精英，还有的是在村中居住的离退休老干部，个人能力较一般村民来说要强许多，特别是刘丙奇会长，先后在县政府多个部门任职，领导老年协会对他来说可算是驾轻就熟，在老人中甚至在全村人中都有较高的威望和很好的口碑，老年协会的活动也主要是由他出面组织和发动。但是老年协会的发展不能建立在某一个人的威望上，离开了刘丙奇会长，老年协会该如何发展？因而，如何实现老年协会的长效发展是其面临的一个现实问题。

资料来源：2006 年 5 月笔者在张高村的调研。在此也感谢山东大学楚成亚博士对笔者所作调研的支持。关于张高村老年协会的情况也可以参见楚成亚、陈恒彬：《新时期农村民间组织生长机制研究——基于张高村民间组织建设实验观察》，《东南学术》2007 年第 1 期。

下面我们就结合张高村老年协会的发展情况，分析我国农民组织化状况。

（一）农民组织化程度低，农民组织种类少，且分布不均衡

当前，我国农民组织化总的状况是，农民组织化程度低，农民组织种类少，且分布不均衡。虽然现在村民委员会在全国农村普遍建立，但这并不能代表农民的组织化水平。如果以农民参加村民自治组织为标准，那么现在农民已经百分之百地组织起来了。这是因为，虽然村民委员会最初是农民自发组织起来建立的，但在全国普遍建立的村民委员会却是一种外部性的制度安排，村民委员会属于国家管理农村居民的基层组织，具有天然的行政地域属性和服从国家的公共管理功能（从国家的行政管理看，村民委员会又被称之为"行政村"），法定的自治组织与实际的基层组织合为一体，并大量承载着自上而下的行政功能，由此使村民委员会更多地具有行政化的色彩，即它们的主要任务仍然是完成政府交办的各种任务，而不是基于本社区内部需要的公共事务。① 并且，对于村民自治组织，农民天生是其成员，无所谓加入不加入。因而，村民自治组织的建立和发展情况并不能真正代表农民组织化的水平。而真正代表农民组织化水平的其他农民组织不仅数量较少，而且参加的农户也十分有限。如在张高村，可以称得上农民组织的首先是具有所谓"官民二重性"的组织，包括：村委会、治保会、妇女委员会、计划生育协会、团支部、民兵连等。其中，团支部、民兵连这些年已经基本不活动了。除此之外就是老年协会、香椿生产合作社、水杏生产合作社。老年协会的会员只要村民达到一定年龄就是天然会员，因而也无所谓加入不加入。两个合作社都是种植户加入，农民普遍反映其发挥作用有限。特别是水杏生产合作社，很多村民认为其已经成了村干部自己发家致富的工具。

从全国来看，以农业合作组织为例，全国近 2.5 亿农户，参加农业合作组织的农户仅有 2363 万户，占全国总农户数的 9.8%。② 山东省烟台市是农业部确定的全国 6 个地市级农民专业合作组织试点市之一。全市农民专业合

---

① 徐勇：《农村微观组织再造与社区自我整合》，《河南社会科学》2006 年第 5 期。
② 李群林：《农民组织化程度偏低的五大原因》，《小康》2006 年第 7 期。

作经济组织、农产品行业协会 1000 多个，其中比较规范的 308 个，会员数量 8.2 万户，占全市农户的 5%。这些合作经济组织在各县区分布非常不平衡，莱阳最多，有 86 个，开发区一个没有。全市按村平均，每 22 个村才有 1 个农民专业合作组织。① 根据王习明对全国农民组织的调查问卷分析，除了村委会之外，分布范围居第二位的是社会服务性组织，但这种社会服务性组织种类少，主要是医疗合作组织和扶贫协会，前者主要分布在经济落后地区，后者主要分布在经济落后、少数民族集中的边远地区。分布范围与社会服务性组织相近的是合作经济组织，维权性民间组织分布范围最小。②

（二）社会环境制约着农民组织的发展

由于我国的农民组织大部分是由政府创建的，并受政府主导，因而，一般认为，农民组织具有"官民二重性"，也就是指农村组织与政府联系非常紧密。或者说，这些组织更多的是扮演着政府助理或政府延伸机构的角色，而不是代表农民利益的民间维权力量。实际上，对农民组织性质的这种概括并不十分确切。虽然有一部分农民组织具有"官民二重性"，但也有相当多的农民组织具有"官民对立"的特点，除了村民自治组织及部分在政府的扶持下建立的经济合作组织之外，很多农民组织并不具有"官民二重性"。如维权性农民组织、社会服务性农民组织等，特别是维权性农民组织如减负协会，可以说是完全与政府对立。再如张高村老年协会，虽然其在成立之初得到了作为国家正式权力代表的村党支部的支持，但在其后开展活动的过程中，老年协会与村党支部并非一直是合作关系，有时也表现出矛盾的一面。特别是在安装路灯的过程中，本来材料是由项目组提供，老年协会出面安装，但在最后，村干部把原来老年协会选定的安装位置基本上全部改变了，这引起了老年协会的极大不满。面对村干部的行为，老年协会也无力制约，因为路灯安装后，电费的分摊收缴、路灯的维护管理都要听从村干部以及村

① 林岩：《影响农民组织化意愿的因素探究》，《农业科技管理》2010 年第 1 期。
② 王习明：《中国农民组织建设的现状》，《中国软科学》2005 年第 9 期。

电工的安排。在与村干部的力量博弈中，老年协会只能甘拜下风。这实际就体现出当前的社会环境并不利于农民组织的发展，而这也是农民组织化程度低的一个重要原因。

即使是具有半政权性的农民自治组织的发展状况也不理想。自 20 世纪 90 年代以来，村民自治的发展实践并不让人乐观，在一些地方甚至相当令人沮丧。村民自治不仅难以维护农民的利益，而且其自身成长的空间也愈来愈小。地方党政在难以公开干预村委会选举之后，便利用行政权力控制村的领导人和村的公共管理。如对村干部实行"诫免制"，对村级财务实行"村财乡管"，代替村委会出让农民土地等等。人、财、物均由县乡地方政府所控制，村民自治有自治的形式而无自治的内容，因此沦为空壳化。①

我国农民组织的发展还缺乏国家法律和政策的支持。通过张高村老年协会，我们可以看出，农民组织不像城市的民间组织那样必须得到民政部门的登记才算合法。除了村委会严格按照国家的《村民委员会组织法》产生和登记外，其他的民间组织都未严格按照《中华人民共和国社会团体登记管理条例》和《民办非企业单位登记管理暂行条例》进行登记和管理。如在张高村除了老年协会之外，还有香椿生产合作社和水杏生产合作社。此类"经济合作社"性质上属于民办非企业单位，按规定应当到县民政局登记注册，但实际上并未办理注册登记手续。在张高村这些未经登记的民间组织无论从官方还是从村民角度看，都被认为是合法的。

正是因为缺乏国家法律和政策的支持，农民组织的发展面临很大问题。例如，中央近年来特别鼓励农民专业经济合作组织，但在全国许多地方，它同样遭到了制度的尴尬。由于法律地位不明确，导致农民专业合作社在发展过程中遇到了税收、体制等环境因素的制约。合作社究竟是企业法人、社团法人、还是合作社法人，缺乏明确的法律界定。以浙江温岭为例，该市的农

---

① 徐勇：《村民自治的成长：行政放权与社会发育》，《华中师范大学学报》（人文社会科学版）2005 年第 2 期。

民专业合作社是参照股份合作企业进行注册登记的，属于企业法人，因而税务机关、金融机构必须按照股份合作企业进行征税、贷款；然而同时，《浙江省农民专业合作社条例》第十九条又规定，合作社销售社员生产和初加工的农产品，视同农户自产自销。农民生产的初级农产品自行销售，无须征税，而把农产品委托给合作社进行销售，就要按规定纳税。再比如融资困难的问题。农民合作经济组织在工商登记为法人，而银行又不承认其法人地位，不予贷款；即使要贷款，也只能以社员个人名义，并以个人资产抵押才能贷款。这无疑不利于农民专业合作社向规范化方向发展。[1]

另外，一些地方官员对农民组织的发展还心存畏惧，担心农民组织会对抗政府，会干扰党和政府政策在农村的执行，特别是当农民组织的活动影响到乡村干部权威的时候，乡村干部一般会想尽办法限制农民组织的活动和影响。这也是笔者在调查中发现的农村基层干部普遍存在的一种疑虑。因而，虽然党和政府在宏观层面一直提倡提高农民的组织化水平，但在微观层面却是以约束为主。此外，在我国将长期存在的小农经营模式以及由此造成的土地细碎化也在一定程度上制约着农民组织化程度的提高。农村改革后，"统分结合"的家庭联产承包责任制实际上成了"有分无合"。以家庭为单位的个体经营方式，一方面使农民失去了组织化的基础，另一方面使农民对公共产品的需求多元化，导致农村公共产品供给愈加困难。

（三）农民组织规范性差

现代意义上的农民组织应该在成员主体、加入方式、法律地位、组织目标、活动方式和控制手段上都有其规定性。但我国的农民组织在制度建设上还缺乏规范性，在成员的加入、组织的活动上表现出更多的是随意性。正因为组织的松散因而使其在真正需要为农民提供公共产品、维护农民利益时往往有心无力。我国目前普遍存在的农民组织与现代意义上的民间组织还有一

---

[1] 俞可平：《中国公民社会：概念、分类与制度环境》，《中国社会科学》2006年第1期。

定差距。有的可以反映农民组织化程度的各类组织规范化程度低，如合作经济组织，其功能多局限于农民生产活动中的农资购买、产品销售、技术服务等。而当一种季节性的、周期性的经济活动告一段落后，农民又恢复到原来的无组织状态中去了。同时，合作经济组织由于制度规范性差，造成了运行机制的不完善。如毋俊芝、安建平根据对山西省部分县市农民组织情况的调查，发现存在的主要问题之一就是，农民经济组织规模小且运行机制不完善，抵抗风险能力弱。虽然近几年山西省的农民合作经济组织呈现出数量多、增速快的发展态势，但效益好、规模大、带动能力强的比重较低。合作组织跨地区跨领域的联合基本没有，抵御市场风险的能力十分脆弱。多数合作组织内部运行管理制度尚不健全。[①] 也正是由于既有农民组织规范性的缺失和功能的局限，农民大量的非程序性、非合法性的社会参与行为便表现了出来。另外，当前农民组织管理者的素质也影响了农民组织的自身发展。农民组织的管理者依靠的更多的是个人在农村中的威望，而不是专业知识和管理才能。如张高村老年协会会长就是因为个人参加工作早，一直是国家公职人员，在村民中威信高而被选为会长。

（四）农民自身因素也影响着农民组织化的水平

首先，农民较低的政治参与意识影响着其组织化程度。由于生产方式的影响，农民普遍缺乏政治参与热情，这也从根本上制约着其利益表达。前文我们曾经论及，从农民自身来讲，农民的政治权利意识是很淡薄的。在中国传统社会，农民形成了对于国家政权的服从和依附的政治心理。因而，通常，农民是国家政治活动的旁观者，集体行动和政治参与意识较弱。即使到了今天，这种历史铸造的政治淡漠意识和对权力的驯服和崇拜，在中国农民中间，仍然是普遍存在的，成为一种显著的文化形态，并从根源上制约着他们的利益表达和对政治生活的参与。如张高村老年协会，三位会长都是具有

---

① 毋俊芝、安建平：《山西省农民组织化程度及启示》，《农业经济问题》2010 年第 6 期。

一定文化水平的老人，特别是会长，更是在县里工作过，见识过世面。因而，他们能够成为农民组织的领导人。而一般的村民既没有管理的能力，也缺乏工作的热情。

其次，农民对农民组织普遍缺乏了解和认知，如根据对烟台市部分村庄农民对专业合作组织认知程度的调查，农民对农村专业合作组织了解一些和比较了解的占31.3%，只是听说过的占41.0%，从未听说过的占27.7%。①这成为农民组织化提升的认知障碍。由于农民组织本身存在一定的问题，加之信息的不对称，农民对农民组织还存在很大的认识误区和盲区，如加入农民组织的程序、成员的权利和义务，组织的发展前景等，很多农民并不了解，这就严重影响了农民组织化的发展。在张高村老年协会情况也是大致如此，当老年协会组织活动特别是为老人带来具体利益如组织查体时，老人一般会积极参加，热情较高。但是具体到参加老年协会老人的权利、义务时，老人一般知之甚少。

再次，农民的文化程度制约着其组织化水平。农民对于参加农民组织必要性的认识一般与其受教育程度正相关。笔者曾经于2011年7月在山东省宁津县做关于农民组织状况的调查研究，在宁津镇和柴胡店镇两个乡镇共发放调查问卷124份。调查结果发现，农民加入农民组织的意愿和需求情况为，具有小学文化程度的被调查农户只有43.5%认为有必要发展，具有初中文化程度的被调查农户有62.9%认为有必要发展，高中以上文化程度被调查农户则有78.3%认为有必要发展。可见，农民的文化程度是影响其组织化水平的重要因素。

---

① 林岩：《影响农民组织化意愿的因素探究》，《农业科技管理》2010年第1期。

第三节　提升农民组织化水平的途径

提升农民组织化水平的过程实际上就是农村公民社会成长的过程。在当前我国政治体制下，农村公民社会的成长和发育，除了农民自身因素之外，更重要的是取决于政府的支持和推动。

一、正确发挥政府在农民组织化中的作用

从国家与社会的关系来讲，政府控制与农民组织发展往往是此消彼长的关系，如果政府控制紧密，那么农民组织发展便会困难。因而，政府不能强化对农民组织的行政控制。但同时，在农民组织化的过程中，政府也不能消极无所作为，而是应在实现自身职能转变的过程中，积极地支持、规范、引导农民组织发展。

在农民组织化的过程中，政府应以"公共服务型"政府为建设目标，在实现自身转型的过程中，既不能缺位，也不能越位。第一，加大对农民组织的支持力度。要支持农民组织发挥在农村公共产品供给中的作用，鼓励和支持农民组织参与农村治理，改善农村治理结构，政府与农民组织共同解决、处理农村社会中的矛盾和问题。要鼓励和支持农民组织参与农村的某些公共服务。在农民组织的登记和成立的过程中，民政等政府部门应给予政策上的充分支持。在对"三农"的投入中，政府应拿出一定比例的资金扶持、鼓励农民组织的发展，为其运转提供基本的资金保证。同时，要积极吸引社会资本投入到农民组织化事业中来，形成国家、社会、农民多元的资金投入机制。第二，政府应减少对农民组织的行政干预。政府应为农民组织的发展提供良好的宏观政策环境，逐步放松对农民组织的限制和约束，减少其发展的条条框框，给农民组织以更大的活动空间，引导农民组织依法开展活动。第三，制定并完善关于农民组织建设的相关政策法律，通过制度建设，保障农

民组织的合法地位，为农民组织发展提供合法的生存和发展空间，解除农民组织发展的后顾之忧，这是积极发挥农民组织作用的基础和保证。[①] 从外部来讲，当前，除了组织好《农民专业合作社法》的实施外，还应研究其他农民组织的法律法规，在现行的法律政策框架内，进行具体规章制度的制定工作，破除实现组织化的制度障碍，既为农民组织发展创造良好的制度空间，又提高农民组织的规范化程度。从内部来讲，应该通过农民组织管理制度特别是内部产权制度的完善，形成组织成员共同参与的决策机制和利益分配机制，增强组织的凝聚力和向心力，为农民组织的发展奠定坚实基础。

二、提高农民素质及其对农民组织的认知程度

农民整体受教育程度低，严重制约着农民组织化。高素质的农民是提升农民组织化水平的基础。党中央、国务院十分重视农民的教育工作。早在2003 年，国务院即召开了全国农村教育工作会议，下发了《国务院关于进一步加强农村教育工作的决定》，把农村教育、农民培训提上了重要议事日程。提高农民组织化水平，关键就是提高农民的文化素质、民主意识以及对农民组织的认知程度。首先，通过发展农村基础教育，提高农民的科学文化水平，这是提高农民参与意识和民主意识的基础。其次，应当积极培育公民文化，加强农民的民主素质教育、权利意识教育和民主技能教育，使农民掌握现代民主政治活动的基本原则和基本规律，提高其参政意识和参政能力。再次，应充分利用农民夜校、乡镇党校、农业广播电视学校等教育资源阵地，通过开展农业科技培训，培训一大批有文化、懂技术、会经营的新型农民，提高农民应对市场经济的能力。最后，通过提高农民对农民组织的认知程度，支持农民参加农民组织，鼓励农民组织参与农村治理，有效改善乡村治理结构，最终使农民充分发挥自身在农村公共产品供给中的作用。

---

① 迟福林：《我国改革发展新阶段的农民组织建设》，《经济研究参考》2005 年第 74 期。

三、进一步加强村民自治组织建设

如前文所述，村民自治组织本来就是农民为了解决农村公共产品问题而自发组织起来的结果。目前，村民自治组织仍然是农民维护自身利益的主要依托，在提供农村公共产品供给方面也是最重要的农民组织。并且，相比于其他农民组织，村民自治组织的发展更具有合法的制度空间。因而，提高农民的组织化水平，首先应该充分发挥村民自治组织的作用。村民委员会是农民自我教育、自我管理、自我服务的组织，其主要任务是举办村庄内社会公益事业。根据我们前文所讨论的农村公共产品供给中的困境特别是"一事一议"在操作中的困难以及现实可行性，村委会的职责应该是对农民关于农村公共产品需求偏好的整合、表达，同时适当承担农村道路维护、水利设施维护、农村社会治安维护等以劳动力投入为主而非以资金投入为主的农村公共产品供给责任。而如农村公路建设、自来水建设等需要投入大量资金的农村公共产品供给应如我们在上文所述由政府承担支出责任，由村委会具体实施。

针对当前村民自治发展的现实情况，村民自治组织应强化其自治功能，弱化行政功能。农村税费改革的实施，特别是农业税的免除，使村民自治组织所承担的行政职能大大减少，这为恢复村民自治组织的应有职能提供了良好的契机。要进一步推进村民自治的成长，需要从国家和社会两个角度加以创新。首先，从国家的角度，作为国家赋权的村民自治的成长，需要自上而下的行政放权，提供体制性成长空间。其次，从社会的角度，村民自治的成长取决于农村公民社会的发育。① 同时，应当进一步完善村民自治制度的相关措施，如村民代表大会制度、村务公开制度等等。

---

① 徐勇：《村民自治的成长：行政放权与社会发育》，《华中师范大学学报》（人文社会科学版）2005 年第 3 期。

四、大力发展其他农民组织

首先，大力发展合作经济组织。合作经济组织对于整合农村经济资源、实现农户与市场对接、规避市场风险、提升农业经济的规模效应、降低农户交易成本、提高农民收入等都具有重要作用。随着市场经济的发展，农民对于合作经济组织的需求在不断扩大。这类农民组织由于能够促进农业生产发展、增加农民收入，从而能够彰显地方干部的政绩，且属于单纯的经济组织，因而，各地在发展农民合作经济组织方面热情最高。2007 年 7 月 1 日，《农民专业合作社法》实施，同时实施的还有与之相配套的《农民专业合作社登记管理条例》，这对于规范农民专业合作社的组织和行为，保护农民专业合作社及其成员的合法权益，具有重要作用。因而，《农民专业合作社法》的施行，必将推动合作经济组织的发展。

其次，充分发挥老年人协会、计划生育协会、禁赌协会、红白理事会等农民组织在乡村治理中具有的重要作用。依靠农村中有威望的老党员、老队长、老模范，依靠群众的力量解决农村中出现的各种社会问题，利用民间组织发挥农民自我教育、自我管理的作用。

五、建立农会

长期从事农村工作的杜润生先生多次提出恢复农民协会以作为农民的代言人，他指出，农民协会对于保障农民权利具有重要意义。并且，邓小平也曾原则上同意成立农民协会，但由于多种原因没有着手解决。[1] 建立农民协会可以说已经成为多数学者的共识。当前在操作层面，建立农会已经不存在什么问题，于建嵘认为，中国台湾地区在 20 世纪 70 年代进行农村建设的经

---

① 杜润生：《中国农村制度变迁》，四川人民出版社 2003 年版，第 301、311 页。

验值得我们借鉴。其中最重要的经验就是中国台湾地区通过对农会组织进行规范和改革，使之成为"农村建设"的"重要基层执行单位"。根据我国农村基层组织的具体情况，于建嵘提出，首先，农会组织应是农有、农治和农享的公益性社团法人。只有真正从事农业生产的农民才能成为农会的正式会员，并通过民主选举而管理农会。农民可以申请加入，也可以自由退出。其次，按照属地主义原则，建立乡镇、县和省及全国组织的农会系统。乡镇农会为基层农会组织，在乡镇农会下根据情况建立相应的农事小组。再次，按照议行分立原则，建立由理事会、监事会和总干事及具体职能部门组成，权责分明的农会治理结构。①

尽管大多数学者主张建立农会，且在操作层面农会的建立已经没有什么问题，但农会一直没有建立起来。其中主要的原因可能来自于政府官员对农会建立的有无必要性的认识和对其建立后的担忧。从必要性上来说，虽然学者大都主张建立农会，但政府官员未必认为有必要，并且，农民在我们国家人数最多，如果建立农会，那么其必将成为力量最强大的民间组织和政治力量。因而，政府官员能否认识到建立农会的必要性以及如何消除政府官员对建立农会的顾虑，是影响农会能否建立的关键因素。而这一问题的解决最终需要执政党以更大的勇气和决心去支持农民组织的发展，支持农民依靠自己的组织维护自己的利益。林肯在签署《解放黑奴宣言》时，美国社会对这个问题并没有形成普遍民意和共识，但他心中的力量使他挥下了如椽巨笔。事后有人问他：你怎么敢将成千上万的黑奴从奴圈里解放出来呢？你不怕天下大乱吗？林肯很平静地回答：政治家做很多事情需要的仅仅是勇气而已！可怕的是对一些不确定性的恐惧。②

最后需要指出的是，在农民组织化的过程中，应充分体现农民的意愿，

---

① 于建嵘：《新农村建设需要新的农民组织》，《华中师范大学学报》（人文社会科学版）
　　2007 年第 1 期。

② 杜润生：《中国农村制度变迁》，四川人民出版社 2003 年版，第 310 页。

使农民组织真正成为农民自己的组织，而不是具有所谓"官民二重性"的政府工具。这就需要消除外部力量对农民组织的控制。但这并不是说让农民组织完全自生自长，因为在目前中国农村民间权威资源稀缺的情况下，农村民间组织难以在现有的政治和法律框架下大量自发地产生。这就需要借助外界的力量打破村庄原生态的权力结构来推动民间组织的建立。在此基础上，再以民间组织的力量服务农村公共生活，实现民间组织由"外生"到"内源"的转变。①

本 章 小 结

农民组织实际上是非政府组织（或民间组织、公民社会）的重要组成部分。因而，本章实质上也是分析非政府组织在农村公共产品供给中的作用。农民组织化是指农民为了更好地维护和实现自身利益而建立和加入农民组织的过程。提高农民的组织化水平，不仅是在农村公共产品供给中保护农民利益的有效途径，而且能够直接促进农村公共产品供给，降低供给成本。

当前，我国农民组织化的基本状况是，农民组织化程度低、农民组织种类少，且分布不均衡，这从根本上制约着其在农村公共产品供给中作用的发挥。同时，社会环境制约着农民组织的发展，其发展还缺乏国家法律和政策的支持；农民组织规范性差；农民的政治参与意识和对农民组织的认知程度都比较低，这些都制约了农民组织化程度的提高。

提高农民的组织化程度，首先，对于政府来讲，政府应准确发挥在农民组织化中的作用，积极支持、规范、引导农民组织发展。其次，对于农民来讲，应提高农民的政治文化素质以及对农民组织的认知程度。第三，应进一

① 楚成亚、陈恒彬：《新时期农村民间组织生长机制研究——基于张高村民间组织建设实验观察》，《东南学术》2007 年第 1 期。

步加强村民自治组织建设，这不仅因为村民自治组织的发展相比于其他农民组织更具有合法性空间，而且因为村民自治组织是农村公共产品供给中最重要的农民组织。第四，应进一步发展经济合作组织、老年协会等其他农民组织在乡村治理中的作用。第五，应建立农会。

结　　论

马克思主义认为，利益是处在生产力和人类需要一定发展阶段上的人们生存和社会活动的客观条件，是社会发展的基础、前提和动力因素。利益关系是人类社会的基本关系，任何社会变革归根到底都必须重新调整人们的利益关系，以促进和推动社会生产力的发展。[1] 需要是利益的自然基础，而社会资源则是利益的载体和具体内容。[2] 农村公共产品供给体制变迁的实质就是城乡利益、工农利益特别是国家与农民的利益关系不断调整的过程。而重构农村公共产品供给体制也就是要调整原来的利益结构，改善国家财政资源在城乡之间的配置状况，以促进社会的和谐发展。在农村公共产品供给体制变迁的过程中，国家与农民利益关系的直接体现就是国家与农民之间"取"与"予"的关系。

新中国成立之后，我国选择了重工业优先发展战略，工业和城市的利益就是国家的利益所在。为了保证重工业优先发展战略的实施，保障城市和工业的利益，国家采取了以农养工、以乡补城的政策，对农民不仅"多取"，而且"少予"。一方面，通过农业税收、价格"剪刀差"等形式，国家从农村汲取了大量资源。另一方面，国家把大部分的财政资金用于工业和城市，保证城市公共产品的供给。而农村基础设施建设、农村社会事业发展等公共

---

① 王伟光:《利益论》，人民出版社 2001 年版，第 33 页。
② 郑杭生等著:《转型中的中国社会和中国社会的转型》，首都师范大学出版社 1996 年版，第 111 页。

产品的供给更多的是依靠农民自己的力量。可以说，长期以来，国家为了实现其整体利益，一直在牺牲农民的利益。这成为长期以来导致农村贫困的重要因素。

在"人民公社"制度下，农民发展农业生产的积极性被抑制，农业生产效率低下，农业生产发展缓慢，截至1978年，"农村的大多数地区仍处于贫困状态。"①这就造成了国家与农民之间关系的紧张。而国家与农民关系紧张所导致的最终结果就是家庭承包制的实施。家庭承包制的实施将农民发展农业生产的能力一夜之间释放出来，极大地促进了农业生产力的提高。短短几年的时间，农业生产便有了很大发展，农民收入稳定提高，城乡差距呈缩小之势，农民负担较轻，国家与农民的关系处于又一个良好时期。

但这种良好的关系没能维持较长时间，很快国家与农民的关系又陷于紧张之中。其原因一方面在于国家在农村改革取得成功后便很快将改革重心转移到了城市，另一方面在于国家并没有调整对农民的"取"与"予"的关系，并且，国家"取"之于农民的越来越多，这造成了20世纪90年代以后农民负担不断加重。农民负担沉重不仅造成了农民增收困难、城乡差距不断扩大，而且影响了国家的政治和社会稳定，造成了国家与农民的关系紧张。

在这种情况下，我国开始调整国家与农民的利益关系。自2000年我国开始进行农村税费改革试点，并于2006年在全国取消了农业税。至此，在我国延续了2600多年的皇粮国税成为了历史。全面取消农业税，从根本上改变了国家与农民的关系。从此，农民没有了向国家交纳税费的任务，国家对农民基本上不再"取"。尽管税费改革使国家对农民的"多取"状况得到了改善，但国家对农民的"少予"依然持续。

---

① 《邓小平文选》第三卷，人民出版社1993年版，第11页。

　　如果说新中国成立后实现国家的工业化、优先保障工业和城市的发展，是实现国家整体利益的必然选择。那么，当前，增加国家财政资金对农业和农村的投入力度，保证农业和农村的发展已经成为实现国家整体利益的必然选择。因为，"三农"问题已不仅仅是农业、农村和农民自身的问题，而是成为了整个国家的问题，成为了制约我们国家经济社会发展、社会现代化建设和全面建设小康社会的难点。因而，促进农村发展、建设社会主义新农村不仅仅是农村的任务，而且是整个国家的任务，是整个国家的利益所在。因而，为了保证国家的整体利益，就应当调整城乡关系、工农关系，对农民不仅要"少取"，而且要"多予"。

　　"财政活动本身是以政治权力为依托的资源配置和利益调节。""人们的利益问题表面上看是一个经济问题，但在社会实际生活中，经济利益关系发生在不同的社会群体之间，构成了社会群体之间的关系时，就有了政治属性。"[1] 增加农村公共产品供给，实现国家财政资源对农村的"多予"，不仅是经济问题，具有经济意义，而且是政治问题，具有政治意义。

　　从成本—收益的角度分析，国家增加农村公共产品供给所获得的收益要远远大于其所付出的成本。增加农村公共产品供给虽然势必要使国家增加对农村的财政投入，并且会在短期内影响城市居民的利益，但从长远来看，增加农村公共产品供给产生的收益远远大于其成本，其收益不仅包括促进农业生产力的提高、推动农村经济社会的发展，从而促进城市、工业和整个国民经济的发展以及整个和谐社会的建设，而且更重要的是政治效益，通过增加农村公共产品供给、发展农村经济，可以减少政治合法性资源的流失，提高农民对党和政府的支持和认同程度。

　　建设社会主义新农村，实际上就是通过国家与社会一体整合的过程，即

---

[1]　沈玉平、叶宁:《财政体制的政治属性及相关问题研究》,《政治学研究》2008 年第 2 期。

将国家内业已分化的各个部分作为一个统一的平等的主体对待，将居于国家且业已分化的居民作为平等的国民对待。社会主义新农村建设的核心就是统筹城乡发展，将分割着的城乡整合为一体，并通过各种方式将资源向农村配置。① 通过增加农村公共产品供给、增加国家财政资源向农村的配置，通过对农民的"少取多予"，给予农民真正的国民待遇，从而实现农民以至整个国家的利益。

① 徐勇：《国家整合与社会主义新农村建设》，《社会主义研究》2006 年第 1 期。

参考文献

著作类：

［1］《毛泽东选集》第一——四卷，人民出版社 1991 年版。

［2］《毛泽东文集》第六、七卷，人民出版社 1999 年版。

［3］《马克思恩格斯选集》第一——四卷，人民出版社 1995 年版。

［4］《邓小平文选》第三卷，人民出版社 1993 年版。

［5］《陈云文选》第二卷，人民出版社 1995 年版。

［6］《陈云文集》第二卷，中央文献出版社 2005 年版。

［7］《陈云文集》第三卷，中央文献出版社 2005 年版。

［8］薄一波：《若干重大决策与事件的回顾》（上），中共中央党校出版社 1991 年版。

［9］薄一波：《若干重大决策与事件的回顾》（下），中共中央党校出版社 1993 年版。

［10］朱佳木主编：《陈云年谱》（中），中央文献出版社 2000 年版。

［11］《建国以来重要文献选编》第十一册，中央文献出版社 1995 年版。

［12］《建国以来重要文献选编》第十三册，中央文献出版社 1996 年版。

［13］《建国以来重要文献选编》第十五册，中央文献出版社 1997 年版。

［14］徐勇：《中国农村村民自治》，华中师范大学出版社 1997 年版。

［15］徐勇：《包产到户沉浮录》，珠海出版社 1998 年版。

［16］徐勇、徐增阳主编：《乡土民主的成长——村民自治 20 年研究集

萃》，华中师范大学出版社 2007 年版。

［17］唐士其：《国家与社会的关系》，北京大学出版社 1998 年版。

［18］何菊芳：《公共财政与农民增收》，上海三联书店 2005 年版。

［19］林毅夫：《发展战略与经济发展》，北京大学出版社 2004 年版。

［20］中国社会科学院农村发展研究所编：《聚焦"三农"》中国农村发展研究报告 NO.5，社会科学文献出版社 2006 年版。

［21］郭熙保：《农业发展论》，武汉大学出版社 1995 年版。

［22］林万龙：《中国农村社区公共产品供给制度变迁研究》，中国财政经济出版社 2003 年版。

［23］陆学艺等：《中国农村现代化道路研究》，广西人民出版社 2001 年版。

［24］陶勇：《农村公共产品与农民负担》，上海财经大学出版社 2005 年版。

［25］刘豪兴主编：《农村社会学》，中国人民大学出版社 2004 年版。

［26］平新乔：《财政原理与比较财政制度》，上海三联书店、上海人民出版社 1995 年版。

［27］［美］保罗·萨缪尔森、［美］威廉·诺德豪斯：《经济学》第十六版，萧琛等译，华夏出版社 1999 年版。

［28］许彬：《公共经济学导论》，黑龙江人民出版社 2003 年版。

［29］徐小青：《中国农村公共服务》，中国发展出版社 2002 年版。

［30］李彬：《乡镇公共物品制度外供给分析》，中国社会科学出版社 2004 年版。

［31］杨红：《中国农村公共产品特殊论》，中国税务出版社 2006 年版。

［32］顾钰民：《马克思主义制度经济学》，复旦大学出版社 2005 年版。

［33］徐志明主编：《社会科学研究方法论》，当代中国出版社 1995 年版。

［34］史敬棠：《中国农业合作化运动史料》（上册），三联书店 1957

年版。

［35］叶扬兵：《中国农业合作化运动研究》，知识产权出版社2006年版。

［36］黄道霞等主编：《建国以来农业合作化史料汇编》，中共党史出版社1992年版。

［37］于建嵘：《岳村政治》，商务印书馆2001年版。

［38］陈吉元等主编：《中国农村社会经济变迁》（1949—1989），山西经济出版社1993年版。

［39］国家统计局编：《伟大的十年》，人民出版社1959年版。

［40］高化民：《农业合作化运动始末》，中国青年出版社1999年版。

［41］范守信：《中华人民共和国国民经济恢复史（1949—1952）》，求实出版社1988年版。

［42］林毅夫等：《中国的奇迹：发展战略与经济改革》（增订版），上海三联书店、上海人民出版社1999年版。

［43］顾龙生：《毛泽东经济年谱》，中共中央党校出版社1993年版。

［44］柳随年、吴敢群主编：《第一个五年计划时期的国民经济（1953—1957）》，黑龙江人民出版社1984年版。

［45］崔义田：《第一个五年计划中的卫生保健工作》，中华全国科学技术普及协会出版1956年版。

［46］杨培新：《第一个五年计划的资金积累问题》，新知识出版社1956年版。

［47］孙健：《中华人民共和国经济史（1949—90年代初）》，中国人民大学出版社1992年版。

［48］全国人大常委会办公厅研究室编：《中华人民共和国人民代表大会文献资料汇编1949—1990》，中国民主法制出版社1991年版。

［49］高云屏：《第一个五年计划中的文教工作》，中华全国科学技术普及协会出版1956年版。

［50］山东省档案馆编：《毛泽东与山东》，中央文献出版社2003年版。

［51］辛逸：《农村人民公社分配制度研究》，中共党史出版社2005年版。

［52］罗平汉：《农村人民公社史》，福建人民出版社2003年版。

［53］安贞元：《人民公社化运动研究》，中央文献出版社2003年版。

［54］柳随年、吴敢群主编：《"文化大革命"时期的国民经济（1966—1976）》，黑龙江人民出版社1986年版。

［55］向萱培：《农村人民公社财务》，中国人民大学出版社1964年版。

［56］《人民公社财政与财务管理》编写组编：《人民公社财政与财务管理》，浙江人民出版社1981年版。

［57］包维和、傅占忠：《农村人民公社生产队财务管理》，黑龙江人民出版社1981年版。

［58］杨秋林、许树恩编著：《人民公社经济活动分析》，农业出版社1982年版。

［59］辽宁省农业局编：《艰苦奋斗勤俭办社农村人民公社经营管理经验选编之二》，辽宁人民出版社1973年版。

［60］肖冬连：《崛起与徘徊》，河南人民出版社1994年版。

［61］［美］黄宗智：《华北的小农经济与社会变迁》，中华书局2000年版。

［62］柳随年：《中国社会主义经济简史（1949—1983）》，黑龙江人民出版社1985年版。

［63］丛树海等主编：《新中国经济发展史》（上），上海财经大学出版社1999年版。

［64］卫生部基层卫生与妇幼保健司编：《农村卫生文件汇编（1951—2000）》，2001年版。

［65］世界银行经济考察团：《中国：社会主义经济的发展》，中国财政经济出版社1983年版。

［66］华中师范大学中国农村问题研究中心：《中国农村研究》2002 卷，中国社会科学出版社 2003 年版。

［67］［美］曼瑟尔·奥尔森：《集体行动的逻辑》，陈郁等译，上海三联书店、上海人民出版社 1995 年版。

［68］［英］李约瑟：《四海之内：东方和西方的对话》，劳陇译，三联书店 1987 年版。

［69］林毅夫：《制度、技术与中国农业发展》，三联书店上海分店 1992 年版。

［70］中国农村发展问题研究组编：《包产到户资料选》（二），内部资料，1981 年。

［71］杜润生：《中国农村制度变迁》，四川人民出版社 2003 年版。

［72］［美］埃莉诺·奥斯特罗姆：《公共事物的治理之道》，余逊达等译，上海三联书店 2000 年版。

［73］林毅夫：《再论制度、技术与中国农业发展》，北京大学出版社 2000 年版。

［74］刘云龙：《民主机制与民主财政》，中国城市出版社 2001 年版。

［75］陈锡文：《中国农村公共财政制度》，中国发展出版社 2005 年版。

［76］马晓河主编：《我国农村税费改革研究》，中国计划出版社 2002 年版。

［77］沙安文、乔宝云主编：《政府间财政关系》，人民出版社 2006 年版。

［78］孙立平：《现代化与社会转型》，北京大学出版社 2005 年版。

［79］程恩富、胡乐明：《新制度主义经济学》，经济日报出版社 2005 年版。

［80］林毅夫：《发展战略与经济发展》，北京大学出版社 2004 年版。

［81］贾康：《转轨时代的执着探索：贾康财经文萃》，中国财政经济出版社 2003 年版。

［82］［英］C.V.布朗、P.M.杰克逊：《公共部门经济学》（第四版），张馨主译，中国人民大学出版社 2000 年版。

［83］程同顺：《农民组织与政治发展》，天津人民出版社 2006 年版。

［84］高新军：《美国地方政府治理案例调查与制度研究》，西北大学出版社 2005 年版。

［85］华中科技大学中国乡村治理研究中心编：《三农中国》2005 年第 2 期，湖北人民出版社 2005 年版。

［86］华中科技大学中国乡村治理研究中心编：《三农中国》2006 年第 1 期，湖北人民出版社 2006 年版。

［87］华中科技大学中国乡村治理研究中心编：《三农中国》2006 年第 2 期，湖北人民出版社 2006 年版。

［88］华中科技大学中国乡村治理研究中心编：《三农中国》2006 年第 3 期，湖北人民出版社 2006 年版。

［89］王浦劬、谢庆奎主编：《渐进政治改革中的政党、政府与社会》，中信出版社 2004 年版。

［90］纪宝成、杨瑞龙主编：《中国人民大学中国经济发展研究报告 2005 城乡统筹发展中的“三农”问题》，中国人民大学出版社 2005 年版。

［91］郑欣：《乡村政治中的博弈分析》，中国社会科学出版社 2005 年版。

［92］黄祖辉等主编：《中国“三农”问题》，浙江大学出版社 2005 年版。

［93］程昆等主编：《新农村建设与三农问题》，中国农业出版社 2006 年版。

［94］金太军、赵晖等：《中央与地方政府关系建构与调谐》，广东人民出版社 2005 年版。

［95］郑杭生等：《转型中的中国社会和中国社会的转型》，首都师范大学出版社 1996 年版。

［96］王伟光：《利益论》，人民出版社 2001 年版。

［97］桑玉成:《利益分化的政治时代》,学林出版社 2002 年版。

［98］程漱兰:《中国农村发展:理论和实践》,中国人民大学出版社 1999 年版。

［99］李秉龙等:《中国农村贫困、公共财政与公共物品》,中国农业出版社 2004 年版。

［100］樊胜根、张林秀编著:《WTO 和中国农村公共投资》,中国农业出版社 2003 年版。

论文类:

［1］沈玉平、叶宁:《财政体制的政治属性及相关问题研究》,《政治学研究》2008 年第 2 期。

［2］田发、周琛影:《基本公共服务均等化:一个财政体制变迁的分析框架》,《社会科学》2010 年第 2 期。

［3］沈荣华:《各级政府公共服务职责划分的指导原则和改革方向》,《中国行政管理》2007 年第 1 期。

［4］阮萌:《当代公共物品市场化供给的国际经验及启示》,《经济纵横》2009 年第 6 期。

［5］赵杰等:《美国乡村地区公共产品供给情况考察》,《中国财政》2010 年第 1 期。

［6］苏朋、王小林、陈冠群:《国外公共财政如何支持农业和农村发展》,《社会科学报》2007 年 5 月 31 日第 2 版。

［7］刘耘:《义务教育公共财政体制的国际借鉴》,《经济纵横》2008 年第 8 期。

［8］渠敬东、周飞舟、应星:《从总体支配到技术治理——基于中国 30 年改革经验的社会学分析》,《中国社会科学》2009 年第 6 期。

［9］宋官东、吴访非、李雪:《公共产品市场化的可能与条件》,《社会科学辑刊》2010 年第 6 期。

［10］桂华：《中国需要什么样的水利》，《绿叶》2010 年第 5 期。

［11］林岩：《影响农民组织化意愿的因素探究》，《农业科技管理》2010 年第 1 期。

［12］毋俊芝、安建平：《山西省农民组织化程度及启示》，《农业经济问题》2010 年第 6 期。

［13］马晓河、刘振中：《"十二五"时期农业农村基础设施建设战略研究》，《农业经济问题》2011 年第 7 期。

［14］陈锡文：《当前农村形势与新一轮农村改革发展》，《中国浦东干部学院学报》2009 年第 4 期。

［15］陆学艺：《中国"三农"问题的由来和发展》，《当代中国史研究》2004 年第 3 期。

［16］叶兴庆：《论农村公共产品供给体制的改革》，《经济研究》1997 年第 6 期。

［17］赵树凯：《乡镇政府的财政困扰》，《领导文萃》2004 年第 1 期。

［18］赵树凯：《乡镇改革谈何容易》，《中国发展观察》2006 年第 1 期。

［19］赵树凯：《体制折腾乡镇　乡镇糊弄体制》，《中国发展观察》2005 年第 11 期。

［20］党国英：《乡镇机构改革的问题与出路》，《小城镇建设》2006 年第 3 期。

［21］党国英：《打破"永不合作"的社会均衡》，《华中师范大学学报》（人文社会科学版）2007 年第 1 期。

［22］徐勇、项继权：《让公共财政更加阳光、健康》，《华中师范大学学报》（人文社会科学版）2007 年第 2 期。

［23］徐勇：《农村微观组织再造与社区自我整合》，《河南社会科学》2006 年第 5 期。

［24］徐勇：《在乡镇体制改革中建立现代乡镇制度》，《社会科学》2006

年第 7 期。

〔25〕徐勇:《村民自治的成长:行政放权与社会发育》,《华中师范大学学报》(人文社会科学版)2005 年第 2 期。

〔26〕徐勇:《村民自治的深化:权利保障与社区重建》,《学习与探索》2005 年第 4 期。

〔27〕徐勇:《中国农民传统政治文化的双重性分析》,《天津社会科学》1994 年第 3 期。

〔28〕徐勇:《国家整合与社会主义新农村建设》,《社会主义研究》2006 年第 1 期。

〔29〕徐勇:《"再识农户"与社会化小农的建构》,《华中师范大学学报》(人文社会科学版)2006 年第 3 期。

〔30〕徐勇、项继权:《回到原点　关注变迁》,《华中师范大学学报》(人文社会科学版)2006 年第 3 期。

〔31〕徐勇、项继权:《公民国家的建构与农村公共物品的供给》,《华中师范大学学报》(人文社会科学版)2006 年第 2 期。

〔32〕于建嵘:《新农村建设需要新的农民组织》,《华中师范大学学报》(人文社会科学版)2007 年第 1 期。

〔33〕孔令栋:《权威与依附——传统社会主义模式下的国家与社会关系》,《文史哲》2001 年第 6 期。

〔34〕蔡昉:《城乡收入差距与制度变革的临界点》,《中国社会科学》2003 年第 5 期。

〔35〕张晓山:《浅析"后农业税时期"中西部地区的农村改革与发展》,《农村经济》2006 年第 3 期。

〔36〕吴毅:《人民公社时期政治稳定形态及其效应》,《天津社会科学》1997 年第 5 期。

〔37〕刘书明:《解决农民负担过重问题要标本兼治》,《时代财会》2001

年第 9 期。

　　［38］王习明：《中国农民组织建设的现状》，《中国软科学》2005 年第 9 期。

　　［39］李熠煜：《当代农村民间组织生长成因研究》，《人文杂志》2004 年第 1 期。

　　［40］宫希魁：《中国"三农"问题的战略思考》，《战略与管理》2002 年第 6 期。

　　［41］庞海军：《适应公共财政进一步完善转移支付制度》，《中央财经大学学报》2000 年第 12 期。

　　［42］胡继连、姜东晖：《"穷人经济学"与"三农"问题》，《山东农业大学学报》（社会科学版）2007 年第 1 期。

　　［43］张丽娜：《WTO 与我国农业财政政策导向》，《合作经济与科技》2006 年第 6 期。

　　［44］杨阳：《公共财政条件下完善政府间转移支付制度的政策取向》，《前沿》2006 年第 5 期。

　　［45］刘国光：《向实行"效率与公平"并重的分配原则过渡》，《中国经贸导刊》2003 年第 11 期。

　　［46］陈锡文：《农民收入为何增长缓慢》，《农村农业农民》2004 年第 1 期。

　　［47］陈锡文：《关于建设社会主义新农村的若干问题》，《理论前沿》2007 年第 1 期。

　　［48］蔡昉：《城乡收入差距的政治经济学》，《中国社会科学》2000 年第 4 期。

　　［49］张文成：《建设中国特色的社会主义新农村》，《小城镇建设》2005 年第 11 期。

　　［50］刘国光：《摒弃城市偏向工业优先旧战略实行城乡并重工农并举新

战略》,《中国经贸导刊》2003 年第 10 期。

［51］张宗斌、汤安中:《权力主导型分税制的内在缺陷及完善思路》,《现代经济探讨》2006 年第 6 期。

［52］金人庆:《在纪念废止农业税条例暨全面取消农业税座谈会上的讲话》,《农村财政与财务》2006 年第 3 期。

［53］孙潭镇、朱钢:《我国乡镇制度外财政分析》,《经济研究》1993 年第 9 期。

［54］樊纲:《规范"非规范公共收入"与深化财政体制改革》,《经济工作导刊》1995 年第 9 期。

［55］朱守银:《农村基层制度创新与税费体制改革问题研究》,《经济研究参考》1999 年第 88 期。

［56］于建嵘:《我国现阶段农村群体性事件的主要原因》,《中国农村经济》2003 年第 6 期。

［57］于建嵘:《我国农村群体性突发事件研究》,《山东科技大学学报》(社会科学版)2002 年第 4 期。

［58］辛逸:《实事求是地评价人民公社》,《当代世界与社会主义》2001 年第 3 期。

［59］夏杏珍:《农村合作医疗制度的历史考察》,《当代中国史研究》2003 年第 5 期。

［60］张兵、楚永生:《农村公共物品供给制度探析》,《江海学刊》2006 年第 5 期。

［61］王玉贵、朱蓉蓉:《毛泽东对理想社会的追求与人民公社化运动的发动》,《苏州丝绸工学院学报》1999 年第 4 期。

［62］秦闰韬:《走进难以忘却的时代——中国第一个人民公社诞生记实》,《中州古今》2004 年第 1 期。

［63］李立志:《土地改革与农民社会心理变迁》,《中共党史研究》2002

年第 4 期。

　　[64] 楚成亚：《当代中国城市偏向政策的政治根源》，《当代世界社会主义问题》2002 年第 4 期。

　　[65] 白莎、万振凡：《当代中国户籍制度的成因考》，《江西教育学院学报》2004 年第 5 期。

　　[66] 郭书田：《再论当今中国农民问题》，《农业经济问题》1995 年第 10 期。

　　[67]《当代中国农业合作化史》编辑室编：《中国农业合作化史资料》1998 年第 3 期。

　　[68]《当代中国农业合作化史》编辑室编：《中国农业合作化史资料》1989 年第 1 期。

　　[69] 陈永正、陈家泽：《论中国乡级财政》，《中国农村观察》2004 年第 5 期。

　　[70] 沈延生：《中国乡治的回顾与展望》，《战略与管理》2003 年第 1 期。

　　[71] 郭瑞萍：《人民公社缘起的制度经济学分析》，《西北大学学报》(哲学社会科学版) 2005 年第 6 期。

　　[72] 张军、蒋琳琦：《中国农村公共产品供给制度的变迁：理论视角》，《世界经济文汇》1997 年第 5 期。

　　[73] 程又中、陈伟东：《国家与农民：公共产品供给角色与功能定位》，《华中师范大学学报》(人文社会科学版) 2006 年第 2 期。

　　[74] 张晓山：《告别农业税后的三农问题》，《中国税务》2005 年第 8 期。

　　[75] 刘义强：《建构农民需求导向的公共产品供给制度》，《华中师范大学学报》(人文社会科学版) 2006 年第 2 期。

　　[76] 黎炳盛：《村民自治下中国农村公共产品的供给问题》，《开放时代》2001 年第 3 期。

　　[77] 李昌平：《我对乡镇改革的一点意见》，《领导文萃》2005 年第 3 期。

　　[78] 吴理财、朱红萱：《乡镇改革：乡镇干部的所思所想》，《中国农村

经济》2005 年第 11 期。

[79] 党国英:《乡镇机构改革的问题与出路》,《小城镇建设》2006 年第 3 期。

[80] 徐勇:《县政、乡派、村治:乡村治理的结构性转换》,《江苏社会科学》2002 年第 2 期。

[81] 赵树凯:《乡镇政府之命运》,《中国发展观察》2006 年第 7 期。

[82] 于建嵘:《乡镇自治:根据与路径》,《战略与管理》2002 年第 6 期。

[83] 赵战军、谢梅:《我国农村公共产品供给的市场化途径》,《农村经济》2005 年第 12 期。

[84] 刘建平、龚冬生:《税费改革后农村公共产品供给的多中心体制探讨》,《中国行政管理》2005 年第 7 期。

[85] 辛波、杨海山:《论农村公共产品供给制度的变革》,《山东社会科学》2006 年第 4 期。

[86] 阳立高、张四梅:《后农业税时代农村公共产品供给体制创新研究》,《经济体制改革》2007 年第 3 期。

[87] 刘建平、何建军、刘文高:《农业税取消后农村公共品供给能力下降的现象及对策分析——基于湖北省部分地区的调查》,《中国行政管理》2006 年第 5 期。

[88] 陶勇:《农村公共产品与农民负担问题探索》,《财贸经济》2001 年第 10 期。

[89] 陈永新:《中国农村公共产品供给制度的创新》,《四川大学学报》(哲学社会科学版)2005 年第 1 期。

[90] 秦庆武:《加快我国农村公共产品供给制度的改革与创新》,《东岳论丛》2005 年第 4 期。

[91] 王玉华、赵宇:《我国农村公共产品供给问题探讨》,《山东社会科学》2005 年第 9 期。

［92］张军、何寒熙:《中国农村的公共产品供给: 改革后的变迁》,《改革》1996 年第 5 期。

［93］樊胜根、张林秀、张晓波:《中国农村公共投资在农村经济增长和反贫困中的作用》,《华南农业大学学报》(社科版) 2002 年第 1 期。

［94］徐斌:《中国的经济转轨与财政联邦主义分析框架》,《生产力研究》2004 年第 9 期。

［95］孙晓莉:《政府间公共服务事权配置的国际比较及对我国的启示》,《中国人民大学学报》2007 年第 4 期。

［96］吴忠民:《公共投入的三大漏斗》,《党政干部文摘》2007 年第 6 期。

［97］楚成亚、陈恒彬:《新时期农村民间组织生长机制研究——基于张高村民间组织建设实验观察》,《东南学术》2007 年第 1 期。

［98］鄢奋:《福建农村公共产品供给市场化的分析与思考》,《福建论坛·人文社会科学版》2006 年第 7 期。

［99］李贞:《义务制教育的公共产品定位》,《中央财经大学学报》2005 年第 4 期。

［100］罗兴佐、王琼:《一事一议难题与农村水利供给困境》,《调研世界》2006 年第 4 期。

［101］王绍光:《中国财政转移支付的政治逻辑》,《战略与管理》2002 年第 3 期。

［102］魏婷婷、陈安来:《取消农业税对乡镇财政的影响及对策研究》,《当代经理人》2006 年第 6 期。

［103］袁金辉:《免征农业税带来的影响及对策》,《新东方》2006 年第 5 期。

［104］韩学坤:《乡村债务成因及化解对策探析》,《东方企业文化》2007 年第 3 期。

［105］尹慧敏:《减免农业税后乡村两级运转问题研究》,《东岳论丛》

2006 年第 2 期。

年鉴类：

［1］《中国农业年鉴 1980》

［2］《中国农业年鉴 2006》

［3］《中国统计年鉴 2005》

［4］《中国统计年鉴 2006》

［5］《中国统计年鉴 2010》

［6］《中国财政年鉴 2006》

［7］《中国财政年鉴 2009》

网站类：

［1］中国农村研究网 www.ccrs.org.cn

［2］三农中国 www.snzg.cn

［3］中国乡村发现网 www.zgxcfx.com

后　记

　　本论著是在我的博士论文的基础上进行了重大修改之后完成的。感谢所有在我博士论文的写作过程中、在我三年博士研究生的学习和生活中，在我工作和本论著出版的过程中给予我帮助和支持的老师和亲友：

　　我的导师孔令栋教授不仅在我的博士论文写作上倾注了大量心血，而且在平时的生活中以及我博士毕业后的工作中都给予了我很多帮助和支持，对孔老师的感激之情实是言语无法表达的。孔老师不仅具有较高的学术水平，而且具有较强的人格魅力，令我景仰，孔老师对我的指导将使我终生受益。

　　在博士上课、论文开题以及写作的过程中，赵明义教授、胡瑾教授、王建民教授、王韶兴教授、张锡恩教授、冯克利教授、包心鉴教授、崔桂田教授、楚成亚教授都曾给予我很多帮助，对论文提出过中肯的意见，自己受益颇多。论文的顺利完成也凝结着他们的智慧。

　　感谢山东师范大学社科处把我的著作列入"山东师范大学青年教师人文社科个人学术专著资助出版"项目，特别感谢社科处万光侠处长对著作出版的关心和支持。

　　在三年的博士研究生的学习过程中，我的家人给予了我莫大的鼓励和支持，论文的完成凝结着他们的心血。

　　本论著的出版得到了人民出版社的支持，特别感谢张文勇先生为论著出版付出的劳动。

　　再次向给予我帮助和支持的老师和亲友表示真挚的感谢！

曲延春

2012 年 5 月于济南